HUMANITIES AND SOCIETY

技术与时间

2. 迷失方向

Bernard Stiegler

[法国] 贝尔纳·斯蒂格勒 著 赵和平 印螺 译

译林出版社

图书在版编目（CIP）数据

技术与时间．2，迷失方向／（法）斯蒂格勒（Stiegler, B.）著；
赵和平，印螺译．—南京：译林出版社，2010.2（2023.2重印）
（人文与社会译丛／刘东主编）
书名原文：La technique et le temps
2. La désorientation
ISBN 978-7-5447-1199-9

Ⅰ.①技… Ⅱ.①斯… ②赵… ③印… Ⅲ.①文化人类学－研究－
法国 Ⅳ.①C912.4

中国版本图书馆CIP数据核字（2010）第020688号

著作权合同登记号　图字：10-2005-177号

技术与时间：2.迷失方向［法国］贝尔纳·斯蒂格勒／著　赵和平　印　螺／译

责任编辑　江　蕾
策划编辑　陈秋实
责任印制　单　莉

原文出版　Galilée, 1996
出版发行　译林出版社
地　　址　南京市湖南路1号A楼
邮　　箱　yilin@yilin.com
网　　址　www.yilin.com
市场热线　025-86633278
排　　版　南京展望文化发展有限公司
印　　刷　江苏凤凰通达印刷有限公司
开　　本　880毫米×1230毫米　1/32
印　　张　9.625
插　　页　2
版　　次　2010年2月第1版
印　　次　2023年2月第8次印刷
书　　号　ISBN 978-7-5447-1199-9
定　　价　59.00元

主编的话

刘　东

总算不负几年来的苦心——该为这套书写篇短序了。

此项翻译工程的缘起,先要追溯到自己内心的某些变化。虽说越来越惯于乡间的生活,每天只打一两通电话,但这种离群索居并不意味着我已修炼到了出家遁世的地步。毋宁说,坚守沉默少语的状态,倒是为了咬定问题不放,而且在当下的世道中,若还有哪路学说能引我出神,就不能只是玄妙得叫人着魔,还要有助于思入所属的社群。如此嘈嘈切切鼓荡难平的心气,或不免受了世事的恶刺激,不过也恰是这道底线,帮我部分摆脱了中西"精神分裂症"——至少我可以倚仗着中国文化的本根,去参验外缘的社会学说了,既然儒学作为一种本真的心向,正是要从对现世生活的终极肯定出发,把人间问题当成全部灵感的源头。

不宁惟是,这种从人文思入社会的诉求,还同国际学界的发展不期相合。擅长把捉非确定性问题的哲学,看来有点走出自我囿闭的低潮,而这又跟它把焦点对准了社会不无关系。现行通则的加速崩解和相互证伪,使得就算今后仍有普适的基准可言,也要有待于更加透辟的思力,正是在文明的此一根基处,批判的事业又有了用武之地。由此就决定了,尽管同在关注世俗的事务与规则,但跟既定框架内的策论不同,真正体现出人文关怀的社会学说,决不会是医头医脚式的小修小补,而必须以激进亢奋的姿态,去怀疑、颠覆和重估全部的价值预设。有意思的是,也许再没有哪个时代,会有这么多书生想要焕发制度智慧,这既凸显了文明的深层危机,又表达了超越的不竭潜力。

于是自然就想到翻译——把这些制度智慧引进汉语世界来。需要说明的是,尽管此类翻译向称严肃的学业,无论编者、译者还是读者,都会因其理论色彩和语言风格而备尝艰涩,但该工程却绝非寻常意义上的“纯学术”。此中辩谈的话题和学理,将会贴近我们的伦常日用,渗入我们的表象世界,改铸我们的公民文化,根本不容任何学院人垄断。同样,尽管这些选题大多分量厚重,且多为国外学府指定的必读书,也不必将其标榜为“新经典”。此类方生方成的思想实验,仍要应付尖刻的批判围攻,保持着知识创化时的紧张度,尚没有资格被当成享受保护的“老残遗产”。所以说白了:除非来此对话者早已功力尽失,这里就只有激活思想的马刺。

主持此类工程之烦难,足以让任何聪明人望而却步,大约也惟有愚钝如我者,才会在十年苦熬之余再作冯妇。然则晨钟暮鼓黄卷青灯中,毕竟尚有历代的高僧暗中相伴,他们和我声应气求,不甘心被宿命贬低为人类的亚种,遂把迻译工作当成了日常功课,要以艰难的咀嚼咬穿文化的篱笆。师法着这些先烈,当初酝酿这套丛书时,我曾在哈佛费正清中心放胆讲道:“在作者、编者和读者间初步形成的这种‘良性循环’景象,作为整个社会多元分化进程的缩影,偏巧正跟我们的国运连在一起,如果我们至少眼下尚无理由否认,今后中国历史的主要变因之一,仍然在于大陆知识阶层的一念之中,那么我们就总还有权想象,在孔老夫子的故乡,中华民族其实就靠这么写着读着,而默默修持着自己的心念,而默默挑战着自身的极限!”惟愿认同此道者日众,则华夏一族虽历经劫难,终不致因我辈而沦为文化小国。

一九九九年六月于京郊溪翁庄

目　录

第四章 时间物体和滞留有限性 215

前　言

向阿尔及利亚长跑健将哈西芭·布麦尔卡(Hassiba Boulmerka)女士致敬。

两个世纪前,人们生和死都在同一张床上。他们在日后遗留给子孙的碗碟中吃着变化甚微的食物。岁月流逝,代代繁衍,自然、物品与人们的生活方式都一成不变。一切仿佛都是恒定的,变化只是例外,而且是空想。

就在这样一个世界里形成了不同的阶层,人们在各自的阶层中憧憬着出现在十九世纪初的另一个世界。在这另一个世界里,恒定显然变成了例外,而变化却成了规律。这种**逆转**的主要成因是技术、技术学和技术科学。

众所周知,文明都是历史性的,也就是说非永恒的,且任何事物都是过程。我们是从科学思维中悟出了或觉得悟出了这个道理,而哲学界却是从有了辩证法起,尤其是从尼采开始,便已持这种观点。

然而这些科学道理和哲学思辩仍流于空洞,且从某种意义上讲基本是不攻自破的,因为新世界的创造(不久前尚被称为进步)目前不再被理所当然地看作是未来的希望;更有甚者,对**世上大多数人(无论东**

方人还是西方人）而言，它即便不是噩梦一场，也不是通途一径。至于创造新世界的主导者们，则是日渐一日地感到力不从心。这便是当前的迷失方向。

《爱比米修斯的过失》一书旨在揭示这种迷失方向的原初性。人类的历史是作为外延过程的技术的历史。在此过程中，技术的演化被种种趋势所主导，而人类社会则无休止地与这些趋势作较量。"技术体系"不断进化，同时淘汰构成社会凝聚力的"其他体系"。技术发展原本是一种破坏，而社会生成则重新适应这种技术生成。然而技术生成从结构上领先于社会生成（技术是发明，发明是创新），它在协调技术进化与社会传统间的关系时总会遇到阻力，因为技术变革依其幅度大小总会或多或少地动摇文化的基准。

如此说来，本是人的命运的技术似乎与"精神"、"文明"及"人类"相对立。人和技术被西蒙栋所说的转导关系（它构成一种各组成部分相互依存、缺一不可的关系）连在一起，不可分割。而这种关系是个"超稳定的平衡"，它承载着难以抵挡的压力，这个压力便是时间。技术的领先**开启**了真正时间的延伸性。

根据赫西奥德、埃斯库罗斯及普罗塔戈拉斯所讲述的普罗米修斯与爱比米修斯的神话，人是依赖于代具的存在且不具任何特长。把技术与文明相对立的人不能接受这种观点，他们亦不能接受时间性（作为在希冀和恐惧中的期待，*elpis*）来源于这一原初缺陷和这种原初迷津的观点。

他们不能接受这种观点，因为此观点有时的确不易被接受，也因为接受它需要有足够坚强的感官。他们不能接受这种观点的另一个原因是今天的迷失方向已登峰造极：我们目前从中得到的经验是绝无仅有的，几乎不可承受的，这需要有**极**坚强的感官。然而不可思议的是，接受这种观点又需要有极其**敏感**、超敏感的感官，甚至可能需要**脱胎换骨**。

原初的迷失方向历来产生于划分界限、标明东西南北的坐标中。迷失方向中给出的东方与西方并不是单纯的地理“资料”，而是指迷失方向的特殊经验。这些坐标点显示方向并勾勒一切运动的动机只有通过世界的经验才能形成。经过长期观察，坐标系的建立是用来“调节”技术生成和社会生成的。在建立坐标系的过程中，迷失方向开启了这里与那里、公与私、世俗与神圣、生疏与熟悉之间的差异。调节可帮助定向，于是原初的迷失方向即便没有被隐匿，也是被矫正了。如果说迷失方向仍是一切运动的动机，如果说仍需要**定向**，那是因为没有方向。从不在场的他者出发，坐标系勾画出这么一幅图像（动机作为目标），**找寻方向**的人将自身投影于其中——东方便是这个**幻象**。

这个坐标系至今尚无法形成，因而带给我们**真正的迷失方向**的痛苦。这一切主要来源于工业革命以来技术发展的**速度**。这个速度仍在不断加快，严重地加剧了技术体系与社会组织之间的落差。于是商谈似乎不再可能，离异将成定局。

在这场危机中，媒体、“直播”和“实时”扮演了至关重要的角色。我在《爱比米修斯的过失》一书中指出，工业革命构成的**持续革新**过程引发了种种新的必然性，正是为了面对这些新的必然性，信息系统建立起来并遍及全球，结果是通过我们眼见着发展合并起来的电报、电话、摄影、录音、电影、无线广播、电视和信息，**世界记忆**本身最终屈从于直接影响心理和群体层次的同一化与差异化——即个体化——过程的**工业化**。

记忆的工业化正是通过模拟和数字技术才得以彻底实现。这些技术随着**程序工业**中所有最新生物技术的发展而日趋完善。记忆的工业化发展意味着《论文字学》中所言的**补余历史**的终结。

雅克·德里达把“成为自我意识的生命”作为普通程序经济——其中正盛行的是程序工业——之特例来分析。一般意义上的生命是程序化的，而逃避（“人”的）死亡的生命则是“记忆解放”的过程。生物体自身的程序外延到一种人为的程序中，这就是**原初补余性**的生命形式。**外延**

之物恰恰在其外延过程中形成，而且在外延之前并不存在任何内在性——这便是“补余的逻辑”。“相关差异”是程序化过程的机制。在此过程中，程序不断地**分化**，使生命（作为进化和分化）以生命之外的**其他方式**得以延续。

在《爱比米修斯的过失》中，我重点阐述了补余始终是**物质化**的纹迹（哪怕像转瞬即逝的声音这样的物质），而不仅仅是一种有形实体。脱离其物质生成去分析这种有形实体未免太绝对了。补余的逻辑始终是有形物质相关差异的逻辑，即**先于**物质与形式之对立的逻辑。补余的逻辑从来都是补余的**历史**，也是可以使无机物有机化[①]且影响构成其原初补余的生物体的**技术—逻辑**。只有从这个逻辑的历史中才能理解它。这个“逻辑”是一种**动力**，动力源是相关差异。

如果说从分子生物学角度看，有性别的生物是由原则上互不相通的**后生成的**体细胞记忆和**遗传的**生殖细胞记忆决定的（此观点迎合达尔文理论而否定拉马克学说），那么外延过程就是产生**第三记忆**——我称之为**后种系生成**——的生命历史的断裂。人类赖以生存的后种系生成的记忆是技术，它记录在死亡中。这是与“生命法则”的断裂。生命法则是：由于体细胞和生殖细胞的互不相通，一个动物后生成的经验在它死亡时对这个物种来说便丢失了；然而在以生命之外的其他方式延续的生命中，生者的经验**记录在工具（物体）中**，因而既可传播又可积累，这便构成了**遗产**的可能性。

海德格尔把黑格尔和尼采提出的遗产概念引进了哲学范畴。胡塞尔将先验哲学定义为对意识的**活的**在场中的体验的分析。作为胡塞尔的学生，海德格尔正是在这一点上与现象学分道扬镳。在《存在与时间》的存在性分析中，**此在没有经历**但**继承**下来的过去是其原初时间性的（此在的存在所必不可少的）存在特征。问题不再是经历，而是**没有经历**

① 有机化的无机物是界定技术物体之物。

的过去的**未来**。“此在的过去”在它之前**已经**在此，但它只在此在需要存在时才能成为此在的过去，也就是说，此在可以把这个尚不是它的过去，但能够成为它的过去的过去变成它的过去。没有这个过去，这个此在便毫无意义。然而这个过去尚不是此在的过去，因为此在并没有经历过它。只要**此在**尚未把这个过去作为**自己的未来**变为自己的过去（继承下来），这个先于它的已经在此的过去便还不是它的过去。正如在这个过去中为**这个此在**保留的东西，也像遗产的**结果**一样有待于从这个过去的事件中，即**通过此在**且从具其特性的事件中来临。

然而使**通达**这个已经在此成为可能的条件是：其**外延**必须保证已经在此的**存留**（这就构成了源于后种系生成的技术现象）。我断言，记录过去的载体的技术特性决定每一时期此在通达其过去的方式。

在《存在与时间》的第七十三至七十五节中，海德格尔曾问询应把他所说的**世界历史性**（Weltgeschichtlichkeit）放在什么地位。世界历史性只能被定义为在世性存在者的存在，因为这些存在者是逝者遗留下的过去之**见证**。逝者并不是单纯的“过去”，因为准确地说，这些纹迹仍旧维持着他们的某种在场，过去时代的生还的在场，**媒介**便是其物证。但踌躇再三之后，海德格尔剥夺了这些存在者的**原始**价值，因为他们不**构成**原初时间性，且存在性分析无需阐明他们的中断特性。抛开这些现象中不可避免的**经验论**成分，《存在与时间》在形而上学中仍属于**先验论**。

《存在与时间》首次从哲学上提出了我称之为“什么”的概念（即始终是技术的在世性存在者。不能将它简单地分析为**在手之上**[vorbandene]，而应将其视为**在手之下**[zubandene]），但海德格尔没能拓展书中最激进的结论。尽管《存在与时间》声称与继续推崇在场的理论一刀两断，他还是从根本上沿袭了胡塞尔对时间的分析。

胡塞尔把在其持续流程中构成的物体定义为时间性物体，**这个物体的流程与对它的意识之流程相吻合**。他在此流程中分辨出一种**初级**

滞留。初级滞留属于物体的当即,也是物体的“刚刚过去的过去”,因而时间物体的当即原初就具有延伸性,即一种“大当即”[①]。胡塞尔将这种初级滞留与第二**滞留**——即重新记忆或第二记忆——严格区分开来。他**甚至**排斥自己提出的图像意识,即意识未体验过的过去的纹迹,因为对他来说,体验才是唯一的原初范畴及构成性范畴,而图像意识恰恰不属于体验。

在《存在与时间》中,海德格尔把**世界历史性**拒于原始范畴之外,这正重复了胡塞尔在《内在时间意识的现象学讲座》中的做法。胡塞尔在此书中将图像意识(我称之为第三记忆、后种系生成的载体、对逝者过去的见证)从他所分析的**时间物体**(Zeit-objekt)[②]的动力中彻底剔除了。

如果说海德格尔最终从构成性范畴中摒弃了第三记忆,那是因为没有经历的、可以成为自己过去的过去是**此在**终可逃避的可能性:它隐藏在被海德格尔一并视为计算的、世界历史性所归属的在时性中。然而过去的可能性是**此在**的未来,而这个未来归根到底又是**此在**的死亡。正如**此在**被抛向未来时超前走向终结的存在一样,死亡终归是完全**不确定的**,因而也是所有**可能性**的**极限**。这种不确定性原初就使此在迷失了方向,使其孤助无靠且缺乏触手可及的参照物。当然此在可以试着**确定**它,也就是说试着“计算”未来,欲“确定不确定性”。这样一来,它便“沉沦”到“非真实的时间性”中了。只有作为一切仪器度量之在时性基础的技术性才是确定性因素。正因如此,海德格尔最终把技术性与非真实性相提并论;更广义地说,也正因如此,他把世界历史(第三记忆)从存在

① 热拉尔·格拉内尔:《胡塞尔的时间与感知之涵义》,巴黎,Gallimard,1968年版。

② 《存在与时间》始终没有背离形而上学,它只不过是泰坦的爱比米修斯事后在存在的死亡学中遗忘的后果。爱比米修斯正是起源的原初缺陷的有过者及遗忘之神(他忘记了给人类一些特长)。他的哥哥普罗米修斯从赫菲斯托斯和雅典娜那里窃取了技术能力以试图弥补这一过失,从而用代具来填补人类的**滞留有限性**,即填补人类从爱比米修斯那里遗传下来的记忆的(也就是说本质的)缺陷。

性分析中排除出去了。

然而,我在本书中将揭示技术性如何开启不确定性,不仅因为它是作为起源的原初缺陷,即能够从中给出方向的原初的迷失方向,而且也**因为**不确定性中的方向只有在借助代具通达已经在此的经验中才能找到。

能超前、有意愿、有能力、有思想也有知识的存在者,我称其为"谁"。"谁"的补余——即他的代具——是他的"什么"。离开了"什么","谁"便毫无意义,因为在以生命之外的其他方式将生命延续(即分化)的外延过程中,它们之间是**转导**关系。"谁"并非"什么",因为转导关系只能存在于**不同**的事物中。"什么"具有**动力**,它不能被纳入"谁"的动力中(补余的逻辑并不只适用于人类学),但又需要"谁"的动力作为超前的能力。然而"谁"的超前能力又以使他通达他未经历的过去的"什么"的已经在此为前提。"谁"与"什么"的转导关系之动力取决于"什么"的**领先**(因为"什么"**已经**在此,又因为"什么"的分化总是自然而然地**领先**于"谁"的分化,原因是"谁"始终处于完全受技术趋势主导的"什么"的**体系**中)。在这种转导关系中,有两种动力在较量:一种是生物—人类学的;另一种是技术的。"谁"的动力**重复**"什么"的动力,二者相互制约。在不同事物的**转导式的较量**中存在着**共同个体化**过程。

在《爱比米修斯的过失》中,我阐述了技术趋势的全部或部分实现会引发技术体系的变革,从而悬置构成社会的行为程序。这是一种客观的、起始会遭到社会体制抵制的**中断**(épokhé)形式。**中断重复**一经产生,调整就势在必行,这便是**中断**的全部实现。在此过程中,"谁"需要适应悬置的切实性,即适应程序不确定性的切实性。技术的发展是挣脱现行的程序,现行的程序则通过重复而引发新的程序。这个新的程序便是心理与群体层次上的个体化过程。

当前的迷失方向是无力实现中断重复的经验。它同速度、同争分夺秒所导致的记忆工业化、同为赢得速度而开发的技术之特性息息相关。

我在本书中对上述事实的分析将有助于探索记忆的政策这个终将会被提出的问题。

在《爱比米修斯的过失》中，我试图阐明在对时间构成的分析中**为何**必须重视制约对已经在此的通达的代具之特性；而在《迷失方向》中，我将解析这种制约**如何**切实地发生在每一时代，我还将说明当今的代具性何以成为重复的障碍。

所有的补余都是技术的，而所有的**补余技术**都是使程序"外延"的**记忆载体**。但**技术的补余不全是记忆的技术**，因为特属于记忆技术的补余仅仅出现在新石器时代之后，而"存在的历史"（具有历史性的真正历史时期）则与文字的历史一同开始。在第一章"拼写文字的时代"中，我将指出文字——即拼写文字——的代具性构成了独特的**信仰土壤**，它让人们通达已成为真正历史的过去，并由此开辟了**政治空间**。在阅读某段文字时，无论是柏拉图的还是海德格尔的，我并不怀疑这个已经在此的可靠性。我不会自问：柏拉图和海德格尔都早已辞世并已安葬，我真是在这里接触他们的思想吗？我相信，而且**一开始**就相信我在接触他们的思想，尽管印刷错误或文字增减都是切实的可能性。鉴定原文的真伪是文献工作者的任务，而原文一经鉴定，我便不去怀疑我是否在通达写在书中的，**作为已经在此**的柏拉图或海德格尔的思想——**这些思想正是建立在这种事后重新构成的可能性中**。

所有群体信仰都是从决定群体记忆的补余性状态中构成的。几百年内，**理性**和**一神论**以圣书中各种各样的宗教形式构成了信仰的土壤。正是这个土壤被新的补余性破坏了，因为它已不再适宜——全部问题就是要搞清它在什么程度上是合时宜的。如果说记忆**可以**工业化，那是因为它是被技术手段综合的；如果说这个综合是原初的，那是因为决定"谁"的正是其自身的**滞留有限性**："谁"的记忆是有限的，本质上是不健全的，根本上是健忘的（爱比米修斯的形象首先就是健忘）。"谁"的记忆应当由载体来弥补，而载体不仅是保存记忆的手段，也是**整理**记忆的条件。随着拼写文字的出现，开始了**背景解体**的过程，而记忆的工业化则使之进一步加剧(迷失方向就是这种背景的解体，即**场所的消失**)。其实背景解体在后种系生成之始就出现了(矛盾的是，后种系生成又恰恰**提供了场所**)。第二章“迷失方向的生成”将描述这一过程，并分析下列事物的构成条件：日历及坐标的程序、节律与记忆、悬置的技术、风格及特有语言的分化。我们还将揭示这样一个事实：所有的领土化(即征服空间)一开始都带来非领土化，所有的共同体化都导致非共同体化，所有的定向都把人引入迷失方向的时代。

记忆始终是政治的对象，即应保留事件的选择标准的对象。第三章的题目及内容是“记忆的工业化”，即**滞留有限性的工业综合**，它像发展经济的操作者一样**先入为主**地屈从于**可计算信誉**的特殊标准；与这种信誉相对立的是政治学的**无信誉**和已经在此的工业化所引起的极端教义派的强迫症(既包括宗教的也包括世俗的)。程序工业是记忆工业化的操作者，它开发由模拟、数字和生物技术带来的记忆综合的各种可能性。这一切通过实况直播、数据实时处理和违抗体细胞与生殖细胞互不相通性的基因操作，以**各种**形式彻底改变了**事件的结构**。当代的技术媒介破坏了由拼写文字构成的共同体化过程，这便提出了**记忆的政策问题**。如今政策的问题比以往任何时候都更是记忆问题，因为工业化把**选择**、成见、判断的标准以及在**超出**实在的可能中作出决策的种种问题都摆在了人们面前。科学技术已不再是**实证性**地描述真实存在的科学技术，而是在真实存在中**创造性**地开拓和描述种种新的**可能性**。这一章最终将揭示一种自相矛盾的现象：以信息代具为启发性核心的认识科学没有给予滞留有限性任何实质性的概念，因而也无法理解它们所引用的胡塞尔的意向性之涵义——只有在对时间物体的分析中才能充分把握这一涵义。

本书前三章最终将会勾勒出**第三记忆的历史之轮廓**；最后一章“时间物体与滞留有限性”将重新提出第三记忆在时间化过程中扮演的角

色问题,其原因有二:

一方面,如前所述,海德格尔无法考虑到"什么"的构成性,因为他与胡塞尔所推崇的体验与活的在场决裂时,拒绝承担这一决裂的后果(本书将对此作详细阐述),即无法分开第一记忆、第二记忆及第三记忆。海德格尔在对**现代技术**的分析中从未考虑滞留有限性,因而不能把握**当代技术**的问题。

另一方面,《内在时间意识的现象学讲座》中探讨的是先验意识中**综合**的时间性问题。我们这个时代是**工业时间物体普及化**的时代(世界群体性的意识流程与作为**各种形式的程序工业产品**的**时间物体**流程越来越多地**吻合**),所以应当从综合的**哲学**角度来考虑记忆的工业化,同时应与那些没能考虑**综合**即代具和第三记忆的理论划清界限。

在《爱比米修斯的过失》中,我提议把《存在与时间》第二篇篇首谈及的 Schuldigsein 解释为**缺陷性存在**,而不是**过失性存在**,尽管这本书,即《技术与时间》的第一卷谈的确实是爱比米修斯的**过失**。但这个过失事实上是**爱比米修斯**的过失,而不是因爱比米修斯之过才成为变成凡人的人类的过失。人类没有过失,有的只是起源的原初**缺陷**,它使缺陷的共同体成为共同体的缺陷。海德格尔将世界历史性(Weltgeschichtlichkeit)搁置一旁,而只抓住神学中的犯罪问题,这两种态度之间有着密切的联系。也正是从此意义上,海德格尔在对思想巨匠尼采有关权力即技术的解读上出现了重大的偏差。尼采在论述希腊人对罪恶的经验时写道:

> "怎么可能有这种劣行呢?我们这些人血统高贵、幸福快乐、受人拥戴与尊敬;我们来自上层社会,充溢着美德,这种劣行怎么会出自我们这样的头脑呢?"这便是古希腊贵族数百年间在罪过或重大罪行面前提出的问题。他无法理解这些罪过,可这些罪过偏偏又是他的同族人犯下的。他最后只好摇着头说:"一定是某个神灵蒙

> 住了这个罪人的双眼。”[……]这是古希腊人惯用的托词[……]。这便是在某种程度上用神来为人开脱的方式，即便有人做了恶事，诸神也可以被用来解释他作恶的原因——那时，神是不受处罚的，他们只承担(更高贵的)过失[……][①]

在爱比米修斯的神话中，一神论所说的过失或原罪并不是人类的事，而是普罗米修斯的弟弟、泰坦神族的爱比米修斯的事，即**遗忘**——后来普罗米修斯又重复了这一过失。这是我们这个时代尚未想到的[②]。

读罢《爱比米修斯的过失》一书，有人或许会这样问：上述一切是否意味着应当用速度取代上帝的无限性？如若如此，在记忆不健全的人的有限性面前，技术是否变成了滞留的无限性(当然是指上帝的记忆)？

在这段前言的开篇，我强调了速度在当前的迷失方向的经验中举足轻重的作用。此外，我在《爱比米修斯的过失》中曾断言，速度增长处于外延过程和作为一般生命分化之特征的赢得能动性过程的核心，于是速度构成了一切在场的“绝对的过去”，即这个从未在“自我意识的生命”之时间性中在场的过去。然而又不应把我在此所说的速度完全理解为速度。速度是我们对**力差**的经验，它本身毫无意义。一方面，“速度”表现了对各种趋势的较量所产生的潜能的体验与行为。在原初的迷失方

---

① 尼采：《道德谱系》(第二次修订)，第135页，Mercure de France，1964年版。

② 当我读到雅克·德里达的《领先》(Minuit版)及《信仰与知识》(Seuil版)时，这段话早已写毕。那时，《技术与时间》的第二卷业已付梓，便来不及加上我对上述两文的体会了。然而需要指出，继《爱比米修斯的过失》之后，我在这里对过失与速度问题的拓展萌生于雅克·德里达在我论文答辩时对我的一番教诲，也得益于与理查德·比尔德沃斯(Richard Beardsworth)、霍华德·凯吉尔(Howard Caygill)及乔治·柯林斯(George Collins)的交谈。

宗教一神论问题及信仰问题贯穿当今的迷失方向。我已将这一点概述于“雷吉斯·德布莱的信仰”一文的提纲中(发表在《争鸣》第85期，Gallimard)。

向中，这种作为潜能的力差既是人类生存者与有机化的无机物(技术)之间的**节律**差，也是由分化中技术**结构领先**于技术构成，又反过来分化和影响生存者时所引起的相位差；另一方面，在勒鲁瓦—古兰的理论中，速度更普遍地表现了一种能动性，即互相竞争的物种间的潜力差。于是我们又应当考虑竞争物种间的(转导)**关系**。显而易见，这种关系必然导致能动性的整体上升，但其中的局部策略又很可能使速度减缓甚至基本停滞。然而正如停是动的一个侧面，缓速亦是速度的一个侧面。

尽管如此，技术补余无论怎样领先都是有限的。作为补余，它造成了一种只能被体验为无限的偏差。然而与其说它无限，不如确切地说它无定限(不确定性原理)。但相对滞留有限性来说，它又是准无限。这便是体现在由不可还原的特性即事件构成的场所中“谁”与“什么”之转导关系的内涵。速度是已逝之物与有活力之物之间，即初级滞留与第三记忆之间较量的切实性。从速度出发来思索这个时代就是在解体为空间与时间之前、在形式与质料对立之前考虑如何把我们用怀疑的眼光看到的一般的事件化加以改造，从而探讨中断重复的条件。

第一章
拼写文字的时代

我认为，公开使用我们自己的理性就是**知者**在所有读者面前运用理性。

——康德

1. 拼写、确正与照相

在《爱比米修斯的过失》的最后一章里，我们曾问道："既然已经在此构造了时间性，也就是说构成了进入我没有经历过的过去的入口，开启了我的历史性，那么这个已经在此是否应当构造积极的实际性呢？这是积极的构造和历史的构造：其物质形式的形成在历史以内和历史以外构造历史性。"尽管海德格尔为肯定这一假设提供了要素，但他仍然排除了这一假设。

然而，把握**此在**的历史性首先是把握这一把握的**可能性**，即分析在**什么条件**下**此在**能将其自身的历史性**纳入正题**。上述可能性实现的前提是：这个**历史性的此在**争得它自身的**历史性**，并由此进入**存在的历史**（也是存在的遗忘）。我们将在本书中说明这个历史为何与**文字**的历史及**公民性**的历史息息相关。文字——以其字母特性且作为拼写形式的

精确记录——释放了**通达过去的新的可能性**，因而构成了**纯历史**的时间性。

已经在此积极地、历史性地构成其实际性，人类历史在历史性中的开启性与已经在此的拼写技术相伴而生。拓展这一假设需要建立补余的历史。有关补余的基本概念尚需从《论文字学》里悬而未决的问题中挖掘。

在此，我们不应首先把字母文字理解为音位学文字，这样才能重视其拼写特性。确正(orthos 或 orthotès)指的是什么？几何直线的笔直不曲，分秒的准确无误以及对世俗与政治权力[①]的记录之间有什么千丝万缕的联系呢？这种精确性的新概念对胡塞尔来说是十分重要的，马塞尔·德蒂恩内对它的重视程度也超过了构成古希腊政治公众性的新字符的音位学[②]。

哲学**一向**从音位学来理解拼写文字，因为音位学把**正确**(**真理**的严谨性，一切“精神指导”准则的正确性)植根于自身在场的音素即“谁”之中。我们则认为，这个自身在场只能来自“什么”的技术精确性效应。技术也使形式日臻完善，而形式的完善又带来了原始几何学的发明[③]和观念性的可能性。所谓音位学拼写文字的本质现象，与其说是对声音记载的**精确性**，不如说是对**声音**记载的精确性：问题不在声音，而在记载。同样，照片也是一种精确的记载。我们在本章中的论述看上去有些自相矛盾：先从巴尔特在《明室》中提出的照相现象学谈起，然后再折回文字的问题。这样做的原因是：照片可使我们避开“音位中心论”的诱惑，也能让我们看到与拼写文字并行的其他形式的精确记载——在此统称为记忆的**确正**载体。

---

① 法语中直线和权力都是“droit”。——译注

② 马塞尔·德蒂恩内(主编)：《古希腊文字知识》，PUL，1988 年版。

③ 参照胡塞尔的《几何学起源》，第 210 页，巴黎，PUF，1962 年版。

2. 照片的确凿性衔接过去与现实

探讨现代技术中所谓参照物问题的两部杰作当属本雅明的论述和巴尔特的最后一本书。[①]

巴尔特在《明室》中昭示的现象学目的是：

找到照相的自明性，即任何看照片之人都可见的、在他眼中有别于其他图像的东西[②]。

巴尔特谈到的参照对象问题揭示了"把被摄物与死亡融为一体"[③]的照相关系。我们可以真实地看到已逝即一去不复返之物。照片中的过去就是现在，逝去之物仍栩栩如生。照片"意味着'逝者回归'到自身形象及自身形象现象的结构中"。照片的意向性是参照性，即被摄物曾经存在的确凿性。

我称之为"被摄物"的东西不是某图像或某符号所指向的不一定真实的内容，而是曾置于镜头前的、必然真实的、缺之便不成其为照片的东西。而绘画却可以在未曾眼见的情况下虚构现实。

言语一向有**虚构**和**泛指**的可能性；相反，"我绝不可能否认照片上的东西曾经存在过。这里有相互关联的双重状态：现实与过去"[④]。这种

① 雅克·德里达：《心灵，发明他者》，第277页，巴黎，Galilée，1987年版。

② 罗兰·巴尔特：《明室》，Le Seuil，电影手册丛书。

③ 《心灵，发明他者》，第291页。

④ 《明室》。

关联构成照片的确凿性原则。照相的意向性正是在这种对照相本质的追求中构成的，照相的意向对象是“曾经在此”。

照片的参照物衔接过去与现实，这种衔接**仅仅显现在**由时间定义的**谓项**[1]中——这种效果可以保留“此时此地一缕偶然发出的闪光”[2]。这种由时间定义的谓项是以等同的方式**重复**那些只发生过**一次**之事的**奇迹**。**一旦拍摄下来**，这个永远消逝的特殊瞬间便会**永存**，同时又会无休止地**回归**。然而重复偶然像死而复生一样自相矛盾、不确实或**先天**就不可能。这里所说的瞬间应是**那个**一去不复返的瞬间。

与重复相同，“那一”瞬间指的是种客观性，即相机镜头的客观性。在照片的客观性中，参照对象与其记载“合而为一”，结果，风格与泛指都被排斥在外。这种(精确的)合而为一的机械关系如实地反映了那一真实的瞬间。

3. 作为照片的曾经在此的衔接

相机运用两类互补的技术：一类是镜头的光学系统与快门的机械时控系统；另一类是被摄物在其中成像的化学载体。**分光图谱**是光敏胶片上化学反应后的显像，是两类技术的界面，也是**拍摄者**与**观赏者**目光的界面。

分光图谱只能**事后迟到**地显现：物体被拍摄的瞬间与这个客观地定格在分光图谱上的瞬间给**观赏者**的感受之间的关系是这个作为拍摄瞬间不可思议的重复的瞬间之延迟关系，是“被摄物的化学显影(我**延迟**地接受它的光线)”[3]。照相的曾经在此正是**建构在这种延迟**中，而且

① 这里说的不是语言学或逻辑学的谓项(prédication)，而是指定义不同时间的界面。照片这个界面连接着我们看照片的现在与照片中的过去。——译注

① 本雅明：“照相的小故事”，《杂文·第一卷》，第153页，Gonthier-Denoël，1971年版。

③ 《明室》，第123页。

> 只有到了科学发展(银盐光敏性的发现)使人能捕捉以不同方式照亮的物体所发出的光线并将其直接洗印在胶片上之时，这个曾经在此才成为可能。

“直接”即不拖延，即化学反应时间加权光速时间——二者的关系构成钟表般精确的曝光时间或快门速度。

> 照片的字面意义是被摄物的光线发射。从一个真实的、曾经存在的身体里发出的辐射触动了此处的我。光线传播时间的长短并不重要，逝者的照片像星星迟到的光线一样触动我，一种脐带般的联系将被摄物的身体与我的目光相接：光线虽然无法触及，在此却是一种肉体的介质，是我与被摄人共有的皮肤。①
>
> 从前的东西通过其直接辐射（其发光性）确实触到了这个表面，这个表面又被我的目光所触及。②

看照片其实是重新看，迟到是其根本特征。过去就像曾经存在的现在那样毫无保留、毫厘不爽地再现，然而它只不过是某种精神或幽灵的残余。照片对我来说是现在过去时，尽管这个过去可能不是我的过去，**可能是我未曾经历的过去**。被摄取的光线像发自无限遥远过去的、闪烁在夜空中的星光，它衔接我的现在与我不曾感知却像时间性母体那般熟悉的过去。光线是时间长夜中温馨的滋养层，它孕育了在我的当下获得新生的一瞬。这种可能性来**自物体曝光瞬间与构成这幅照片的摄取瞬间在时间上的同一性**——对快门时间与银盐化学反应时间的调整使**过去的一瞬**倒流在我们**当下**的目光中，只是迟到了而已。这种时间上的倒流即时间**过程**。

① 《明室》，第126页。

② 同上，第127页。

> 照相的基础是曝光。曝光时间的长短并不重要，即便是百万分之一秒[……]，它仍旧是曝光，因为曝光在此不是被摄物的状态，也不是摄影者的技术，而是阅读的“意向”：**看照片时，我的目光中不可避免地加入了我对把一个真实事物静置于我眼前的、如此短暂的曝光瞬间的思索。**我从现在这张照片的静止状态追溯到过去的拍摄，正是拍摄时的那个停顿构成了曝光。①

按下快门的瞬间与物体被拍摄的瞬间相**吻合**。**衔接**过去与现实的可能性正是基于这两个瞬间的**吻合**，其中**观赏者**的当下又与**分光图谱**的显现相吻合。然而这种衔接又是从一去不复返的过去中抓回真实事物，就像我们抓住“星星发出的延迟的光线”：看照片时，过去是在场的（这正是“真实”之意：与其说是存在，不如说是对时间的定义），但这个在场只能**延迟地**呈现。看照片只能是重新看，它不仅是再见，而且是永别。

4. 历史与自爱

分光图谱不仅是显现照片的**载体**，而且也是**现象**本身——**可我们恰恰不能将二者区分开来**。分光图谱意味着分光、**死而复生**、场景和反射。巴尔特借照相的自爱问题提出了人类历史的主题。照片的**分光图谱**应是置于观看、幻象及表面的历史尽头的一面镜子，**观赏者**投影于其中，人类历史本身也将像镜子一样破碎在其中。

历史由什么样的镜子构成？什么是观看的历史？其中有哪些阶段？第一面镜子是什么样的？在照片中自视的目光会是怎样？我们可以通过自身形象，通过借助于诸如绘画、歌唱、吟诵、文字、照片、电影、录像、电

① 《明室》，第 122 页。

视、数字及模拟数字图像这类**形象**技术的**反射**而建立的影像来深入研究上述问题，并找出鉴别和区分这些目光之“主体”的方式。照片带来了一种新的鉴别—区分方式，也是另一种对死亡的经验。

各种仪器的出现是镜子阶段的器具具体化，对此阶段的超越本质上总是延迟的。自身在这些仪器中(重新)自视，而这些仪器“为我们”，“以其自身也为其自身”而建立自身。我在照片中自视是在去远(Entfernung)与绵延(Erstreckung)中(重)见自己。去远与绵延产生了**此处与彼处**、**过去与将来之差异**，并使时间过程和自身临近成为可能，否则我就绝不会看到**自己**。这个总是延迟的反射使我**在此**——在**我的**照片中——看到死亡。镜头拍下的照片主体是扭曲的，即被目的化和物化了的，它形同幽魂。在被摄主体从照片中重见自己的那种典型经验中，在拍摄的事后，死亡迟到地，或者说太晚地显现了。

正是在刘易斯·佩恩的肖像前，照相的时间的出离特性被淡化了：

> 1865年，年轻的刘易斯·佩恩因企图刺杀美国国务卿休沃德而被判绞刑。亚里山大·伽德纳在囚室中为他摄了影。照片很美，小伙子也很英俊，这是照片的**内容**(studium)；但**视点**(punctum)[①]却是：**他就要死了**。照片给了我两个信息：绞刑**即将**执行，绞刑**已经**执行。这个涉及到死亡的过去将来时令我不寒而栗。照片一边给我呈现曝光时那个绝对的过去(不定过去时)，一边又告诉我将要来临的死亡，刺痛我的正是发现了二者的等同。我在我母亲儿时的照片前自语：“她后来死了。”我就像温尼科特的一个精神病患者那样，**为一个已经发生的不幸**而心悸。无论照片中的人物是否已辞世，所

① 巴尔特在《明室》中对这两个拉丁语词汇作了解释：studium 指照片中可分析的内容，比如文化、背景、热情、兴趣、投入、意图等，我们将其译为照片的内容；punctum 原意为刺伤、小伤口、斑点等，这里指照片中不经意地引人注目的，难以言状地给人触动、刺激或伤害的细节，我们将其译为视点。——译注

有的照片都是这种不幸。[①]

所有的照片都是这种不幸,所有的自爱都属于死亡学。然而照相中的自爱又与众不同:它开启了另一种与终结的关系和另一种时间。

照片中的延迟在我与我的终结之间建立起一种独特的关系,并使我异乎寻常地时间化:照相中走向终结的存在是独一无二的。

5. 可见的时钟、延迟的镜子和客观的忧伤

相机是可见的,更恰当地说是**可重见**的**时钟**,它拍出的图像也是一面面镜子。这些载体是我的**意象**(imago)[②]的界面与表面,是延迟地辐射的分光图谱和**延迟的镜子**。

按照海德格尔的理论,钟表(即"什么",**度量**时间的技术仪器)将我们指向它处(指向"谁"和终结)。然而这里的技术仪器并不是偶然的,因为在其中构成了现象,即时间。更贴切地说,没有偶然性就没有时间性。时间构成于技术性中,或者作为技术性而构成,而技术性又是本质上的偶然性。读巴尔特的书让我们领悟到通达已经在此的技术条件为何能够决定超前的**可能性**。**技术**(tekhné)**给予**了时间。正是在与上述分析相近的意义上,我们在后面把音位学文字理解为拼写技术,只是又根据音位学文字的技术特性而作了调整。

照片中透着一种交织着时间与技术的**客观的忧伤**,观看的历史也一贯如此——这些观看只能形成于折射时空的仪器与技术的表面,因为**相关差异**既是时间的又是空间的。

---

① 《明室》,第148页。

② 瑞士心理学家容格(C.G.Jung)发明的词汇,指父母留在幼儿潜意识中的、日后影响其行为和理解的表现。——译注

6. 不可名状

在某些照片特有的魅力中可以体验到**视点**。视点是照相**经验**的基本情感，它难以预见，自然也难以分析，巴尔特称这种困难为**奇特的经历**。“这张照片对我有所触动，那张却没有”。这里有来与往的双向运动，或者说相互交叉的两种运动所产生的情感、动力和能动性使“这张照片顿时吸引了我，它使我激动，我赋予它活力”。正是在这种魅力中，在这种从这张或那张照片来又回到这张或那张照片去的运动中，才可能产生反映照相本质的现象学。这一运动有双重渊源，它是一种互成**镜影**的运动：从**观赏者**到**分光图谱**，即照片的**内容**（文化）；再从**分光图谱**到**观赏者**，即**视点**（并非拍摄主题，但属于意向对象）。

> 不是我（像从我的意识中分析其内容那样）去寻找“视点”，而是视点从照片中箭一样射出并射中我。①

这个奇特的经历是一种回归，它**打乱**了照片的内容。至于“照片的视点，正是这种偶然性刺痛了我（也打击和伤害我）”；而照片的内容则是由我的文化代码编程的。**视点同走向终结的存在中的终结一样不可预见且不确定**。视点是“执拗的”，它锲而不舍、不折不挠，我们却无力抵挡它无休止的回归。这种持续不断的视点又是必要的。其细节，是无休止的回归的迂回，虽然终究只是依稀可见的细节：

> 人们说洗印照片，但化学反应显影的是洗印不出的（创伤的）本质，它不可转化，而只能（在执着的目光下）被执着地重复。②

---

① 《明室》，第 48—49 页。

② 同上，第 81 页。

不可抗拒的**视点**同时也不可名状。不可名状标志着真正的烦扰和**唯一**的真正伤害：

> 照片的内容终究是被编码的，而视点则不然[……]。我能够说清的东西不可能真正刺痛我，不可名状才是心烦意乱的明显征兆。①
>
> 有时候，视点虽然清晰可见，却只能在事后显现。②

作为化学显影的事后被另一种事后所重复。**视点**不可描述，只能铭记，就是说对它的描述无期限地被延迟：它像终结的不确定性那样总在迫近却从不到来，所以从本质上讲，视点延迟地（正因为无休止地）、含而不露地（经常在离开**分光图谱**的情况下）体现为**观赏者**的创伤。**这是分光图谱的效应**，作为相关差异而生效。**视点**是照相的本质现象，它有忧伤的效应。这个照相的现象学也是在悼念巴尔特的母亲，照片"冬季的花园"构成了这个现象学要点。从她那里（从这张照片，从巴尔特的母亲，从他母亲的这张照片）可见，照片的本质是时间问题。在《明室》中，巴尔特踱过一个个房间（"我这样独自走进刚刚伴她辞世的那套公寓……"），一边叙说着他的母亲和他丧母的悲哀，一边承受着忧伤与忧伤的效应，以及表现为忧伤的**视点**的时间效应。时间的效应不能抹去任何东西，而只能**延迟**（照片的**视点**不可能被淡化）。正如**视点**的表现不可名状，这种忧伤也难以形容，这是因其不断回归而从不显现的令人迷惑的现象。

7. 精确性、不确凿性与相关差异

曾经在此在过去中的在场是照相本质上的**确凿性**原则（"我绝不可

---

① 《明室》，第 84 页。

② 同上，第 87 页。

能否认照片上的事物存在过”），它是衔接也是吻合，是对在场之确凿性中的**分离**的体验，因为**不确凿性以确凿性为中心和原则**。这种确凿性**即刻**又变成了不确凿性，它转了向，也使我们调转了方向：“它明明曾经在此，但随即又分开了；它曾绝对地、不容置疑地在场，却已经延迟了。”[①]这个飘忽不定的确凿性已**超过**了精确性，因为精确的东西是间接的、被加工的、“虚假”的。我们将精确称为确正，它包括立场的中正、对过去的公道、对正在发生和已经发生之事的记录的不偏不倚，即**公正的记忆**。然而这种精确性又不可避免地导致不确定性。这个记忆只有在镜影中才是公正的——它被对称地、左右颠倒地反射出来：在照相的反射中，右边总在左边，所有笔直中正的东西都难免扭曲变形。尽管**如此**也正因**如此**，看自己的照片时，我**可以**排除这种让我只能左右颠倒着出现的镜影的影响——即镜影的镜影——而真实地看到自己。**这种让人迷失方向的图像**影响所有的公正记忆及确正形式，尤其影响记忆的准确性，而带来正确或确正可能性的文字形式正是以记忆的准确性为特征。

这个左右颠倒的反射被定格在照片中，以照片的形式反映了活跃在所有在场中的相关差异。“不容置疑地在场，却**已经**延迟”的在场恰恰是对时间的体验。

8.《会面》，一切运动的不动的动力

这个悲剧性的现象学被费德里科·费里尼搬上了《会面》的银幕。这是一部通片充盈着自爱的电影，在马塞罗·马斯楚安尼表演的去安妮塔·埃克贝格的别墅造访这一片断中，费里尼将这种自爱表现得更加淋漓尽致。在那里，在安妮塔·埃克贝格家中，也是在《会面》中，三十年之后，两位演员一起**重看**观众们熟悉的《甜蜜的生活》中罗马特来维喷泉

① 《明室》，第121页。

前的镜头。安妮塔·埃克贝格和马斯楚安尼重逢,**安妮塔**重见安妮塔:她看到她自己。然而在自视中,她的形象是被过去定义的,在过去、现在和将来都永远年轻。在当下看到过去的自己——她在这个当下自语道:我已成为过去;在这个当下,她重见原来的当下或者说过去的现在,**她看到那个当下正在她眼下义无反顾地逝去**。这里看到的是属于过去的(即不同时态的,ptôsis)生命,即由时间给予的,超越过去、现在和将来定义的生命,因为生可见死。只有对于那些曾经风华正茂、即将衰老、**如今**正走向其终结的人而言,青年与暮年才可能存在。死亡赋予生命时间、过程及差异(过去、现在和将来之间的差异,也是那些区分真理与时间的人之间的差异)——**这一点在此清晰可见**。

安妮塔最终看到了自己——不妨说看到了"自己的最终"。在一个悲歌式的镜影游戏中,她不停地看到自己的将来被投射在自己的过去中,并在其中颠倒成**她**的终结——所有影片的片尾都醒目地写着这种不确定性。这是一种既光怪陆离又无休无止的对称。安妮塔在自视时,并不像巴尔特看刘易斯·佩恩的照片时那样自语道:他死了,他将要死去(巴尔特在此以大手笔渲染了**混杂**的实质。发生在安妮塔身上的恰恰是一种**混杂**,是**拉开距离观看**[①])。安妮塔不仅仅说**她**,而且也颠倒了人称说**我**:"我将要死去"和"我死了",也就是说我**正在**死去或**已经**死去。**我注定是要死的**。在《会面》里看到自己在《甜蜜的生活》中的过去时,费里尼的电影说的正是:我会死去。拉开距离看,即从电视中看自己变得很切实。

这段剧情**给我们**以震撼,原因是我们无法将其定位:明明是她,却又不是她,因为她在演戏(在电影中),但又没在演戏(在生活中)。她扮演了一个无人能再扮演的角色,就像我们未考虑到其不可能性时说的

---

① 这是个文字游戏:混杂是télescopage,将此词略加修改就成了 télé-scopage 或 télé-scopie,即从远处看。——译注

那样:“她扮演了她自己的角色。” 然而她在这里的角色全然不由她掌控——当然也不由我们掌控。在这一剧情而不是任何其他剧情中,演员与角色之间呈现出天衣无缝的默契。我们在此**不能**将安妮塔看成剧中人, 然而又只能把她当作剧中人来**看待**。她扮演了全剧中最关键的角色:无论从剧情的发展到剧终,还是贯穿角色的前前后后;无论从故事情节的展开,还是到难以“演绎”的内涵,她都演出来了。剧中人“安妮塔”看到的、由演员安妮塔扮演的人物是个年轻的女演员,她以令人着迷又难以承受的方式**进入**她的角色,无论在《会面》中还是在《甜蜜的生活》中,**她为我们,也为她自己**而进入角色。然而在投身到她的角色之中时,她恰恰又从她的角色中也从她自身中挣脱出来。在她如幽灵一般重现的本质延迟中,她仿佛又回到了我们眼前;而我们呢,已不再能区分这些真真假假、虚虚实实的电影片断了。

在电影中,演员与剧中人珠联璧合,电影的故事情节也**理所当然**地成了演员的**过去**,电影人物的生活经历也**顿时**成了演员过去的经历。拍电影时,演员的生活和他们所扮角色的生活被混同起来。这又解释了巴尔特对电影的评价(它也适用于电影角色),即电影摄影及光敏性:既显影在照片中,又是任何照片都无法显影的东西,它以电影通过摄影机镜头而体现的超现实主义为原则:

> 电影混杂了两种曝光:演员的“曾经在此”和剧中人的“曾经在此”。于是,当我在影片中看见或重见那些已故的演员时,难免产生某种伤感(这是我在看绘画时感觉不到的东西),这与看照片时的伤感相同。(听到已故歌手的歌声时,我也会有同样的伤感。)[1]

《会面》的独到之处是把我们感到**将要**逝去的演员呈现在我们眼

---

① 《明室》,第 124 页。

前。这样它就违反了巴尔特提出的另一电影准则：

> 照相动画成电影时，照相的意向对象就改变了：在照片中，某物被置于镜头的小孔前，并永远地留在了那里（这是我的感觉）；而在电影中，某物从同一镜头小孔前经过，但拍摄的画面却被后面接连不断的画面带走并否定了。电影虽然起源于摄影，却是另一种现象学，来自另一门兴起的艺术。

然而在这里，在事后，这个虚构故事的各个瞬间就像真实生活里的一连串瞬间一样跃然重现于我们眼前。对我们来说，这些瞬间构成剧中人的过去与未来并罗列演员本人的各种在场；也是这个女演员的（再现的）过去。她在表演她自己的过去和现在，于是剧中人的现在便是她的过去，而她的现在又是剧中人的过去。这种切换被以拍摄、储藏和保留的形式呈现出来：过去的事保留下来，但保留在运动中。而运动本身又被固定，且恰恰从不动性中（再次）呈现。这种电影技术“呈现”给我们的是一切运动的不动的动力。

这是（电影从《火车到站》[①]起给观众造成的）极大的**震撼**，而《甜蜜的生活》在《会面》中以电影中的电影出现，则给我们双重震撼。我们觉得《甜蜜的生活》是个**真实**的故事，它让我们从《会面》中瞥见自己的影子。只有投入其中并忘形其中，我们才能看到自己。那么在《会面》中，当我们看着安妮塔·埃克贝格在自视，依稀看到她的死亡和没有尽头的尽头，从她光彩照人的光敏**镜像**中承受那难以承受的自爱的当儿，**我们在自我中又隐约看到了什么呢**？

---

① 这是电影创始人路易·卢米埃尔（Louis Lumière）于1895年拍摄的无声短片，展现了火车进入巴黎萧达车站的场面。在当时，它获得了令人称奇的视觉效果，观众误以为火车正向自己冲来而惊叫。——译注

9. 无人依托的过去的形象

电影人物的过去与演员的过去相吻合。演员的生活本质上是无人称的，是剧中人的、不属于任何人的生活：

> 皮兰德娄发现，电影演员对自己的银幕形象颇感陌生。这种感觉一开始与所有人照镜子时的感受相仿。然而，他在镜中的形象从此与他**分离**开来，且变得可传递。[①]

这种分离是形象和**意象**的无依托，它形成于剪接的吻合及由此而来的照片的延迟，而延迟又产生于电影机马达的静止不动中。**由于**电影人物是演员的无人称性或者说不具名性，剧中人及其扮演者的过去就可能成为**我们**的过去。剧中人、演员和观众**共同**参与到由电影的意向对象和照相的同一瞬间性所构成的相互连接且延迟的重合中，照片的**瞬间性**通过马达转动这种人为的动画"提升"为属于剧中人、演员和观众的相互等同的三个过去、三个**过程**（三个现在、三个未来）。**正因如此**，电影中的电影才能如此震撼我们。**对我们来说**，《甜蜜的生活》不可能**仅仅**是个虚构的故事，它是一部存在于我们现实生活中的电影。这要归功于影片的美感、安妮塔的丰姿、马斯楚安尼的英俊和费里尼的使**假戏**成真的天赋。《甜蜜的生活》是大家共享的过去：透过安妮塔自视与审视她的过去的目光，我们看到的是我们自己的过去。《会面》又将这个虚构的情节加以重复，而且表现得维妙维肖。电影故事的真实性当然**不排除**虚构与现实之间的对立，所以我们坐下来看电影时便会提醒自己：这只不过

---

① 本雅明："机械复制时代的艺术"，《杂文·第二卷》，第 107 页，Gonthier-Denoël，1971 年版。

是电影而已。

伍迪·艾伦执导的《开罗的紫玫瑰》也把剧中人/演员/观众之间类似的关系表现在银幕上，影片中又放映了一部片名为《开罗的紫玫瑰》的电影。它把剧中人及其扮演者置于整个影院的观众面前，置于与观众的关系中：剧中人及其扮演者从银幕中跃然而出，观众则投身而入。这一切发生在看《开罗的紫玫瑰》的我们面前，我们全神贯注地置身其中，就像光线照在电影胶片银盐上的效果投射到电影院中一样。如今的电影是极度自爱的电影，它反映的恰恰是我们这个时代所固有的自爱。幻像、反射、混杂及电视等技术则是这种自爱的成因。

10. 厄科与那喀索斯[1]
——不属于任何人的无人称属性

演员与其形象的分离以及由此而来的无人称属性和可传递性是

> 电影演员时时刻刻都意识到的事实。在摄影机前，他明白他的表演最终要面向观众。在此交易中，他出卖的不仅是他的劳动力，而且也是他的皮肤、头发和肺腑。当他为自己拍完某一片断时，他并不比任何工厂制造的产品更具个性[2]。

① 源自希腊神话：那喀索斯(Narcisse)是个美少年，因爱上自己的水中之影而耗尽生命，死后变成水仙花。此词也指自恋、自我陶醉；厄科(Echo)被天后赫拉(Hera)剥夺了讲话的能力，只能重复别人的话。厄科爱上了自恋的那喀索斯，这段执着的单相思使她痛苦不堪而隐居山洞中，最后衰弱到形体消失，只剩下她重复别人说话的声音。这也是回声(écho)一词的来源。——译注

② 《杂文·第二卷》，第107—108页。

拍电影时观众不在场,放电影时演员又不在场,演员和观众之间的关系只能是延迟的,而这种延迟又**仿佛**所有人都在场。在场中含有这种不在场,在作为扮演者的演员与作为自己的观众(过晚地重新看自己)的演员之间也是如此。马斯楚安尼说过:“镜头后面有观众,观众是让你照见自己的一面镜子。”在镜子中,人们从自身看到的不是别的,只能是不属于任何人的无人称属性。独眼巨人的眼中看不到任何人[①]。镜头无人称的客观性开启了一种不在场, 其中在场的是不属于任何人的无人称属性,如同“所有花束中的不在场之物”[②]。镜头开启的是公众性与试拍中无人称性的表演,某种独特的效果随着这卷胶片的转动而产生了。通过安妮塔和马塞罗重温他们的过去,《会面》描述的是一个让我们从中依稀看到自己的经历, 影片中虚构的情节以极强的现实性震摄了我们。说到照相、电影和录像对**时事**或“现实”的表现与记忆,那就大有文章可做了。《甜蜜的生活》中那些摄影记者正像电视在《会面》中那样,扮演了极其特殊的角色。在《甜蜜的生活》中,安妮塔扮演一位芳名希尔维亚的女演员,马斯楚安尼扮演一个叫马塞罗的作家兼记者。

至于声音,普鲁斯特在谈及电话(而不只是巴尔特在此对唱片的论述)时,也提到过同样的效应:在第一次使用电话机时,他第一次——对他来说是最后一次的第一次——听到他那仿佛**已经**逝去的祖母的遥远

---

① 源自希腊神话:漫游者尤里西斯(Ulysse)被吃人的独眼巨人库克罗普斯(Cyclope)捉住。被问及姓名时,尤里西斯谎称自己名叫“没有人”(Personne)。后来尤里西斯趁独眼巨人酒酣之际用石头击中他的独眼。闻声而来的同伙们问独眼巨人是谁打伤的他,他答道:“没有人。”尤里西斯于是躲过这一劫,且最终得以逃脱。——译注

② 引自法国诗人马拉美(Mallarmé)。他认为词与物之间并不绝对等同,比如我们说的花与实际存在的花并非同一物,所以说花是所有花束中的不在场之物。作者以此与电影的拍摄相比:人物一旦被拍摄下来就不再是真实的被摄人了,而成了无人称的人。——译注

的声音[①]。德里达亦把电话看作制造幽灵和让人死而复生的机器。从留声机中,从《魔山》[②]的“音乐盒子”里,从《尤里西斯电唱机——致乔伊斯》[③]中传出的声音会说话、写作、观看、让人观看。在相互(重新)阅读时听到对方讲话,相互(重新)照料时相互倾听,在厄科与那喀索斯之间“写作”。照相、电影、录音、电话、电视均为模拟技术,其中交织着一种与终结的关系,它开启了一种既无具像亦无先例的自爱。“解构”的全部可能性便来自这个技术背景[④]。

11. 潘朵拉[⑤],镀镜和矫形的无知功能

在拉康的理论中,镜子构成真正的人性,即动物性标记,这是因为人性中可见动物性,它属于人又不属于任何人。在精神遗传学中,镜子的“阶段”代表着这么一个时期:渺小的人类已经在规划何以扭转自己**落后**于大猩猩的局面——大猩猩在“使用工具的智慧上”已超过了人类。然而“镜子的阶段”一文只是使人认识到不可能在镜中找到自己,因为镜子反射出来的只是他自身的缺陷。镜子一览无遗的反射仅指向一种等待,镜子的阶段将永远不会被超越而只能被反射,它只能给出一个**观念的自我**:

> 主体的**自我**沉淀为一种原始形式[……]。在被社会认可之前,

---

① 普鲁斯特:“盖尔芒特家那边”,《普鲁斯特全集·第二集》, 第132—138 页, Gallimard, La Pléiade。

② 托马斯·曼:《魔山》,第 401—425 页, Le livre de poche。

③ 德里达的著作。——译注

④ 雅克·德里达:《论文字学》,第 20—21 页, Minuit, 1967 年版。

⑤ 希腊神话中人类第一个女性。——译注

> (这种原始形式)将自我置于一个虚构的、任何个体都不可复归的方向上——或者不妨说:他只能渐近地接近主体的形成。[①]

在这个对他来说永远是未知的时刻,即他的死亡来临之时,同一化过程才**真正**完成,并清除了一切虚构的成分——此时的质料不具任何运动或自身运动,也不具**生命**或**精神**。拉康将这种渐进称为"无知功能",即在原初的无意识的镀镜——即我们前面所说的**爱比米修斯原则**——中反射的无知。

镜子构成无休止的**自我助产术**,其中外在性具有构成性(有欲望的躯体原本就已工具化了)。镜子反射出一种格式塔完形[②],使它产生于左右颠倒的对称中。在这种对称中,主体迟于自身,追逐自身,在他静止不动的形象(他的照片)中找到他的机能:

> 主体在幻想中领先于其力量成熟期的身体完全形式只能以格式塔的方式给予他,也就是说,在外在性中给予他。诚然,在此外在性中,这种完形与其说是被构成,不如说具有构成性;但更重要的是,在此外在性中,身体的完形是作为他身体的轮廓而出现的。这个轮廓冻结此完形,并将它左右颠倒地呈现。这与那些使主体觉得自己激活了这种完形的紊乱的动作相反。

在雌鸽牛殖腺的成熟过程和蝗虫的群居中,自爱功能"属同型鉴别范畴,应被包括在构成美感与吸引异性的美感中"。从《甜蜜的生活》这部影片中,从安妮塔、马斯楚安尼和费里尼的作品**带给我们**的美感中,

① 拉康:"镜子的阶段",《文集·第一集》,第 90 页,Seuil,1966 年版。

② 格式塔(Gestalt)是德国心理学家,他发明了完形心理学与格式塔疗法。——译注

我们应当得出什么结论呢？什么无定形之物在其中**实实在在**地形成、成型、变形呢？“谁”是潘朵拉[1]？在“什么”的各个时代所指向的各不相同的图像中，谁是潘朵拉？只有从技术的外延——即从猿向人的过渡——和原动幻像的（非）实现来思考，上述问题才有意义。

> 在镜子阶段反映的空间捕捉中，我们必须承认人的[……]有机匮乏的后果。[……]镜子阶段的功能一开始就作为旨在建立肌体与其真实状态之关系的意象功能的个例呈现给我们。[……]但在人身上，这种与自然的关系又受到机体内部某种成熟和原始不协调的影响……，这正是人特有的早产。[……]**镜子的阶段**是个悲剧，其内在压力忽然从不足变成了超前——而且对落入空间认同圈套的主体而言，这个悲剧制造了从身体的破碎形象到我们所说的整体**矫形**形式的种种幻想。

12. 存在的代价、思维的奔忙、基督学及结晶学[2]

有一种延迟在幻像的对称中提前颠倒，它是主体的组成成分（主体的时间性及空间性），生来就被定义为与终结的关系（不足变成了超前）。这种动力产生于原始的外在性（它并不与内在性相对立，因为它构成了内在性。它是一个只指向无生气的、幽灵般的、机械人一样的形象的“圈套”，这些形象塑造出“被矫正的”形式），在生命中作为**代具性**而持续，因为镜子的阶段本来就是未完成的，幻像是扭曲的。镜影也好，观看的**技术**也好，时间也好，都只能是变形的。记忆总有偏差，尤其在正确

---

① 这一点请参阅《爱比米修斯的过失》，第203页以及之后的内容。

② 结晶学（cristallographie）在其本意之外还有一个宗教上的引申意义，它指的是基督的心如水晶一般纯净，这与前一词基督学（christologie）相对应。——译注

时。反射是迷失方向，于是问题成了必须在无思中定向，即鉴别与区分这种代具性以及代具性成为确正形式且作为技术影响时所做的矫形。燧石最初被凿成石器，尔后被磨光，显现出表面和线条，再后来成为具有拼写理想性的石尖，直至发展成今日的虚拟现实和令人迷惑的远距离现身，即把身体作为代具并剥夺其属性的技术。“什么”的历史应当是镜子(的不同阶段)的历史。存在者的历史性只不过是一种没有羽毛、穿着矫形鞋的两足动物——即便他是个文身的赤脚者——的蹒跚步伐；同时，正如本雅明、福西永和勒鲁瓦—古兰所言：手的退缩早已意味着脚的退缩了。比如说在这种总是反映自爱的赛车中，米其林轮胎的有分水脉落的胶皮属于哪类矫形鞋底呢？我们不妨对这个赛车手作一番现象学研究，这样，我们就可以像谈论所有的越野赛一样，对他孤身一人，置生死而不顾的赛车表演喋喋不休地大加评论。不奔跑不起舞的“谁”缺乏对思维的某种理解。

走向死亡的存在的镜子只能是个早产儿。在对幼态持续的生物分析中可见已经在此的实际性，这一事实说明，“谁”是带问号的“谁”。然而这个事实并非生物的，而是技术的。只要涉及到身体的技术，如行走、跳舞或游泳，就不是单纯的生物学范畴，柏格森的生命—唯灵论及勒鲁瓦—古兰、西蒙栋两人对此理论的尽善尽美的发挥都是不够的。早熟是**普罗米修斯原则**，正如镜子的阶段，其银镀反射出爱米比修斯的**超常**形象，就像“谁”在“什么”中的构成。而在“谁”与“什么”分开之前，在“谁”的客体化及“什么”(从这个被阿尔托称为版面的银镀，这个**需要**梵·高来修饰的金属墙)的主体化之前，**作为**现象的现象便是技术的相关差异。

刘易斯·佩恩为爱米比修斯的过失付出了代价，这是存在的代价。刘易斯能复活吗？从燧石到银盐再到液晶，什么样的基督学——即从(继承的)过失中获得拯救——的教义被记载到所有银镀的矫形的结晶学中了呢？

13. 西方的事故或补余的悖论

既然要分析照相和电影，我们就要抓住它们的典型特征，即不发音的书写形式。

作为记忆的技术，照相和电影的本质应从**确正**的概念来理解。确正不仅是**模拟**技术（照相、留声机、电影等）的特征，而且也是记忆的**文字**（拼写文字）及**数字**技术的特征。确正的记忆是“精确”或“正确”的，海德格尔把这种正确性即**确正**（精确性）看作记忆和去蔽的灾难。尽管海德格尔在这一点上一直抨击柏拉图，其实他们两人的观点如出一辙。然而这个正确性又总会产生某种偏差或不相符，即某种差异——本体差异应当是其中的一个阶段，正如存在的历史，亦如希罗多德翻开的人类历史书卷的时间。这个记忆的灾难，这个降临到西方的**事故**又是记忆的“拯救者”：这便是德里达称之为来自拼写文字的补余的技术的悖论。

关键是超文字历史中**直线型**文字的**特性**。超文字即拼写文字，也是人们往往首先想到的音位学文字。然而德里达经常模糊，甚至否认音位学文字在纹迹历史中的特殊性。**文字学**便是抵制文字这个精神现象所编织的**寓言**。《论文字学》篇首的三个题记（文书、卢梭和黑格尔）

> 使我们注意到时时处处都在支配文字概念的人种中心论（和）[……]本质上属于[……]最原始、最强硬的人种中心论的[……]逻格斯中心论。[1]

人种中心论**一边**把字母文字誉为“在其自身之内且为其自身的最睿智的文字”，**一边**又拒之于“完整的话语之外”；而逻格斯中心论既在

① 《论文字学》，第 11 页。

被释为**语音**的**逻格斯**面前贬低一般文字，同时又将字母文字从较低的或几乎非文字的地位提升到较高的位置。

文字学由此提出了如下论断：话语“从来就属于文字”，且二者都应从超文字概念来理解，因为思维必须承受在场的悲哀。超文字是原初补余性的逻辑，亦是非原始性沉思，即“在场的形而上学”之解构。

然而又怎能做到既**不排斥**文字整体又**不特别推崇**某种文字（即随着声音的消失而消失的音位学文字）呢？因为“文字的语音化（是）哲学与科学的历史渊源及其结构可能性，即知识的条件”。尽管“（科学）从来就需要，且越来越多地需要非语音文字”，尽管“不可能有纯语音文字，而且语音文字在不停地贬低非语音文字”[①]，我们却不可忽视如下事实：如果说贯穿于、来源于文字（来源于全部人类历史）的语音化**开启**了某种东西，那便是一个随着字母文字完善过程中的语音化的完成而来临的新时代：

> 对数学、政治、经济、宗教、技术、法律之本质的思考以最内在的方式连接着有关文字历史的反思及信息。然而，贯穿所有反思领域且构成其基本单位的穿梭延伸的脉络却是文字的语音化问题。语音化有它自己的历史，没有一种文字不被包含其中，且这个进化的奥秘并不被历史的概念所主导。我们知道，历史的概念出现于文字语音化的某一特定时期，且本质上以语音化为前提。

语音化从来是已经开始的，而文字——被（欠妥地）称为“语音文字”——发展的某一特定时期也是历史概念出现的时期。然而我们至少应对以下两种态度提出质疑：一是断定字母文字在其自身之内且为其自身的优越性；二是由此而推断字母文字不可忽视的特殊性：这表明语

① 《论文字学》，第 134 页。

音中心论早已隐匿其中了——仿佛一谈特殊性就立即成了谈论优越性。我们可以把文字学的这种基本趋势看作为防止语音中心论、逻格斯中心论和人种中心论思潮之卷土重来的起码的谨慎。此外,对这种原初质疑的态度,即以文字学特有的启发性为原则的态度,我们有必要做出分析,**因为必须**超越狭义的文字概念来定义超文字,也**因为**人们对字母文字的普遍偏爱(认为它最忠实于人声且**去除**了补余,这就使**语音回到**了其应有的位置)必然进入在场的形而上学范畴,而对直线型文字之特殊性的疑虑与**动摇**至少可以通过最忠实于话语的文字来**取消**话语的形而上的优越地位。

然而问题恰恰是不去除文字本身的补余性:这样做未免自相矛盾。文字学制定了**补余的逻辑**,其中补余的偶然性是根本的。这就意味着把补余的**历史理解**为会导致偶然性的本质变化的——或许**也**可以称之为本质性的偶然变化的——有偏差的偶然性历史。文字学最常见的是抹杀音位学文字的特殊性,声称大部分时间内**几乎**所有生于斯之物在其前都已存在,从而不把这个特殊性当作中心问题来看待(文字学不正是以某种形式将此问题**束之高阁**吗?)。这样做不是在文字学计划实施之前就削弱它吗?我们不正是随声附和了认为补余**其实**什么也不是的观点吗?

14. 技术的思维及与未来的关系

自爱形成于具有(记载)无人称性延迟的镜影中。电影演员和观众所经历的无人称性属于观看的历史,其中书籍构成了一个特殊的“阶段”。“书中无人称的知识”“无须某人的想法来作保。个人的想法从来不是正确的,因为只有在所有人的世界里,且随着这个世界的降临,个人的想法才会成为真理。[……]这种知识与各类技术的发展联系在一起,把言语和文字变成技术"[①]。在**作为技术**的文字中回荡着一种无人称的知识，一种不署名的权威性。这里指的是希罗多德翻开的书卷中的拼写文字，它开辟了一个新时代。"在我们生活的时代中阅读"，我们预感到，这个时代的尾声——即另一种无人称性——是对不期而至的无人称性的另一种默许。此时，"最引人瞩目"的变化发生在现代技术"无人称力量"的来临之际[②]。

在《保罗·德曼的回忆》一书中，德里达谈的是现代技术、成为**科技**的技术与科学以及

> 作为记忆的思维和记忆的技术范畴之间不可分割的联系。[……]通过记忆来重申思维与技术(也是[……]思维与科技)的统一性，德曼提出的解构[……]使我们有可能从理论上解决人工记忆和**现代存档模式**这一重要问题，而不是将其排斥到思维之外或之下的黑暗中。如今，上述问题在过去远不能及的范围内以某种节律影响着我们与世界的关系（完全超出了人类学的定义)，[……]**这一切都处于影响与未来关系的转化中**。这个惊人的突变的增长不仅反映在体积上——即所谓人工记忆的计量经济，而且也反映在其质量结构上。[③]

当然，需要搞清在科技突变的盛名之下，我们谈的是**与未来的关系**中的什么质和什么**转化**。这个科技突变

> 可能使我们不再赞同海德格尔的"科学不会思考(Die Wissenschaft denkt nicht)"这句话及其全部涵义。

① 莫里斯·布朗肖:《拉斯寇岩洞中的动物形象》，第 13 页，Fata Morgana，1982 年版。

② 莫里斯·布朗肖:《未完成的采访》，第 396 页，Gallimard，1969 年版。

③ 雅克·德里达:《保罗·德曼的回忆》，第 108—109 页，Galilée，1988 年版。

> 适用于科学的论断也同样适用于技术,因为“现代科学建筑于技术本质之上”。

技术在思考。技术所思考的与未来的关系难道不应重复技术思考的内容吗?由于技术在思考,我们难道不该想一想技术让我们思考哪些内容吗?技术在我们**之前**思考,因为技术从来是**我们**之前的已经在此,存在于我们**之前**的存在者——因为“什么”先于且总是提前于早熟的“谁”。未来,即“思维的任务”,则尽在技术的思考及对技术的思考中——**这两种思考的重叠处造就了时间。思考技术就是思考时间(重复)**。

用什么标准来区分“现代存档模式”与现代之前的存档方式,尤其是希罗多德和他叙述描写(并在其中撰书)的城邦所使用的存档方式呢?使希罗多德成为可能的存档(记载)技术有什么特性?也就是说,音位学直线型文字的特征是什么?而这一切**与未来的关系**又是什么?这种文字在它的时代中又会把与未来的关系**转化**成什么呢?这其实是**按其技术规范**拼写出来的记忆文字的问题。布朗肖所说的断裂正是**相对于音位学直线型文字**而言的。断裂之所以产生,是因为相关差异中出现了某种专门特征,出现了人工记忆的某种新**功能**。我们从确正的概念来分析人工记忆。确正概念在(模拟和数字的)“现代存档模式”中既被保留又在变异,而“现代存档模式”所承载的“与未来的关系”则与这种保留和变异相辅相成。

15. 确正与真理

海德格尔使用了确正,即精确性,来形容柏拉图的真理之“教义”——它是走向存在遗忘的第一步,也是迈入存在历史的第一步:

当获得解放的人类在洞穴中避开阴影观察事物时，他已经把目光投向了比单纯的影子"更真切地存在"之物：pros mallon onta tetrammenos orthoteron bletoï。"转向更真切地存在之物时，他似乎看得更精确"。从一个状态过渡到另一个状态看得更精确。这一切都从属于确正，从属于观看的精确性。[1]

这种对**去蔽**(aletheia)的新的解释是形而上学的开端：

真理的本质今后不再从它自身存在的圆满或作为去蔽的本质而展开，而是刻意迎合理念的本质。真理的本质丢掉了它先前的根本特征，即去蔽……

去蔽的概念改变了：如今它指的是明证性、与明证性相符的看法以及这种看法的准确性和精确性。[……]柏拉图在研讨去蔽时想的其实是确正，并赋予其决定意义。这当然与他的思维方式一脉相承……

真理或去蔽不再是存在本身的根本特征，却因附属于理念而变成了精确性。今后，真理便是存在者知识的主要特征。[2]

海德格尔于1962年承认，去蔽早在苏格拉底之前就已被理解为确正[3](于是，"超越希腊人"便成了"思维的任务")：存在的历史**正是**它自身的遗忘。"命中注定的存在不再是我真正的思考内容"[4]。这一新问题

① 海德格尔："柏拉图的真理之教义"，《问题·第二卷》，第153页，Gallimard，1968年版。

② 同上，第153—158页。

③ 海德格尔：《问题·第四卷》，第136—137页，Gallimard，1976年版。

④ 同上，第74页。

指的是可追溯到存在历史开启(希腊)之前的“另一种思维”。

(存在的)真理为何**原初**被理解为确正? **作为确正且作为与未来关系之转化的存在的历史以什么为开端?** 为了摸清此问题的来龙去脉,让我们看一下马莱纳·扎拉德尔对**相关差异**概念的异议:

> 对德里达及其弟子们来说,相关差异的超结构是原初的间隔和不可复位的裂痕,它“包含了”海德格尔的差异概念:它囊括、阐明并拓展了差异,但同时也更旗帜鲜明地把差异从形而上的领域中铲除出去。然而在我们看来,这种把差异结构化的做法似乎并不能精确地阐明海德格尔理论的特性,即不容置疑的历史性和时间性。海德格尔认为,差异与存在的最初涌现是不可分割的;而在人类历史的初期,在希腊文字中,却看不到这种存在的最初涌现。这就是说,差异具有开启性,而远不是“原初结构”[……]。差异开启了一个历史,即西方思想的历史,也是存在退避的历史。[①]

这种异议无疑是对德里达的相关差异概念的肤浅理解,同样也是对海德格尔的观点(本体差异标志着全部此在,而且此在早在存在的历史之前就存在了)的有待商榷的诠释,但它却揭示了真正的问题,这就是:把(存在的历史的)开启性纳入相关差异中,同样也把拼写文字的地位问题纳入超文字的概念中。更广义地讲,这是全部存档中切实的技术性问题,与未来的关系正是在其中展开和分化的。

海德格尔在讨论柏拉图的**确正**一词时并未考虑到文字。欲从文字的技术—历史事实来“解释”存在历史的绝对开启性,则未免有些荒唐。相反,我们应当自问:这一事实是否遮盖了希腊人和当今西方世界把真理当成精确性的可能性呢? 这个问题不解决,就不可能澄清超文字和相

① 马莱纳·扎拉德尔:《海德格尔与原始话语》,第 143—144 页,Vrin,1986 年版。

关差异的概念。

直线型文字首次为通达言语的**过渡**(通达它正在过去的现在)**和**进入言语的过去(进入它**作为**过去的现在)开辟了文字途径。通达**文字**正是胡塞尔所追求的理念之条件。这里说的理念首先是几何理念,即"面对所有人的、永恒不变的"[①]可理解性。这种可理解性是意义重新活化的条件,后者又是理念的条件。然而,"业已缄默的史前奥秘、流逝的各种文明、讳莫如深或无从知晓的企图、守口如瓶的秘密和难以解读的碑铭[……]"所缺乏的恰恰是这样一种"对所有人的"可理解性。**可理解性**需要**记录的精确性**——从胡塞尔在其早期的现象学分析中赋予文献的地位上不难看出,他早已想到了这一层。所以,并不是所有的文字都能使科学的理念陈述共同体化:使其成为可能的是拼写这种能让人把**想过**的事当作**发生过**的事来"任意审视"(此乃莱布尼茨之语)的文字,即把思维作为其自身的、完全可以通达的过去来自我审视。但这并不意味着这个过去是透明的:思维的字面意义是通达语言原始书写内容的**差异**意义,**因为**我们总能以相同的方式重新通达此意义。这个事实开启了另一种相关差异。

16. 拼写的意向性

无论是字母的还是非字母的,任何文字都少不了意向性。与未来关系的转化,即人类历史的开启,正是植根于这种意向性之中。分析确正的记录首先需要对纹迹的意义、死亡的经济学、超文字中的相关差异这些内容的意向性作出分析,这就需要"解构音位中心论"。

这个解构注重的恰恰是如下事实:

---

① 雅克·德里达:《〈几何学起源〉导论》,第 87 页,PUF,1962 年版。

> 科学实践[……]不断否定逻格斯的统治地位,比如说它一贯地且越来越重视非语音文字。①

同样,算术记录的精确性先于字母的精确性。在巴比伦和埃及,数字的精确性转化为更便于使用的时钟和可提前推算年月日的历法,这就使天文和算术出现在文字之前。如此说来,这些非文字的数字系统早已是确正的了。然而准确地说,这种精确性依旧是数字的精确性,当然这种数字已承载了文字和超越了单纯计算的、通达过去的新途径。几何学不仅是计算的精确性,它也需要演绎法的文字化,即几何证明。然而,这种文字化又以精确的计算为先决条件。如此看来,对胡塞尔来说,中国的几何也许尚不能称为几何,因为它是无法证明的。认可拼写文字的特性并不意味着恢复音位中心论—逻格斯中心论的至尊地位,因为确正的字面意义并不是像自身在场那样对语音的忠实,而是对**作为**过去的过去——即字母的**过渡**或者说**通过**字母的言语过渡——的文字记录,它是对已经发生的(或曾经在此的)文字活动的某种重复方式。

这与照片和电影中的问题十分相像。如果对应并衔接过去与现在之再现的确凿性没有调动照片或电影目光的意向,也就不会有《明室》里描述的种种效果及《会面》中的自爱;同理,如果不具备确凿地通达产生思想的那种精确性——即拼写记录特有的**内在感觉**,那么对几何、历史或哲学的阅读:欧几里得的《几何原本》、"历史之父"的《人类历史》、柏拉图的《理想国》(海德格尔在读此书时并**未怀疑**自己在研读柏拉图的思想)便都无从谈起了。

照片的曾经在此中有种独特的意向性,它是绘画所不具备的("我把曾置于镜头前的、**必然**真实的东西[……]称为'被摄物'",摄影目光的**意向**先天就有这种必然性)。同样,字母文字先天就意味着我在阅读

① 《论文字学》,第12页。

中能够进入思维的字符，进入“有血有肉”的思维——这种与生俱来的特性既不存在于史前奥秘中，也不存在于难以解读的碑铭中。如果没有这样一种阅读**意向的**必然性，胡塞尔所言的**共同体化**就不成其为可能。写下来的话当然**也**包含着虚构的本质可能性，但这并不改变上述道理。

这并不是说字母之前的文字均为象形文字，也不是说象形文字像绘画那样“代表某物”，而是说唯有字母记录技术能使读者无须了解此记录的背景就明白这段话的“字义”——**这个**“字义”在记录中自然而然地即刻产生；这也不是把照片的意向性降为文字的意向性，因为模拟的确正是最基本的。然而在上述两种情形中，我们谈的都是在超前中衔接过去与现在的确正，它是死亡的经济学，也是曾经存在之物再现的先天确凿性。拼写文字和照片有着共同的时间问题，此问题远远超出了照片，正如《精神》一书中论述的那样：

> 现代摄影技术中的快镜头摄影只不过是以最扣人心弦的方式替代一个老式的瞬间性。尽管后者对于一般的技术可能性来说并不陌生，但它仍是老式的。[①]
>
> 这种衔接并没有等照片来建立与复制技术、与技术的本质关系。[②]

当然，它也没有等我们称之为拼写的字母音位学文字。然而正如照片给我们带来了一个不可多得的体验，拼写文字非凡地开启了与未来的关系，从而也开启了一个全新的组合。

---

① 《心灵》，第 299 页。

② 同上，第 291 页。

17. 确正,可重新活化与不可重新活化的条件

作家**置自我于**写作中,在写作中遇见自我并自我反思。但由于写作需要最终走出自身,这种置身于写作并非真正地局限于自我,而是需要由读者来传播和重新活化:这便是《几何学起源》重新活化的时刻。

胡塞尔认为,理性可以达成于器具性的表面或界面。不同于康德的是,"胡塞尔对数学观念物体的直观具有绝对的构成性和创造性,因为这种直观的对象或对象性在直观之前并不存在"①。但这种构成性又被作为记录的文字所限制。《几何学起源》的主题是有史以来,**特别是**有几何的历史以来首次提出的,它亦是**器具性**的主题,因为几何学不可能产生于共同体化过程之外,而共同体化过程又离不开**呈现**"已经在此"的**技术:没有器具的滞留性——也就是说没有构成性的第三记忆——就没有几何学**。

这种器具性开启了回溯性探问(Rückfrage)的可能性。

> 回溯性探问以参照性或远程联络的邮政与通信的反响为标志[……]。我收到的已经可读的文献使我有可能再次询问或反问自己:什么是传统给我之物的原初意向及最终意向。②

这个传播过程"即便不等同于内在时间意识的传播过程,也与之相仿"。由"文化世界"组成的"历史的当下"呈现出类似于存在性分析的结构:这个历史的当下"迟早会指向过去的全部,而这个过去又寓于这个历史的当下中,且总是以计划的一般形式出现"。

---

① 《〈几何学起源〉导论》,第 23 页。

② 同上,第 35 页。

一方面,这个"文化世界"倡导我们通过拼写技术来分析有关古希腊时期的几何学家、地理学家、哲学家、诗人、医生、历史学家、法学家与普通公民之间维系的各种关系的考古—历史学材料;**另一方面**,上述一切敦促我们关注器具性及"发明"的时间问题,即"发明者"的滞留—前摄结构, 也是对可借助于技术来通达的过去——即一切作为**观念**的前摄而实现的滞留——的考证。

所以马塞尔·德田奈认为,文字就是一种技术:

> 记录、记载、拓展记忆的限度,这些文字行为不是被轻易地简单化,甚至放在无足轻重的地位了吗? 我们选择另一种假设:作为社会实践的书写是一种思维方式或认识活动,书写意味着智慧行为[1]。
>
> 只有在学校[……],词汇、辞典、清单[……]这类新的手段出现时,技术才会产生。在书写符号实践中制造的这些**新器具**在某些条件下可以为知识的重组发挥积极作用, 为新的智慧体系的来临作出贡献, 甚至——像发生在希腊的那样——发明新的物体或者提出新的问题,并通过这些问题来发掘更高层次的智慧。[2]

发明新的物体恰恰是胡塞尔的论题, 然而这里指的不仅仅是数学理念。"公元 650 年前后,[……]书写出现在城邦中——在一个充分展开的表面上,且本质上出于政治目的"。文字变成了"公众性的操作者,**是政治领域的构成物**。[……]文字使得城邦生活的各种基本准则经久不衰、清晰可辨且通俗易懂,以便让所有人都服从于它们"。"札琉科斯[3]最早的创造之一就是在法律条文中确定惩罚制度。[……]文字带来严

---

① 《古希腊文字知识》,第 10 页。

② 同上,第 12 页。

③ 札琉科斯(Zaleucos)是希腊历史上有记录的第一个立法人。——译注

谨性和精确性，当然这是在它行使[……]其公众性功能的范围之内”[①]——这便是**同一性的固定**。

18. 拼写、共同体化及社会群体

文字普及引发的共同体化和一般意义上的过去的**确正定位**构成了一个背景，其标志是使用像时间、空间、社会群体那样强加于人的技术工具。在此背景中出现了真正的法律和**权利平等**的准则。“在法律被写成书面条文的同时，诠释法律的权力便赋予了每一个人”。而法律的出现**同时**也是西方各种知识的涌现，因为“权利平等[……]远不只是一个政治纲领，它为知识界的活动开辟了新天地”。

共同体化呼吁诠释即差异化的可能性，因为精确的同一性必然导致**某种**差异，也必然使前一次阅读被无限延迟。记忆越是正确（同一）就越有偏差（也就越发延迟）。**从**一段话**被书写成文的那一刻起**，这种**相关差异的同一性**就已表现得淋漓尽致，因为作者把他的过去作为现在铭记下来，并以别具一格的已经在此的特殊形式将它呈现出来。这个文字的已经在此使我们能够**任意**审视这位首先为自己写作的作者的推理过程。让我们看一下作家写作时的情形：他将要落笔的文字——即下一句话——似乎在继续现在过去时的文字，就像阅读这个已经在此，又像阅读新句子一样阅读、诠释和写下**隐匿在已经在此的文字中的相关差异**。

“欧几里得的《几何原本》在几百年内强行规定了一种以公理为基准的、完全书面的几何”。这些转化也使希波克拉底的医学（从病例积累中得出的对症状的描述）、地理、地图以及我们所熟识的悲剧成为可能，并使我们进入永远敞开的问题即真理的悲剧性持续中。

---

① 《古希腊文字知识》，第 17 页。

在《形而上学导论》一书中(第159页),海德格尔谈到与作为历史遗址或"出处"(Geschichte)的城邦同时出现的诸神、庙宇、祭司、庆典、游戏、诗人、思想家、国王、长老会议、公民大会及陆、海军。正因从"以多种方式"呈现的时间出发来思考社会群体(polis),这些事物才可能同时出现。然而没有被海德格尔划入这种时间性范畴的恰恰是国王的退避、公众性的世俗生成和**权利平等**。在"相关差异同一性"的公众性范围内,(本体)差异的作用相当于**这个**相关差异。相关差异就是诠释(hermeneia),即时间源源不断地到来。正是从这个问题重重的时间中,我们才能明白为何且如何

> 向主持院或通过公民院书面提交法律条文,这便是从事政治活动、调节社会关系和改变公众生活①。

这种做法的结果是:"任何人都可以审查。"在城邦中,"撰文相当于行使政治权利","读者与作者之间没有什么差别"。从本质上讲,真正阅读的价值仅在于写作(尽管只是个可能性)。正是在这样一种相互等同的原则中,才可能产生胡塞尔理论中的共同体化。由于存在着这种等同性,也由于这种等同性终可以不被实现,共同体化造就了**两种状态的阅读:被动**综合与**主动**综合②。**主动**阅读并不像对待公理那样作简单的机械理解,而是**重新活化**公理并**再现其原初的自明性**——由此可能产生一个超前的过程,此过程制造新的几何论述,即几何器具开启的相关差异中的差异。**被动的**重新理解同样需要读者与作者的技术等同性:尽管徘徊于原初的自明性之外,也没有重新活化的能力,被动的重新理解仍是理解。从此意义上讲,只有在几何论述中的词句才能被读者**作为**几何术语来理解的条件下,被动的重新理解才成为可能。而上述条件又以读

① 《古希腊文字知识》,第39页。

② 《几何学起源》,第187页。

者在文字的语言实践中掌握了对这种语言的**分析**本领——比如掌握某一**术语**可能的含义——为前提。掌握这种本领需要某种**器具性活动，也需要权利平等——不仅在政治上，而且在科学、哲学、文学、艺术上**。权利平等同时也开启了**自治性：这正是公民性的本意**。

被动的重新理解是主动的重新理解的孪生姐妹。它的可能性意味着拼写文字不仅是几何的可能性条件，而且是几何的不可能性条件，因为在开启重新活化的可能性的同时，它也开启了遗忘（自以为理解了的被动理解）的可能性——这便是爱比米修斯的过失。

共同体化是"存在的历史"中的历史性。历史性指的是与作为过去的已经在此的关系。作为走向终结的存在的实际性，它是相对于这种已经在此的超前的。在走向终结的存在中，"此在是它的过去"。但这个过去并不是这个走向终结的存在的过去，因为这个过去在它"之前"已经在此，且具有**绝对**的实际性。本体差异一旦作为**真正问题**提出，超前就成了"存在的历史"的超前。然而，这种差异化引发了一场危机，也导致了不可能脱离技术共同体化的对已经在此的批评，这便**为通达**创造了**新的器具条件**。

这些大胆的假设在保罗·利科的研究领域中并不陌生。经过对胡塞尔内在时间意识的长期钻研，在《时间与叙事》第三卷中，保罗·利科从存档和纹迹的角度，从已经在此的疑难观点来深入分析海德格尔的时间性之时[①]，上述假设便已有所涉及。然而，与其说它们涉及的是**技术性**中有关时间的原初疑难，不如说是宇宙关联物的问题。宇宙关联物亦指日历及一切具有日历性、广延性和公众性的工具。由于对这些关联物的技术性研究并不以技术性本身为目的，保罗·利科的分析尚未抓住现象学时间的本质特征，也没有抓住"谁"与"什么"的密切关系。

① 保罗·利科：《时间与叙事·卷三》，第 90 页及后面的内容，Seuil，1985 年版。

19. 第三记忆,超越滞留有限性的不可能性条件及时间器具

技术是相关差异的表面,也是器具化的镜子,它把时间反射为差异化和延迟,也就是延迟的时间。拼写文字已经是某种在延迟中可见的时钟。这是理论上的可见,尚不是照片的那种可见,这种延迟有别于照相的延迟。

胡塞尔分析的不足之处在于:他把全部几何所固有的远距离联络过程局限在几何学家主体间性的范畴内。要想建立几何,**首先**必须有文字,而这种确正存档的必要性只是**事后为了**发明者的**继承人**而产生的。然而,任意审视属于**发明本身的前景**,而不仅仅是发明重复的前景。更恰当地说,重复(过去的已经在此)**就是**发明。如果说"文化共同体中的传统沉淀是用来超越个人意识的滞留有限性"①,那么从发明的那一刻起,对这种滞留有限性的超越就势在必行了。发明的时刻也是超越的**最佳时刻**。"对于其他主体来说,在达到观念性之前,同一物体的意义对处于其他时刻的同一主体已经存在"。"从某种意义上讲,主体间性首先是我与我之间、我永恒的现在与其他现在——也就是说作为其他的也作为现在的现在(作为过去的现在)——之间的非经验关系"②。第三记忆总是寓于我的第二记忆、第一记忆以及我的当下"本身"之中,而"我本人"确正的**已经在此**只能是欠缺的,因为代具性已经在此的基本特征正是欠缺以及由欠缺而来的"应该",其中包括,也**首先**包括同一固定中的欠缺。拼写文字只不过是爱比米修斯的过失中的一个时代,其方式如同一边被鹰啄食一边再生的普罗米修斯的肝脏。但这个时代又意味着爱

① 《〈几何学起源〉导论》,第45页。

② 同上。

比米修斯式的重复方式,哲学的任务便是将这些重复方式概念化。

如果说口头交流不可能有“永恒的存在和永远的在场”,而且已经在此只有被固定和记录下来才能通达原本可以随时重新活化的观念性,那么这个道理也体现在发明中。没有器具(organon)就没有“理性”或“理念”,因为本质(eidos)和逻格斯从来都是技术的。这个技术逻格斯是观念性和一般科学的载体 (hupokeimenon)——从更深远的意义上讲,也是时间的载体。

20. 原始史时期的过渡

文字现象学(这是巴特里斯·洛罗创造的词汇)应当**特别**关注从语音化而来的**背景**问题。只有如此,拼写文字及一切确正现象才有实际内容。在对文本的鉴别(即辨认文本中的字母)过程中,拼写文字的文本性由于文章的背景化而产生相关差异同一性的悖论, 这便是此时此地的问题,也是日历性及特有语言的问题。

要想知道为何把存在历史的开启性纳入相关差异中, 我们必须进一步澄清以下问题:音位学直线型文字指的是什么? 为什么要说拼写文字而不是音位文字? 形而上学为何必须通过消除确正的原初性才能确立语音的特权? 为了探讨这些问题,我们有必要先考察一下楔形文字向字母文字的过渡问题,它是**过渡**或**决策**的决定性新阶段。“作”这个“决策”的是“谁”还是“什么”? 补余的历史和“逻辑”就是这些(总是原初的,却绝不是简单的“根源”的)过渡的历史和“逻辑”。当我们重新探讨这个作为第三记忆的已经在此的过去时, 本丛书第一卷中提到的从东非人向尼安德特人的过渡问题就涉及到另一个过渡的问题: 即从史前到历史的过渡。在后几章内,我们将提出这样一个假设:我们的时代正面临着一个新的过渡。

原始史时期的过渡对应着哪种“补余的逻辑”，镜子的哪个阶段，什么样的反射性与历史性时代？“表意文字”是怎样过渡到拼写文字的？这个过渡又关联到什么？应当怎样理解拼写文字中的“因”与“果”？

向拼写的过渡与通达“圆满的”理性相吻合。原始史也是由原始理性过渡而来的。

至于决策人是“谁”还是“什么”，怎样决策，决策的内容是什么，让·博泰罗在研究美索不达米亚的原始理性[①]时，只归纳出苏美尔人的“天才”和闪米特人的“狡猾”，这就把“答案”植根于“谁”这边来了。

21. 天才与奇迹

苏美尔人的天才和闪米特人的狡猾，这种论断证明了希腊的理性并无奇迹般的渊源。而这种论断是自相矛盾的：天才与奇迹怎能区分开来呢？

> 欲从我们的家谱追溯留给我们的遗产之根源时，[……]一种上千年的、难以根除的传统把两种对立的“奇迹”置于我们面前，从而截断我们的溯源[……]。西方文明直接来源于基督教，而基督教又位于两种文化的交汇处：一边是圣经文化，一边是古希腊文化[……]。
>
> 亚述学家取消这个想象双重公设的方法是：把只不过是阶段的时期规定为绝对的开端。[②]

重新讨论过渡的问题就是要降低奇迹的成分。为此，亚述学家描述

① 让·博泰罗：《美索不达米亚》，Gallimard，1987 年版。

② 同上，第 42 页。

了历史的确正条件：

> 对于我们的过去，史前学家和考古学家们只能瞥见一个模糊不清、游移不定的轮廓。唯有书面文献可提供有关我们自身过去的可靠、准确、详尽、有分析价值的知识。所以[……]**历史从苏美尔开始**。

历史从苏美尔开始，但又不尽然，因为那是原始史。只有当文字从简单的“辅助记忆”变成完整的文字和完整的记忆时，历史才真正开始。原始史的过渡是“辅助记忆向文字”的过渡。问题在于搞清什么是作为记忆的文字的完整性，什么是历史的整体性，也要搞清我们是否可以把文字称为“简单的辅助记忆”的文字。

无论如何，博泰罗所说的给补余历史增添新的可能性的内容是值得重视的。我们可以将上段引言与我们前面提到的《几何学起源》中的这段话作个比较：

> 观念形成物的客观性尚未完全由某人的原初制造物传给另一个人，后者再以原初方式重新制造这种传递而构成。这种形成物缺乏的是在其发明者及同僚们已不再能觉察到这种交换——或者一般说来，他们早已辞世——时仍然维持的“观念物体”的持续在场，这种形成物亦缺乏那种即使没有人在自明性中实现它时也仍然维持的永恒的存在。
>
> 在人与人不能直接或间接对话的情况下，正是书写语言表达——即记录的表达——的决定性作用使交流成为可能并使之成为潜在的沟通方式。人类共同体化也由此跨入了一个新的阶段。[①]

① 《几何学起源》，第186页。

胡塞尔认为文字是几何科学的出现所不可或缺的基质，但这里指的显然是我们称为“确正”的文字。起始于苏美尔的尚不是几何的历史，也尚不是科学，因为它只不过是观念化的科学。文字于几何的必要性与文字于历史的必要性之间有何共同点呢？对于苏美尔人来说，这个共同点体现在哪里呢？

有人说，在希腊人之前（只）可能有技术、加工和度量，而到了希腊人时期及希腊人之后，这些技能才**变成**或**促成**了理论，即居于科学之冠的几何。博泰罗认为这种说法只不过是拾人牙慧。与其说他想证明理论的技术渊源，不如说他欲昭示远在希腊人之前的，在文字这种技术发扬光大之时，产生**原始理论**的原始时期。然而这个“原始时期”与胡塞尔所说的原始时期迥然不同，后者指的是“原始几何学家”时期。原始理论应产生于希腊人之前，如果不是**随着**——甚至是**从**——文字的蓬勃发展而来，也是发生在文字发展**期间**。**那么究竟发生在文字发展的哪个阶段呢？是在文字已经超出单纯的记忆辅助之时，还是在文字仍停留在简单的记忆辅助之时？**正是在这一点上，问题变得复杂了。文字是在何时变成真正的文字的呢？博泰罗在展示那些著名的表格时，一开始便自相矛盾了。他认为那些表格显然隶属于简单的“记忆辅助”的文字时期，是记忆技术而不是真正的文字。然而在这些记忆辅助或帮助中，他还是看到了某种转化记忆的因素，于是给文字开启了原始理性的可能性：

> 最古老的楔形文字的泥板迄今仍几乎不可破译，这是因为其书写方式太接近于简单的记忆辅助。泥板中有数以百计的账册和一些表格[……]，其目的不外乎是把非精神世界的各种物体分门别类，并整理出尽可能周全同时又很有理性的清单。[①]

① 《美索不达米亚》，第45页。

这里指的是什么“理性”呢？这种理性真的位于且独立于“记忆辅助”之外吗？参考了古第的理论，博泰罗认为这个原始理性时期不能与文字脱离开来。但他又把这种文字归至简单的记忆辅助阶段，即仅在描述发明的活动中起工具作用的无关紧要的补余阶段，因为他认为真正的文字并非简单的记忆辅助，所以“图画”文字不是纯正的、真正的文字；再者，由于真正文字之前的文字只不过是记忆辅助，或者说由于最初并没有文字，人类最初不需要文字就会推理，所以原始理性应当构成于“真正的”文字之前。换言之，真正的文字应当产生于推理中，产生于美索不达米亚人的“天才”中。美索不达米亚人丝毫没有受惠于真正的文字，因为他们的文化发源于文字之前；他们也没有受惠于记忆辅助，因为记忆辅助除辅助记忆之功能外别无它用。无论优劣真伪，文字本身永远不可能是制造者，于是终究永远是简单的记忆辅助，因为本质的东西发生在文字之外。

为了解释原始理性的生成，博泰罗从一种十分幼稚的，与胡塞尔的观念格格不入的科学概念出发，毫不犹豫地提出了美索不达米亚人的随机科学性。

尽管如此，读他的文章对我们仍然大有裨益，因为他把对一系列个案记录的后果讲得清清楚楚。这些个案便是事件，即相对于各种程序的偏差或差别。它们被记录下来，开启超前的过程。我们前面已看到，维特福格尔在谈及尼罗河泛滥时已经提过这个问题。在美索不达米亚人那里，此问题又成了对各种变化的记录。这种记录既是为了计算和预测，也是为了理解：

> “神的文字”是诸神在治理世界时所创造的适宜之物。当文字符合常规时——这也是最常见、最平常的情形，其信息也是“正常的”、非特别的，即宣布一个平淡无奇或无特殊意义的决策、一段并不精彩的言辞，因为一切只是按人们所熟识和期望的步伐进展；而

> 当诸神制造了一个不符合他们模式的生灵或者一个出乎意料的、怪诞的特殊事件时，他们就想借此昭示一种同样非同寻常的命运。如果我们知道怎样从这个异常现象的呈现方式中去破解它——就像我们破译象形符号和表意文字那样，我们就能明白其中的意愿。①

这样，博泰罗——如果不是为了他自己，至少也是为了我们——揭示了作为代具的已经在此。代具有可能被转化，而转化又使已经在此朝它——为了我们——所追求的确正形态发展。确正形态既是真正的文字，又通过这些转化——为了我们——变为构成所有超前过程的动力因素。

> 我们不应仅仅着眼于(表格中)列举的小山和小坑，从而忽视文献中能使我们惊奇地发现远古时期科学和科学精神之“诞生”与进步的最珍贵的内容。②

22. 诞生、孕育与科学

这里有两种反对意见：

第一种意见是：在说“惊奇”时，博泰罗并没有为文字所扮演的能动性角色而感到惊奇或诧异；对其中**显现**的时间的**重新构成——即原始理性与一般理性**，他也没有感到惊奇或诧异。

第二种意见是：亚述学家们似乎从未闪念过以物体的理想性定义理性。仿佛他们只要对希腊时期的奇迹般形成提出质疑，哪怕是合情合理的质疑，就一定会被视为从根本上忽略这一时期的原初性：

① 《美索不达米亚》，第 49 页。

② 同上，第 57 页。

> 唯有狭隘、肤浅、单一、先入为主的观念会使我们对昭然的事实视而不见。若对楔形文字档案做细致入微的研究，我们就会看到，至少从公元前两千年至一千五百年前起，古代的文人智士便**以他们的方式**、理性和世界观发现了抽象思维、分析、演绎和研究，并建立了理论与法则：一言以蔽之，他们发现了科学方法与科学精神的本质[……]。这并不是要低估希腊文明的丰功伟绩，而是揭示历史即事实的真相[……]。
>
> 同样，[……]人类历史像生命那样只有不同的发展阶段而没有绝对的开端，因为总有发生在更前面的事。

事实的确如此。但问题在于说明用什么来区分以前和以后。**谈论**美索不达米亚人时，我们是否在论及像科学精神那样的内容呢？我们不可能立即对此问题置予可否。即便有意对胡塞尔的划分和对建立在绝对开端概念上的观念化概念提出质疑，我们也不能回避这个问题，因为它正是我们的研究方向。但先决条件是承认“诞生”了科学的“后生成”之能动性是补余性（后种系生成）的能动过程，然而这绝非博泰罗作出的结论。最司空见惯的做法——被勒鲁瓦—古兰批评的，尽管他本人终归也效法了——是把原初的天才在时间中移位：向后移（勒鲁瓦—古兰后来是这样做的）或向前移（博泰罗在这里的做法），因为存在着美索不达米亚人的天才，它比“希腊功绩”更古老、**更原始**。

我们不认为上面说的表格仅仅是**诞生之见证**。如果真有诞生的话，这些表格应当是其**构成性**因素；我们也不认为这里指的一定是**科学的**诞生，而更倾向于“原始理性”的诞生这一较为审慎的说法。

“科学出现”之时似乎尚未形成真正的文字，而只有记忆辅助。**真正的文字**一旦出现，就再没有其他事物能真正地发生了，因为最本质的已经发生，且发生在其前：这便是美索不达米亚人的“天才”和他们的“科学”。这种“科学”自然而然地产生了真正的文字，而不能说文字的发展

就是科学的发展。这一切都基于博泰罗对科学的理解，它植根于普通经验论的形而上学中。尽管如此，这仍是个疑难——胡塞尔就曾遇到过这个疑难。他似乎并不反对下面的说法："人类的历史像生命那样只有不同的发展阶段而没有绝对的开端，因为总有发生在更前面之事。"然而在试图捕捉几何学起源的可能性时，胡塞尔却陷入了同样的困境。他写道：

> 如果我们认为数学有种连续的、活生生的存在方式且来自于作为新知识之前提的知识——这些新知识的存在意义便融合了各个前提的存在意义（依此类推），那么几何学（作为发展起来的科学，正如所有科学那样）的全部意义显然自始便不可能是像计划那样的已经在此，也不可能在充实活动中继续发展。作为最初阶段的更原始的意义形成（sinnbildung）必然产生在其前，因而也必然首次出现于成功实现的自明性中。[1]

雅克·德里达是这样评述的：

> 最初的几何观念性——不论**事实上**是产生的还是被发现的——的先验必然性是：它们出现在非几何学之后，且以前几何学经验为土壤。还原和适宜地去沉淀，使前几何学的现象学成为可能。
>
> [……]出于某种完全非偶然的或外在的命运的必然性，我必须从现有的几何学入手，因为它是现今通行的。我于是有可能对它做现象学解读，通过它来探寻几何的原初意义。这样，**正是受益于那些沉淀，尽管有那些沉淀的干扰**（黑体系本书作者加注），我才能

① 《几何学起源》，第178页。

> 将其传统的透明性归还给历史。胡塞尔在此用了回溯性探问一词。[……]收到的和**已经**(黑体系雅克·德里达标注)可读的**文献**使我有可能**反过来**重新质疑传统赐予我之物的原初意向和最终意向。[①]

此处似乎比别处更明确地提出了积极意义上的代具性已经在此的问题,就是说这种代具性可**成功地实现**对陈述背景的脱离。确切地讲,博泰罗正是从陈述的作者与读者的背景问题上继续并完成他的分析的。

如此看来,困扰博泰罗的开端问题在胡塞尔的思想中并不陌生。此问题自始有之,一直持续到《几何学起源》这个终点,最后终于导致了经验论与先验论的划分之危机。胡塞尔的现象学自始便提出了科学的经验生成之可能性;然而,它也自始就排斥所有的心理主义、历史主义及经验主义,深信自己具有数学的理想特征因而也具有先验的必然性,从而排斥单纯的遗传学,但同时又与康德的形式先验论针锋相对。这样一来,胡塞尔的现象学便不断陷入困境,且一步步坠入更原初的层次而永远不能自拔。在此,我们从与众不同的"后生成"问题——《几何学起源》通过引进文字的论题打开了此问题的视野——看到了走出这个困境的可能性。无论如何,博泰罗绝对看不到这个困境,因为他谈的是诞生(而不是发明)问题。如果我们一定要沿用生育这个词的话,应该说我们与"公元前两千多年的文人们"一起目睹了西方的**孕育**,而不是**诞生**,因为**西方的诞生应当是字母的诞生**。但这并不是说在字母之前仅有记忆辅助而没有文字。

---

① 《〈几何学起源〉导论》,第35页。

23. 辅助记忆的必要性

《美索不达米亚》一书的第四章“亚述学家的世纪”导出了第六章“从记忆辅助到文字”。值得将这一章与《存在与时间》的第七十三段做个比较。我们将其摘录于此：

> 如果没有书面的、准确而详尽的论述，（考古学家）就永远不会知道（刚刚发现的雕像）所代表的人或神是谁？为何要塑他的像？他在其同代人中间扮演过什么角色？这是在哪个历史时期？此人（或神）体现了当时人们看待事物的哪种偏向？更难知晓的是，请艺术家塑此雕像这桩交易的条件是什么？艺术家那时怎样生存？艺术家及其艺术在当时的公众生活中占什么地位？当然还有关于他们的生活、感受、观察和思维方式的数不胜数的其他细节：如果他们的声音没有被漫长的岁月淹没的话，他们本可以把这一切**解释**给我们听。①

这个前所未有的重新通达、重新构建过去的可能性以这个被称为希腊文明的奇迹展现在西方人眼前。“如果没有书面论述”，考古学家、文献学家、数学家、科学家，特别是哲学家，尤其是现象学哲学家的已经在此以及他们所从属的此在的已经在此就不可能从**文字上**通达，也就是说从文字上无法通达，即完全不能通达。“从记忆辅助到文字”一章中描述了以象形文字、表音文字和真正的文字这三个阶段为标志的进化过程。必须严格区分这三个阶段。当然，真正严格的区分又似乎永远做不到，因为象形文字中已有表音的成分，而且象形文字从来就不单纯是象形文字；再者，真正的文字出现时尚没那么“真正”。我们在此不重新

---

① 《美索不达米亚》，第60页。

批评象形文字的概念，否则就会破坏论述的完整性，况且我们在前面的段落中试图昭示的种种矛盾正是直接来源于这个论述的完整性。然而我们有必要分析《美索不达米亚》中提出的断裂点。我们在此把什么称为**文字**呢？

> **文字**要想存在，仅有**信息**是不够的[……]，还必须有用来传播和记录**所有信息**的**体系**。换言之，必须有一个组织和规范字符及象征符号的体系，以使这些符号的使用者们能够把他们所想、所感或可以表达的一切（黑体系本书作者加注）都一清二楚地表现和记录下来。[①]

真正的文字能完整、精确、分毫不差地再现一段有意义的经验，否则便不是真正的文字。博泰罗完全用我们所说的确正记载来定义文字，这种粗劣的定义法使他不能理解作为一般文字的准确正文字的构成性角色。

亚述学家们一般都把公元前四千年末的黏土书版看作“真正的”文字，而博泰罗却认为它们仍停留在古老的象形文字阶段，只不过是“记忆辅助”而已：

> 让我们看一个黏土书版的例子[……]：在数字“1”之后的符号是耻骨三角的图案，我们知道它代表“女人”[……]。女人是直接或间接宾语还是行为的主语？“1”这个数字指的是女人还是移位的产物？总而言之，黏土书版不能仅以这两个符号告诉我们事情的全部：它需要读者了解它没有说出的实质内容（直接或间接宾语，或者是行为的主语），还需要读者知道其记载所传达的意义。几乎每

① 《美索不达米亚》，第97页。

块远古的黏土书版都给我们提出了这种不可解的基本问题。我们为何**无法解读**它们呢？

因为这些难解的符号仍处于文字的初级阶段，即**象形符号**阶段。

我们读不懂象形文字的黏土书版，因为它们仅仅是“造型艺术象征符号”的直接衍生物：这里指的是“代表东西或物体的字符”而不是文字（费伏里耶则更谨慎地将其说成是有句子的文字）。接之而来的是描述什么是象形文字，什么是不可避免地来源于它但又不再是简单象征符号的象形文字的衍生物（正因为已有这样一种衍生物，德里达甚至拒绝使用象形文字一词）：

> 在造型艺术中，正如一幅画可以**使人联想**到远多于它所**表现**之物那样，在树、森林、手和人的劳动这类图形中，象形符号不仅能使人想到其物质“内涵”以外的东西，而且这种扩展是必要的。由于我们只有**为表达思想**（黑体系本书作者加注）而画的、足够准确且代表物体特征的草图，从原则上讲，我们知道多少种或需要表达多少种不同的非精神的现实，就需要多少个草图[……]，所以理论上我们需要成千上万个草图。于是，掌握和使用这样一种文字，即便没有超出人类的能力，也超出了人们愿意使用的范围。
>
> 要想合理地减少象形符号的数目，[……]就必须完善某些方法，找到某些窍门，再或是借用造型艺术的手法将它们调换位置。[1]

如果说这种象形文字尚不是真正的文字而只是记忆辅助，那么“象形文字就植根于造型艺术的实践与惯例中”。然而象形文字毕竟有别于

① 《美索不达米亚》，第99—100页。

造型艺术，而且这个差别是

> 本质上的、足以产生“类别改变”的。象形文字已不再是艺术，而是文字。这是来自更普及也更明确的意义的坚定而鲜明的意愿，因而也是真正的体系化。

接下来，博泰罗再次以超古典主义的姿态重申象形文字是代表实物的文字：“唯独语言及其词汇才能完整地表达我们看待现实的方式[……]，但象形文字不是有词汇的文字”，于是这种与绘画有关的象形文字并不是与文字有关的文字。这种怪诞的推理和令人难以苟同的主张又与他前面的论述自相矛盾：写在黏土书版上的其实已经是 Sèmes 的文字。Sèmes 是女奴隶，以（尖朝下的）耻骨三角来代表；而（尖朝上的）正三角则代表山。其意不是“一个女人加一座山”。此处的山并不是一座山，因为它指的是外来者；这里的耻骨三角也不是一个耻骨三角，因为它代表一般的女性，依此类推。这些反对意见与我们在《爱比米修斯的过失》中对勒鲁瓦—古兰的“具体语言”概念的批评非常类似。正是从上述论证出发，博泰罗终于道出了他的主旨，并明确了记忆辅助这一概念的意义。对此我们不能置若罔闻，现将其原文整段摘录如下：

> 由于（象形符号）的能指既不完善又很粗糙，它不可能完整地再现、描述、传达某个具体的情形，而只能从中提取实物和基本内容，所以也就完全不可能在其“读者”面前扮演精确地揭示他前所不知的真理的教员或信息员之角色，而只可能使他重新回忆起与他从别处知晓的细节有关的一个或一连串事件[……]。
>
> 走—山—买—面包—女人只是一个过于具体的示意图，其中唯一不容置疑的信息是走、山、买、面包及女人。但**谁**在走？**谁**在买？发生在**什么时候**？其中有**多少**真实性？山是走的**起点**还是**目的地**？

女人是像面包那样的购买**对象**,还是面包的**收货人**或**制作人**?依此类推。然而,倘若我亲身经历了这个事件[……],这五个词将足以使我回想起一切[……]。

这便是"楔形"文字为何且何以在其初期——即象形阶段——只是也只能是**记忆辅助**。[①]

博泰罗想证明楔形文字不是确正文字,在这一点上他是对的。但问题在于搞清什么是记忆辅助,搞清确正文字本身在本质上是否也是"记忆辅助",即已经在此的一种独特的代具形式,其"辅助"可能会引发一系列极端复杂的后果:对几何思维的记载在几何出现之时就影响了几何的发明。

24. 论背景

语音化过程贯穿着这样一个难解之"谜":

表音起初只不过是用来弥补象形文字不可摆脱的词义局限性的新方法。苏美尔语中常见的单音素词汇让人想到用象形文字表示与其**名称**发音相同或相近的另一个物体,而不是直接或间接地表示该字所代表的**物体**。

[……]这种符号因而不再是象形文字或表意文字,因为它不再"描绘"或代表任何事物,而只是用来提示或记载某个音素的**表音符号**;图形系统也不再是实物的文字,而是一种**有词汇的文字**,它传达的不再仅仅是单一的思维,而且是**话语和语言**。

---

① 《美索不达米亚》,第102—103页。

我们当然有权质问：这种不立即变成话语或语言的思维究竟是什么？它或许代表某种事物，但可能无法代表博泰罗所说的难以归类的前置谓语——这些表语和补语（何人、何地、何时、多少等等）均不是“意义空洞的词汇”，它们使人联想到感官（Organon）的类别。正是从感官出发，亚里士多德把思想定义为知性。

然而，也许最不宜使用的词汇便是表音符号，因为它意味着确正的书写符号，意味着拼写文字。

> 如此说来，倘若今后必须掌握书写者的语言才能读懂，那么“表音符号”——即拼写文字——至少应当能将口语表达的全部内容都如实地记录下来：它于是就不再只局限于铭记或回忆，而是具有告知和教导的功能了。这便不再是简单的“记忆辅助”，而是不折不扣的文字了。

既然走出了简单的铭记或回忆范畴，辅助记忆的文字便可能成为知识的要素：是要素而不是简单的辅助。但如前所示，知识形成于拼写文字——即希腊文字——**之前**，因为存在着与文字无关的美索不达米亚的原始理性，文字那时虽看似存在，事实上却不存在。**除了使历史学家通达过去之外**，这个真正的文字并无其他新的功用；**对于正在进行的现在**，它仿佛毫无新意，而且这个过渡也没有任何新的内容。然而，拼写文字是用字母记录已经是“文字”的语言，它意味着文字即语言的一种全新的存在方式。如果语言仅仅是维持其使用者之间的关系的话，那么当这种语言的过去及其过渡可以用拼写形式通达时，它就不再是同一种语言了。语言的书面化是在讲话人和书写人“背后”用分析的方法将语言形式化，它颇似技术的潜在运作方式。这种分析（ana-lusis）是对语言发展历时性的一种隐匿的修正。不存在决定更改记载模式且有意识地“干涉”其发展的字母语言的“发明者”，而只存在着属于技术动力的已经在此之载体的、潜移默化的"外延"与发明活动，人们可能会试图将其看作基石(hupokeimenon prôton)。

语言的书面性开启了相关差异的新纪元，也开启了本体差异的新时代，因为刚刚起始的存在的历史其实是文字的历史。怎样有效地揭示这个起始之特征呢?答案是从其同一性和差异性背景来揭示。如果有人说"辅助记忆"的文字除"唤起记忆"之外别无它用，那就是不明白记忆的储存已经是这种文字的完善过程;**然而**，这也提出了拼写文字的相关差异的特异性问题。"真正的文字"是**我们**在掌握其记录"密码"的条件下可以解读的文字，即确正的记载。可即便我们掌握了密码，象形文字的黏土书版仍不可解读，因为我们还须了解它的**背景**，否则就不可知其意。要想彻底解读象形文字的铭文，必须**亲身经历过**铭文中记载的事件。

其奥秘是读到某种"新事物"或未知"信息"的**可能性**:在**不属于我的已经在此——实实在在地**发生在真正的文字中的正是**完全**可以通达**我没有经历过**的已经在此——中隐藏着一个**尚未在此**、一个允诺。允诺的内容是程序中存在着不确实性。这种可能性通过建立文献与确正记载所提供的背景间的新型关系而获得崭新的、充分的切实性。

博泰罗从与背景的关系以及在读者中产生的效果出发，将楔形文字与文字的记载对立起来。他认为在字母之前的文字中，

> 归根到底是文献的背景使读者理解阅读内容:所以在我们陌生且遥远的目光中，楔形文字从来不能被流畅地阅读，而只能被解读①。

尽管楔形文字在逐步语音化，但它永远走不出表意文字的范畴。即

① 《美索不达米亚》，第111页。

便是来自最近期的古迹，

> 一段文字不仅总需要被破译，而且为了更好地完成这项任务，必须掌握这门语言，甚至要掌握所研读文本的一般背景：所以在破译那些新发现的、既无副本又无类同的文本时，我们会感到困难重重、难以把握。要想**清楚地理解**，就必须至少**掌握**一些知识[……]。

陈述背景的这种晦涩不清在字母文字中消失了。

> 大约在(最迟在?)公元前十五世纪，在腓尼基，字母被发明之时——或许也是或多或少地受到了楔形文字的影响，这个最终的完善工作使文字大大减少了对应着基本(和虚拟的!)语音的单音字数目。众所周知，人们一直在尽力剔除那些非单纯**辅音**的符号，元音则留给**本应掌握**语言及其机制的读者们去自行填补。

楔形文字的陈述背景一贯晦涩不清，因为记下的陈述本身不足以重现其全部意义。这种晦涩在拼写文字——首先在腓尼基文字——中明朗起来，但只是局部的明朗，因为必须掌握语言规则才能再现其音素构成。明朗化最终在希腊语中得以实现。德里达将这种循序渐进的背景解体过程称作所有文字的结构性特征：

> 即使在一般意义上的特定读者全都消失的情况下，我的"书面表达"[……]也应当是可读的，这样才能行使其文字功能，即它的可读性。即便根本没有读者，或没有经验上可以确定的全部读者，我的"书面表达"也应当是可重复、可反复的。这种反复性[……]构成了文字自身的标志，各类文字(象形文字、古埃及象形文字、表意文字、表音文字、字母文字——姑且沿用这些古老的分类法)都不

例外。[1]

在拼写和字母化之前,所有文字都朝着确正文字发展,也就都会出现背景不复存在的现象,原因是"在其读者逝去之后不能从结构上(反复)读懂的文字不能算作文字"。所有文字的结构上的可重复性使

> 书写符号拥有一种使其背景解体的力量。背景即构成写下此符号之时刻的全部在场。这种背景解体的力量不是一个偶然的由时间定义的谓项,而正是文字的结构。

无论如何,有一种由文字决定的可读性的**切实性**,它把本质特性带到补余性中。然而,背景解体的切实性只能由确正文字来实现。**这个终极阶段即是饱和点亦构成断裂点**:这里一切都颠倒了,文章与**阅读**背景之间呈现出一种全新的关系,这便是相关差异同一性悖论。由于陈述背景消失了,在阅读中需要(重)建背景,这就导致了一种自相矛盾的晦涩不清:尽管文章似乎不那么费解了,但对其含义之理解的多样性却成比例地增加,于是产生了总是有别于以往之诠释的可能性。背景一旦消失,便**为其自己**开始了文本性的游戏:任何阅读所构成的文章的命运都被卷入了无休止的各种可能的背景化游戏中。这里有一种原初的、根本的模式,即任何阅读都有其未完成性,如果我们承认**阅读的背景永远不会相同**的话——这正是此时与此地只能**共存一次**的法则,而所有的背景都体现此时此地的共存。这种效应似乎存在于全部文字中。然而使这类经验成为**必要**,提取其**切实性**从而颠倒与文本之关系的则是拼写文

[1] 雅克·德里达,"签名·事件·语境",《哲学的边缘》,第 375 页,Minuit,1972 年版。

字的特性，这是因为从中产生了**读者**本身即“谁”的**文本性**。这个“谁”便**这样**从“什么”的某种可能性中通达**他的**文本性，即他的相关差异。

25. 拼写文字的准则与存在的历史

本性体现的是延迟的时间，即**爱比米修斯原则**。作为**爱比米修斯原则**的超前，本质上是延迟的时间，因为它关系到走向终结的存在，即相关差异。如果说书面的文本性以“存在的历史”——作为**公民性**——的特殊方式开启了“谁”（“此在”）的历史性，那是因为特属于书写的、在拼写文字中实现的背景解体之结构使这个相关差异作用于德里达称为**传播**的延迟的时间中。此后，这个传播影响所有的陈述、意义及能指的产生，不论是语言的还是非语言的。只有在文字制造了可与照片相提并论的某种“真实效果”时，这个传播才是圆满的，才能驳倒柏拉图的理论。从某种意义上讲，正是**以可比的方式**，我才能阅读某段署名柏拉图的文章。如果我们可以说——但并不**包括**在我阅读的意向对象中——这是柏拉图的文章（即使省略了作者的名字，所有拼写记载也都需要一个签名，一个真正的名字），那是因为此文章来自其语言的文本性，来自**他**使用的语言（“他的”已经在此）。正是在写文章的过程中，通过**他**的语言，柏拉图发现了语言的文本性及逻格斯。任何楔形文字的黏土书版都不能给我带来**如此**纯净的效果或**如此**纯净的意向，而这正是拼写文字的**准则**。

对文本的经验来自相关差异同一性原则。所有的确正形式都会产生相关差异同一性，而且也存在着非文字的，即模拟、数字的确正形式，它们各具独特的时间化效果。我们将这些确正形式称为文字**综合**、模拟综合或数字综合，这三种综合影响**所有的综合能力**。

“谁”在体验拼写文字（或文字综合）的相关差异同一性时看到了他

自身的文本性，因为当他在不同的背景中阅读或重读同一段文字而找不到同一性时，恰恰是他自身的同一性陷入了危机。阅读至少有两种背景：**空间**背景与**时间**背景。一段文字可以有两种不同的读法：要么两个人同时异地，要么一个人同地不同时或不同地亦不同时。在一遍遍**重读**自己喜爱的文章时，所有人都能体会到因文本性解释之无限而产生的差异。当读者发现同一段文字在传播即背景化过程中无限地变异时，他已被卷入到不可避免的相关差异过程中，因为此时此地——即时与空——都是不可避免的；也因为他发现自己便是文本，是过去的陈述**材料**，是"**他自己的**"，他所亲身经历的，**也是**他继承的、必须不停地作出解释的已经在此。只有在读到文章的前文本时，读者才能体会到这一点。正如亚里士多德所说的"感知影响被感知"，文本的文章也影响读者自身的文本性。矛盾的是，一段文字越是产生这种差异就越能达到同一化，即切实脱离全部背景。**事实上**差异是不可避免的，因为即使重读时也一定会（重新）产生差异，同时这段文字的同一性是不容置疑的。这个谜正是"谁"与"什么"——**切实**体验"什么"的"谁"和**为**"谁"而存在的"什么"——的**不解**之谜。

这便是公民性形成之时：公民指的是对法律文本表决之人。**这样**就确定了**这个**特殊公民的身分，并将其特殊性的未来置于共同体中。这个特殊公民不停地变化，以证明他不同于其他任何人，也不同于过去的他。

因此，对属于过去的人来说，用确正文字把过去的事文本化不能更"确定"这个过去，因为同**终结**一样，这个过去尽管更**确凿**，也更**不确定**。精确文本的背景化强化了其不确实性。换言之，程序的确有不确实性，而且记载的确定性也从其**精确**的确定性——**即**背景解体——中产生或**带来不确定性**，即文字或程序（意义上的）不确实性。于是，已经在此的代具性问题（海德格尔在此把**计算**和对现在及过去的持续**固定**与终结的**确定性**混为一谈，因而没有看到不确定性之持续中的构成性）便迎刃而解了。在这些**先验上始终**可能、**经验上绝对**不可能的对文字及程序的重复中,受到影响的是尚未到来——即对已经在此的超前——的意义。如果说不确实性和无休止性也存在于字母之前的文字中，它们似乎还不带有这种**矛盾的特征:即同一性(重新)产生差异性,差异性(重新)产生同一性**。我们总可以把这种不确实性和无休止性归咎于陈述背景的不明或同一性的不足，却不能归咎于**陈述**文本性的晦涩不清或自相矛盾的同一性本身。这种矛盾只能是**读者**——即不容置疑地归属于**已经在此**或"什么"的"谁"——的文本性的矛盾。我们总可以避免把不确实性和不确定性归咎于文本性,但相关差异的效应就不纯粹了,因为陈述背景的解体并未纯粹地减弱，阅读陈述时的重新背景化**可能**不会被读者们真正感受到,**因而也就不可能**被他们真正感受到。

"真理"或"去蔽"是确正的。确正不仅意味着精确性,而且意味着精确性带来的**不确凿性**。"怀疑"并非来自精神意图(我们无法决定去怀疑,这种决定不是我们能做的;要么只能是假装怀疑——这的确是个难题),而是来自技术的质疑。

批判的思想(或反思)从根本上来自随着直线型文字而来的记忆的这种相互矛盾的双重内涵：文本的同一化过程导致了语法上写作规则的同一化——即**知性**的**运作**,同时也导致了更深层的不规则的持续,这种双重内涵的标志便是可释性,它是对**理性**的**考验**。

相关差异的同一化以被同一化之物的**可复制性**为前提，因为只有那些可按原样复制的东西才可能被切实地同一化。若说同一化使复制成为可能自然欠妥,因为复制同样也成全了同一化。于是同一化**便是**被同一化之物的可复制性。差异是在**重复**被复制之物时产生的。在被定义为文字反思活动之前,一般的记忆活动总是呼吁重复的可能性。然而,无论其形式如何,无论随之展开的复制性模式是什么,最根本的是**相关差异同一性**的重复,它开启了文字或非文字的**批判型**反思。如此说来,一般意义上的思想来自重复，而批判的思想则来自形式的重复和累积的重复，即来自比阅读更广义的重新阅读。

26. 当　今

当今的中断重复

陶德揭示了拼写文字的发展在希腊怎样因**悬置**传统种族程序的权威性而导致了文明危机。诡辩术与哲学的冲突就是从这个危机中产生的，西方文明也随之进入主导地位。我们在此看到的仅仅是技术领先于一贯在爱比米修斯的延迟中(重新)构建的“文化”的例子。阅读这种文化的延迟的时间是作为背景之相关差异的重新适应的结果。历史性只能作为中断**重复**而展开。这种中断重复是**已经在此的技术悬置**，亦是通达这个已经在此的**唯一**途径。

在拼写构成的确正背景性中，**延迟的时间**是基本要素，西方人所说的知识便是由此产生的：(始终由文字构成的) 对知识的陈述总是传播那种没有定义的、无休止的、难以确定的相关差异，因而总是造成差异。由此看来，它的价值是不可公度的。正因对文本的阅读没有极限，对知识的陈述属于知识。这种对知识的事后从属性总是已经将其置于**构成**程序中断的种种稳定状态**之间**，又总是反过来扰乱这些稳定状态的因素(先破后立)。如果说技术悬置正在实施的程序，知识则反过来通过重复而中止技术的稳定效应及其“后果”。我们把这种现象称为**中断重复**。

“文字”不再是“记忆辅助”，而成了记忆本身。然而更广义地讲，文字向来就是记忆。我们并不是把希腊人说成已超前于科学性的美索不达米亚人的传人从而抹杀其不可低估的原初性，而是要肯定这种初生的科学性之技术内涵。**切实孕育**了这种科学性的并不是美索不达米亚人，而是他们**经历的**(又从中销声匿迹的)**世界历史**的代具性，也是当时正在成形的文字，即作为向确正性发展的基石的技术。

“直线型音位学”文字是一种程序**中断**，它悬置了本身亦是程序却不以**程序面目**呈现的传统形式。在悬置时，它又规划过去、超前及当下——从此被视为**在场**——的**另一种**持续性。对模拟、数字、生物的相关差异同一性的中断重复使当今**构成**的在场陷入危机，那么这个中断重复以不确实方式规划的又是什么样的当今呢？

当今的背景解体即时与空的非实现

远在拼写文字之前，各类文字——**也是各类技术的扩展**——的效应构成了背景解体的断裂。这些断裂从根本上将“谁”和“谁”的共同体投入势不可挡的非领土化过程中。勒鲁瓦—古兰把这个非领土化过程称为赢得能动性。如今技术在此已达到极限，于是新的文字——或者说记忆技术——问世了。比比皆是的可复制性和可引用性，以及随之而来的可重复性，三者一道成为记忆的引人注目的存在方式，记忆也由此变成了工业活动的原材料——生物领域亦包括在内：对生物技术以各种形式构成的遗传记忆的工业开发只不过是合理利用已经在此的各种载体的一个特例。

这是另一种时间。我们应当从**相异性**和**普及的**变化之角度来解释德里达对背景化的分析的最终策略。奥斯丁正是从背景化推出其宗旨的。上面几段引文抨击了奥斯丁把对创造性行为的分析置于意识的意向性中的做法。这并不一定意味着要剔除所有的意向性，而是要把意向性同时锁定在“谁”和“什么”双方。这就意味着在没有**主观的**（即**在场的**）创造性意向的条件下展示创造性的可能性：

> 奥斯丁的分析永远离不开**背景**的价值，甚至离不开可彻底确定的、理论上的或目的论的背景价值[……]。(其基本要素之一)仍

是我们传统上讲的意识，即相对于其全部说话行为的说话者意向意识的在场。①

德里达揭示了创造性存在于全部意识之外，也揭示了意识并非背景的基本要素，从而阐明了我们看到的**自动的**、**已四处普及的创造性**效应。这种效应产生于当代技术，产生于从计算与信息决策技术以及模拟式通讯的媒体发展而来的对事件的实时与直播过程，也产生于已成为技术科学的生物科学。他接下来指出，在此情形下很难把证实性与创造性区分开来。我们也从中看到对所有背景形式（可理解为对时间和空间的确定）的一般的解构性，保罗·维里略称之为时空的非实现。这个“非实现”不可能不影响西方人迄今视为文本与其背景之关系的相关差异。

当今的“实时”

现在我们应当开始分析“实时”的演化，同时也分析它怎样影响我们对“**谁？**”的可能的理解。拼写文字的相关差异同一性特征决定了这个演化必然被**纳入**也必然进入不容置疑的事后**效果**中，并且不可避免地在阅读中被感受。然而，如果说记忆的模拟与数字技术均属确正范畴，那么至少从其**最初的**效果看，这两种技术都倾向于消除这个延迟的时间性模式。

如果普罗米修斯的肝脏当初能把“谁”的忧郁与“什么”的（确正的）严谨性——正如存在历史与文字历史之间的相关差异——联系起来的话，那么当今会是什么情形呢？或者说明天又会是怎样呢？**爱比米修斯原则**的意义如今究竟是什么？

爱比米修斯原则的含义**一成不变**，即欲速则不达。当代的“什么”通

① 《美索不达米亚》，第383页。

常以速度为特性。如果说速度——**作为领先**——从来是技术的特征，在文字的时代，它给人的感受却是迟到的，即延迟的时间。这个延迟如今由技术的速度[①]自行处理了：把决策过程交给计算机辅助决策系统代管只是其中的一例。技术似乎吸收了迄今“谁”**相对于**“什么”的延迟，同时让“谁”获得他自身的实在性。我们称作实时的正是这种看似位移的现象。而这一切引起的抵触反应则产生于对**非相关差异**令人生畏的可能性的无名恐惧。在这种“世界历史性”背景中，哪种死亡学——如果真有或者曾经有过某种死亡学的话——尚可能存在呢？

这便是我们问“**‘什么’的动力一旦短路，相关差异的效应会有哪些后果**？”这个问题的意义所在。

时间似乎只能是**延迟的**，然而又**存在着**我们称之为“实时”的时间：这或许是当代技术的基本特征——或许亦是技术的毁灭，其中，特有语言差异**和种族差异**都被技术差异所吞没，随之而来的是时间的另一个阶段。**如今**被称作“实时”的是工业化的时间，即“程序工业”对时间的工业生产，其产品“悬置”了**所有的传统**“程序”。我们暂且从控制论（即《存在与时间》中所说的属于本体论的，但《时间与存在》中又认为属于将会取代哲学的特殊本体论领域的控制论）的术语中借用“实时”一词，并将所有“直接的”信息传递现象都归入实时中。如此说来，所谓实时并不是时间，而可能是时间的非时间化或隐蔽化；但它依旧是时间，是从工业上“赢得”的亦是失去的时间，即本质上从**时钟**——即**资本**——的角度去理解的时间，这便是“繁忙”的极端模式。如果，正如我们在此试图昭示的那样，已经在此不可能脱离其继承与传播的切实条件而存在，而且超前只不过是使自己事后（在/从不适应、遗忘与过失中）适应“已发生的事”，那么传播技术的更新换代就会对时间化本身产生根深蒂固的影响。在此背景下，我们就**不能再**忽视时间性中的技术内涵了。

---

① 有关速度的问题，请参阅本书引言的最后部分。

当今“谁”的文本性

阅读巴尔特在“冬季的花园”这幅照片中的忧伤时，我们隐约看到，模拟的确正形式仍是，在(重)建的“一段过去”的精确性中与死亡的关系的模式；而在阅读博泰罗的著作时，我们试图理解在文字的确正形式中类似的关系是怎样(重)建的。什么构成了模拟与文字间的区别?《明室》中已有一些提示：在曝光时间的还原中，照片的拍摄从时间上与被捕捉的瞬间相**吻合**。由此产生了照片特有的、不可比拟的**真实效果**(**不可能**在事件发生**之后**再拍摄这个事件)，这在文字中是不存在的(**有可能**在演说**后**——甚至在演说前——用确正文字记录下一段口头陈述，因为这段陈述可以暂时转移到抄写人、秘书、发言人、传记记者或作家的主观记忆中，这是相机镜头及暗室操作的客观性所不允许的)。

这样(重)建的是什么样的“谁?”呢?

确正文字的“什么”的相关差异是“谁?”的相关差异的一种模式，于是，欲揭示相关差异化的真谛，我们**不仅**要考虑“什么”的不同时代的补余特性，而且也要考虑其中不断出现的“谁?”的关联问题。

在下面几章里，我们将分析从“什么”的不同时代到当下的补余之特性。

只有到了本丛书的最后一卷《不可或缺的缺陷》，我们才能定义这个一直被我们称为“谁?”的存在者之特征，并详细阐述由此产生的各种关联方式。我们将揭示，“谁”是**特有的**，是爱比米修斯。这也意味着“谁”是**文本的**(这里指的不仅是语言文本，因为这个文本是用来编织记忆的所有材料)：来自“什么”的普罗米修斯的一系列确正技术教给爱比米修斯的正是这个文本。于是我们称之为**特有文本**[①]。

① 这个问题已在“缺乏之物”中开始探讨。此文发表在《停顿》，第8期，1995年秋。

第二章
迷惑的生成

1. 滞留有限性及“什么”的动力

技术并不**辅助**记忆，因为作为“滞留有限性”，技术**就是**原初**需要辅助**的记忆。勒鲁瓦—古兰在《记忆与节律》一书中指出，辅助记忆的历史也是从争得领土到今天的全球一体化过程中技术的历史。

在这个全球一体化的最终阶段，西方正在消失——它失去了东方，走入了迷津。那个过去的东方，从不是西方的东方，也以它自己的方式顿时迷失了方向。正是在失却坐标系的情形下(我们将看到，它把上一章谈到的背景解体过程推到极限)，以同一圣书为原本的三种宗教在巴勒斯坦和波斯尼亚尤为敌对，世界各地的局部冲突此起彼伏，最甚者当属阿尔及利亚这块各类宗教的世俗疆土。这一切都发生在拼写文字的霸权及其无限性经验、神学政治、科学理论都达到最终阶段之时。

本书所描述的后种系生成的历史将帮助我们找到这种迷失方向的由来。

作为外延过程(即“对时空的征服”)的时空化一贯也是非时间化和非领土化。然而这个过程迄今已达到极限，迷失方向正是对此极限的经验。

在《爱比米修斯的过失》中，通过分析像“组合环境”那样走向极端的具体化过程，我们可以看出：“什么”的具体化动力以“谁”的超前为前提，因为技术—地理组合环境的自我调节离不开人类操纵者的发明功能；然而，超前本身又以技术动力为前提，所以不可能走在由技术趋势所推动的外延过程之前。

于是我们试着理清在东非人与尼安德特人之间，“什么”的**分化**过程与“谁”有何种关系。为了理解大脑皮层的形成和技术分化之间的平行关系，我们引入了后种系生成这一概念。我们那时就分析了《记忆与节律》一书的起始部分，勒鲁瓦—古兰在此指出：断裂——即外延过程——将物种对分化的迫切需求转移到个体，由此导致了继尼安德特人之后以种族形式出现的各种共同体。在这些共同体中，个体与种族记忆之间的“对话”使种族记忆日趋完善。

种族记忆对个体来说是已经在此，个体受到它的制约；然而，在获得它的同时，个体又发展了其中根深蒂固的不确定性。在此意义上，个体从这种已经在此中“解放”出来，并进一步“发明”。

然而，正是**已经**在此的已经在此把作为对其自身终结的超前的（从未完成的）不确定性留给了个体。于是，只有在已经在此能以确正的形式构成时，历史的开启性才成为可能。

让我们回到勒鲁瓦—古兰的理论来深入考察记忆的技术性以及技术与种族之间的关系，这一关系是分化原理寓居其中的**特有语言**的基石。

对燧石岩层与大脑皮层之关系的分析使我们不敢苟同勒鲁瓦—古兰的观点，而认为东非人具有社会性，因而也拥有特有语言。他们已拥有名符其实的语言，尽管这种语言及社会性对我们来说是不可思议且完全陌生的。在尼安德特人之后，种族群体出现了。大脑皮层的形成过程一经完成，社会的**优势**便意味着维护岩层 / 皮层之关系的助产术变成了种族群体与技术趋势之间的助产术。后一种助产术应当被纳入已经在此与不确定性的关系之中。

此在("谁")的日常性是以繁忙为特征的时间性模式,繁忙本身又形成于习俗、由"人们"构成的决定性的限制性以及既确认法律又涵括法律的传统程序之中。勒鲁瓦—古兰提出了构成种族统一体的习俗问题,这种统一体把**运作程序**传给组成种族的个体。"此在对其自身存在的理解"则是对这个种族程序的综合,也是它的既适用于群体层次又适用于个体层次的平衡点。

此在是个体的"谁",还是像"我们"那样的,即便不是**从理论上**(因为法律的本意正在于肯定群体的不可分割性,并由此肯定其**个体化**及其精神、道德和政治上的统一性)也是**从事实上**(总有被固定的危险)**可分解**的群体的"谁"?换言之,不确定性最终应归咎于谁呢?归咎于"我"还是"我们"?走向死亡的存在以及这种存在特有的孤独似乎向我们提示:只能将不确定性归咎于"我"[①]。然而,海德格尔有时用的是**希腊语的此在**,所以它不大可能是"我"。这个问题非同小可,因为倘若此在到头来成了"我们",那么在时性和真实时间性之间的对立就难以成立了。把此在理解为"我们"显然是把不确定性纳入特有语言中。这虽然迎合了海德格尔最晚期的观点,却与《存在与时间》中的论断大相迳庭。

特有语言始终是种族的、种族共有的,**同时**正因其非共有的独特性而**切实**成为特有语言,它需要超越程序与不确实性之间、"什么"与"谁"之间的对立,因为特有语言似乎是由"什么"**构成的**——确正的问题已经使我们想到,公民性的出现是特有语言性的一种模式。

勒鲁瓦—古兰将记忆的结构归纳为三个层次:特定层次、社会种族层次和个体层次。与此同时,他又提出存在着不同于社会种族记忆——

---

① 正因如此,让—吕克·玛里昂可在此在中重新找到**自我**。参见《还原和给予》,第146—157页,巴黎,PUF,1989年版。

即来自"什么"的**记载**记忆之记忆——的第四种记忆,比如当今出现的程序化机器,它将"谁"从其种族性中驱逐出去,破坏其运作链和基本行为链,继而破坏以领土形式构成的种族统一体。**当这个第四记忆能够脱离种族**而实现时,它将意味着技术趋势的完成。这种能力似乎是**当今**技术的基本特征。它之所以可能,正因为习俗已成为某种程序。

然而如此说来,程序也是一种反习俗的可能性,即**背景解体**的可能性。我们前面已经阐述了相关差异如何从背景解体的可能性出发而发挥作用,我们将会看到,"什么"的历史一般来说总是一次次断裂的历史,因为"什么"从根本上是通过**中止**现有**程序**而发展的;我们也将看到,**不确实性**的可能性是怎样仅仅产生于"什么"的发展这一**事实**的。

背景解体导致了后种系生成,它既是构成当下体验的经验又是传留下来的过去的经验,即知识,更笼统地讲是观念性的知识。**重复性**是应当可被重复的观念性之本质特征。技术性构成了知识的基石和土壤,因为它一贯使已构成的程序失去背景并使之中止。继新石器时代之后,知识**作为知识的印迹**保留下来,技术性作为确正手段发展起来,于是科学**得以**出现。

知识的积累正是已**过去**的此在的纹迹,海德格尔称其为世界历史。所有过去的存在者都可能被包罗在世界历史中,于是所有的"什么"都可能属于后种系生成。尽管如此,还存在着属于真正的记载记忆的"什么"的世界历史性:一切意在保存的手段——特别是对文字的保存——均属这一范畴。勒鲁瓦—古兰提出了被**纳入技术趋势和主导技术趋势的外延原理中**的保存文本行为的历史,并由此延伸出第三记忆的技术所构成的历史。又因为有限性首先是**滞留的**有限性,所以通过中止已有程序而制造各种"什么"的外延原理最终会影响记忆和想象的功能。

勒鲁瓦—古兰的分析与海德格尔在《存在与时间》中的论证不谋而合:"随工具与真正劳作'而来'之物,有种特有的、迄今尚未被认可的能动特征。”[1]辅助记忆的历史实际上是赢得能动性的历史。把精确性系统化就是一种极端的背景解体。勒鲁瓦—古兰的《程序学》把不同的程序——生理程序、社会种族程序及形象程序——与趋势中“什么”的发展逻辑联系起来。在对能动性的分析中(在此他对世界历史推崇备至),他揭示了三个层次的技术构成。通过“什么”作关联其实就是构建群体与时空的关系。这在当前的外延阶段中引发了模拟与数字的相关差异同一性,后者的实质特征是速度、全球性传播的即时性和对传统程序的毫无保留的渗透性,传统程序因此被中止了。

勒鲁瓦—古兰由此提出了“谁”与“什么”相互关联的历史之原理。我们正是从**集合的层次**来理解**动力**原则(分化模式),我们感兴趣的正是动力。此在的动力是其时间性。勒鲁瓦—古兰的论述告知我们:如果此在是“我”的话,那就无法从此在的层次来理解此在的动力,因而他把“谁”看作“我们”,既包含“什么”也受“我们”的多元性影响。“我们”由个体组成,而个体总是在由其原初薄弱性构成的统一之外,派生于需要辅助的滞留有限性所带来的构成性的特有性。

三层次记忆的理论使我们看到的正是个体、群体和“什么”这三个中心环节。三者如何相互交联?它们如何从神经系统和想象的外延中产生将“谁”从其种族性及其传统辅助中驱除出去的力量?程序怎样造成不确定性、不确实性和不可编程性?要想回答上述问题,必须开拓一种**美学**。正如技术植根于动物学,这种美学植根于动物繁殖的美学。然而,尽管这种美学始终被技术趋势所贯穿和主导,但它又与技术趋势互不相容,因为并不存在与**功能美学**无关的(身体的)生理美学或(象征性的)形象美学。在功能美学中,形态生成于载体之中,它遵循主宰人与物之关系的一般性原则。综上所述,群体记忆的生成问题便成了**节律**生成的问题。从程序的角度上看,节律和记忆交联成与时空之关系构成于其

① 《存在与时间》第75节。参见我们在《爱比米修斯的过失》中的评论。

中的**群体综合体**。

2. 种族进化、记忆载体及程序文字

在后尼安德特人阶段，技术与生理和社会伦理（或象征）同步发展：人脑皮层形成之后，开始了**我们**熟知的所谓后种系生成的过程。此过程不再是大脑皮层的分化，而是社会随着工具的使用而分化。**种族进化**作为分化活动开始了，它不再仅仅是技术形式的富集，而且是人类群体的**领土**多样化。在新的器具助产术中形成的正是这种社会进化。勒鲁瓦—古兰是这样发挥他的外延理论的：他从工具骨骼的某种代具渗透（"身体和大脑的真正的分泌物"）谈起，随后说到肌肉（对自然能源的控制、动物驯养及机车使用所带来的运动机能的外延），一直讲到当今的中枢神经系统（即电子系统）和想象（即对远程传送的声音与图像之工业生产的专业化）。想象本身在此过程中亦受到影响，这意味着外延同样属于**美学**原理。

上面一系列分析重新提出了种族群体与技术趋势之间可能存在着冲突的论题，得出的答案却截然不同于 1945 年。那时，勒鲁瓦—古兰尚不相信种族群体有可能消亡；而在《社会的象征》一书的分析中，他谈到了将成为种族进化之终极目标（telos）的超民族。

这个进化被描述成交联着特定层次、社会种族层次和个体层次的记忆的"解放"。这三个层次的记忆对应着一种**节律**，此节律奠定了**三种美学**：生理美学、功能美学和形象美学。

核心问题是从记忆中断起思考的**程序**。由于这三个层次的美学对应着三个层次的记忆程序，所以一般美学构成它们的**连接点**。决定人类群体的特定记忆形式对应着某种特定程序，即不再属于肌体本身的、已外延的程序。这样一来，**问题就首先成了**记忆**载体的问题**。我们应当

> 很广义地理解这个问题。这里说的不是知识产权，而是记录着行为链的各种载体。正因如此，存在着一种可以用来定义动物行为规范的“特定记忆”，存在着确保人类社会中各种行为之重复的“种族”记忆，也存在着不必借助于本能或反思就能确保机械行为之重复的“人工”记忆，比如最新形式的电子记忆。①

正是人类记忆的特殊性决定了人类“认识”的特殊性，且“各个社会都在试图满足记录和保存无限膨胀的知识资产之需求，乃至发明人工脑”。知识的增长也意味着不停地**编写程序**，它是记忆解放的动力，与以技术为特征的载体进化逻辑息息相关，且像所有技术物体那样被**决定性的技术趋势**所贯穿。用我们自己的话来说，后种系生成在我们的生活中造成了既不能归入动物学也不能归入心理学的某种记忆的迅速增长。这种记忆中**记载**着种族进化，然而**种族性**又被从中**抹去**了。正如燧石岩层 / 大脑皮层的助产术，技术 / 种族的助产术只不过是一个“谁”与“什么”之关系的时代。

3. 时代与程序

新程序的出现中止了现行程序的切实性，并将现行程序重新整合，使它们**服从**于新的指令。这种中止产生不同的时代。人类的历史不过是程序中止的历史，因为它不停地**中断**——我们应当想到，“人”的程序本身也会被中止或总是被引向其自身的中止。

这种中止的可能性正是把特定记忆、社会种族记忆和个体记忆相互关联的原则。此原则与技术趋势一起揭示了技术—人类学的动力。

---

① 勒鲁瓦—古兰：《手势和言语·第二卷》，第 269 页以及第 13 页的注解 14，Albin Michel，1965 年版。

在胡塞尔的《构造研究》中也可以找到类似的三个层次，但有两点不同：首先，它们恰恰不是被作为程序来考虑的；其次，这些**作为**程序的层次中贯穿着被胡塞尔彻底摒弃的“什么”的技术动力。传统本身带有其自身的解构，唯有外延——即左右着生活变为技术的新型程序体系——使之成为可能。时间性与外延之间像释放新的个体化可能性的后种系生成与遗传调节之间的关系那样密不可分。选择原理支配着这一进化：

> 把种族记忆放在动物种类之外的严重后果是：它使个体自由地走出既定的种族框架，也使种族记忆本身有可能进步。①

阐明这种进步的含义就是通过建立**一般程序**来描述外延过程的各种应用实例。神经系统是“通过建立程序来满足各种内部及外部需求”的机器，而程序是个基本概念，因为它也允许我们跨越动物性与人性之间、人性与技术性之间的界限：勒鲁瓦—古兰的人类学其实是极端的“非人类中心论”。全部**科学程序**都包括在这个**既**可用于动物学及人类学，又可用于技术学的程序概念中：把动物、人类与机器统一起来，其实正是所谓“认识”科学的聚合原则。我们稍后还会分析这种聚合的种种局限性。

需要质疑的正是这个程序的概念，因为在比较动物社会和人类社会时，“问题不在于[……]本能和智慧的差别，而在于两种程序模式的差别”。从这一概念出发才能理解第四记忆的产生条件。第四记忆不是特定的、不是种族的、亦不是个体的，而是不折不扣的机器的记忆。

① 《手势和言语·第二卷》，第 22 页。

4. 作为二次中断重复的选择：文码、同一性及差异性

种族程序构成人类群体的统一性，**同时也承受着分化**和与其他群体融合时产生**同化的可能性**。

种族记忆通过调节个体的"操作行为"来决定各种自发活动：

> 主体的一切活动都属于他的操作行为，但这些活动的形式和程度迥异，这取决于它们是基本的、日常的，还是少有的或例外的活动。程序需要各种层次的智慧参与和不同的个体—社会关系。基本活动构成个体的生存程序，任何日常行为：比如体型、饮食与卫生习惯、职业行为、与亲友的交往，都关系到作为社会元素的个体的生存。这些程序的根基是不可动摇的，它们构成一成不变的行为链。重复这些行为链能确保主体在社会环境中正常的平衡，并使他在群体内部找到他自身的精神上的安逸。①

程序以其长短不一的周期为特征，或每日一次，或每年一轮，总是具有日历性。程序制造**重复**的节奏，包括饮食和宗教节日的穿戴，也包括工作、祈祷、礼节及待人接物的规矩。在这种重复的稳定性中，越是涉及日常程序，种族特性就越为突出："正是这些基本行为(基本行为链在人出生时就构成了)给个体打上了最鲜明的种族烙印。"这种烙印的**标记**是群体凝聚力所必不可少的因素，于群体、于个体都是至关重要的：丧失它就意味着种族统一体的解体。

但由于技术领先于种族，种族又植根于落伍的体制中，当代技术趋势的决定性可能终将毁灭种族。然而，体制的过时是原初的(这里指的

---

① 《手势和言语·第二卷》，第28—29页。

是**爱比米修斯原则**),是激发构建群体的动力。如今面临的种族彻底解体的可能性从热动力学革命时期就开始了:

> 如果我们承认生物转化是一个既关系到物理结构又关系到它所触及的存在者之行为的事实,那么机器自动力的诞生便是[……]一个基本的生物阶段。如果说转化带来了某种新的、有活力的现实,它涉及身体之外的什么器官并不重要。如前所述,从智人(homo sapiens)开始的人类进化见证了(与地质学时间成正比的)身体转化过程与(连接着人类代代相承之节奏的)工具转化过程的越来越明显的分离。物种若想延续就必须适应环境。这种适应不仅涉及到技术习性,而且每次突变时都导致对由个体组成的群体之法则的改写。

这个改写是真正的技术中断,这个中断又影响了(本来已不停地受到"什么"的历史之冲击的)"谁"的历史统一性:

> 如果我们只能以自相矛盾的代价来维持与动物界的平行关系,我们就不能不考虑到,人类每次更换工具和制度时都在一点点地改变人种。尽管影响所有群体组织结构的转化之协调性是人类特有的,其性质与涉及到动物群体中所有个体的转化之协调性相同。然而,社会关系从马达动力的无限外延中获得了一种新的特征:假如有一个人类以外的观察者,而且他从未听到过历史和哲学给我们的各种习惯解释,那么他一定能区分十八世纪的人和二十世纪的人,正如我们能够区分狮与虎、狼与犬一样。[①]

---

① 《手势和言语·第二卷》,第50页。

然而，这个统一性可作为通达人类一代代积累下来的**共同的**已经在此的途径而(重新)构成。于是我们不禁要问:通达并延续这个已经在此的切实条件是什么?这个问题**目前**具有极其特殊的意义,因为人类的外延似乎已进入**尾声**,也就是说**当代的技术中断性已登峰造极**,是人类经历的最大的断裂,它冲击了人类看似最稳固的组成部分,也由于把各种程序**操作**交给机器代管而使以群体统一性构成的种族面临灭绝的威胁。

> 自动程序的实现是人类历史的顶峰，它与振动换流器的出现或农业的出现具有同等的重要性。

于是,伴随着机器程序的出现,程序断裂达到了不折不扣的超级中断。

上述一切仿佛意味着技术趋势的实现忽然不再像从前那样依赖于种族多样性了。这并不是说技术趋势可以不需要群体及群体间的多样性,而是说群体将不再以种族的形式构成。工业化使人们**丧失了对某一共同体的归属感**，因为个体基本操作链中的主要部分——种族特性尤体现于此——要么被转移到机器设备中，要么自行去适应机器设备的自动化:

> 到了工业机械化时,情形就大不相同了。[……]工人被放在一段以机器节奏为准的生产线上，只需做把主体阻隔在外的机械动作。对个性鲜明、尺度适宜的群体的归属感丧失了,随之而来的是一种完全的“技术对文化的扼杀”。①

① 《手势和言语·第二卷》,第59页。

西蒙栋已经指出,工业革命使技术的个体性从通过手与“什么”相关联的、工具化的人过渡到持工具的机器。由此而来的问题是:“谁”的**个体化丧失了**,而“什么”的个体化增长了。这个断裂如此之大,以至于勒鲁瓦—古兰认为人应当考虑**放弃其“智人”之名**:

> 我们可以把原木放进机器中而不必担心其枝节。标准的木板被机器送出,并被自动包装好,这无疑是个极大的社会收益。然而这一切只是使人类不再是智人,而变成可能更高级的,但无论如何都不同的人。

那么,**“什么”的个体化**中是否还有“谁”的个体化的**新的可能性**呢?人类放弃智人之名意味着什么样的断裂?已经在此又会有哪种**非同寻常的延续模式**?欲严谨地提出上述问题,需要正确估价那些彻底失去的东西,那些可能保留也应该保留的东西以及我们**应当做好**的应付不确定性的准备。

上述情形的后果是:严格说来个体不再延续**传统**。让我们再用些笔墨讨论这一点,并由此返回选择的问题。

所谓**原理**指的是从起源就开始之物,比如我们在此讲的原初**缺陷**,还有从未开始过、却在**各种**缺陷(各种代具)的生成中也作为这种生成而持续之物。像后种系生成现象之原理那样自始就维系的原理其实是“外延”(尽管这个词很费解,我们还是沿用它)。从这个原初原理中衍生出具有双重意义的**选择**原理:它一方面体现在“谁”的**自由**(作为“适应”传统的自由)中;另一方面体现在“什么”的(构成技术趋势的)**动力**中。**技术趋势**并不**等同于传统**,事实上它**普遍地**贯穿于种族**多样性**之中——它是**传统的相关差异**。

对传统的选择原理是“谁”对它的重复,但这种重复是一种冲击——正因如此,重复也是适应和差异。然而这**首先**是**来自“什么”**的冲击，即来自**作为**对“谁”及其传统（没有传统就没有“谁”）的**领先**的技术趋势的程序中止。于是，“谁”便成了这个“释放”“使种族记忆日趋完善之可能性”的偏差与膨胀的交叉点。

“谁”的**可能性**植根于“什么”的可能性之中，因为代具性提供通达已经在此的条件，从而也提供“谁”的超前条件，而这种代具性本身又是被技术趋势所决定的。**技术趋势与超前的“谁”一同构成选择原理**。技术趋势**贯穿**于传统中，既从传统中**穿过**又超越传统，并中止所有的界线，使不同的种族环境相互**渗透**，从而使翻译、转移及**特有语言之间的交流**成为可能。正是由于上述事实，个体才能反过来中止种族程序，或者不妨说将种族程序作为已经在此的过去，以“谁”的特性所承载的未来之方式重新调整。

技术作为二次重复来选择：第一次是技术趋势对传统的重复，作为衍射环境的传统是技术趋势的临时载体；第二次是“谁”对技术趋势的重复。“谁”从隐匿在这个中止里的可能性出发超前，并把这个中止以特别的方式**切实地记录**到人们的记忆中，并使之作程序上的转化。在最日常的程序中以**重复**为参照当然不是第二次重复，因为趋势会落入重复中。“谁”随着**每次重复**时“什么”在趋势之压力下开启的**新的可能性**进行重复与分化：确正性正是这样产生的。

如果说在工业化尾声的**今天**有不再延续**传统**的倾向，那么在传统逐渐消失的情况下，寓于“谁”之中的第二选择原理又会怎样呢？

这个问题似乎与“手的归宿”有直接关系：

> 不用十指也能思考就等于缺少了正常的、种系生成的[原文如此]人类思维的一部分。于是，从此产生了手的退缩之问题，这种退缩即便不是在物种层次上，也是在个体层次上。[……]手的失衡已经部分地切断了语言与现实审美形象之间的联系，[……] 非形象艺术与“脱离手工”的技术性的同时出现绝非纯粹的巧合。

我们曾在《爱比米修斯的过失》中指出，当今信息与通讯技术的膨胀引起了内在环境的相互渗透，也导致了“内在”的消亡（如果说二十世纪是在哲学中彻底批判来自各个流派的“内在神话”的世纪，这种说法并非偶然）。“内在”的消亡显然给西蒙栋所说的组合环境——我们前面已经对此概念作过分析——提供了发展的可能性。正是在此背景下出现了“实时”和“直播”的问题，以及我们在上一章结尾处提出的更广泛的背景解体问题。

决定性的技术趋势似乎就是作**计算**，即以有意或无意的方式确定**不确定性**。这就通过速度构成了**非时间化**的**表面**现象。而当非时间化作为现代技术实现时，它同时“触及”了木匠和木材[1]，二者均被降低到“现成在手”和“手下”的存在者状态。此在的双手被剥夺了，其**传统的**历史性——海德格尔认为它来自“土地和血缘的力量”——也被摧毁了。**然而**，技术趋势在**中止**程序的同时**也**驾驭不确定性体验的可能性，并由此（重新）构建“谁”和历史性（如果不是人类历史的话）。于是，我们应当考虑的是非“传统的”即非种族的历史性的可能性。再进一步说，我们需要**确定，在当代技术条件下二次中断重复都有哪些可能性**。

5.“什么是在思维中定向？”——在已经在此中定向

“膨胀的记忆”是真正的记忆外延的历史，它从技术角度描述了补余历史的一般架构。勒鲁瓦—古兰揭示了由此提出的各种通达问题，他还揭示了在人为记忆的延续中，人类“知者”与“客观性”知识之关系的

---

① 海德格尔：“技术的问题”，《杂文与讲座》，Gallimard，1958 年版——原注。海德格尔常把思维活动与木匠的职业相比较：“人——手——思维”与“木匠——手——木材”之间有可比性，二者均为以手为工具的活动。——译注

转化以及这一切所带来的知识本身的各种转化。早在 1965 年，勒鲁瓦—古兰就预见了向“磁带室”、**超文字**及**多媒体**——这些概念如今已相当普及——的演变，从而找到了研究后种系生成之动力的基本要素，其中包括随之而来的**把知识交付给自动化机器**的问题。

这个历史是在知识中**定向**的工具的历史。这些工具也是记忆原初的记载记忆，即构成知识的**被动综合**，它使代具代管定向功能成为可能。知识**传播**的条件也是知识**整编**的条件，而且记忆技术集体记忆的历史

> 可划分为以下五个阶段：口头传播阶段、带有目录或索引的书面传播阶段、简单卡片阶段、机械化阶段和电子串行数据阶段[……]，(同时)群体的知识资本是群体统一体及群体特性的基本要素，对这个智力资本的传播是物质延续和社会延续的必要条件。①

随着印刷的出现，

> 读者不仅要面对一个庞大的、他已不再能全部记下的集体记忆，而且也常会被要求去开发新的文献。于是我们目睹了个体记忆循序渐进的外延过程。在文字中定向正是从外部做的工作。[……]
>
> 十八世纪的欧洲标志着印刷业和技术领域之旧时代的结束。[……]社会记忆在几十年内被湮没在各种书卷中，包括整个古代、各个伟大民族的历史，业已彻底全球化的世界的地理及人种志、哲学、法律、科学、艺术、技术以及被译成二十种不同文字的文学。如此浩繁的文献仍在我们眼前不断地成比例增长，人类历史的任一时刻都不曾经历过集体记忆如此急剧的膨胀。

① 《手势和言语·第二卷》，第 65 页。

这便出现了各种名副其实的导航工具。在需要它们的后种系生成领域中，这些工具通过把“谁”的主动性交付给“什么”而通达已经在此。这些“什么”是知识积累中产生的各种定向设施，比如**出版书籍**的编页、概要、目录、词汇汇编形成了藏书目录、索引、目录学和卡片。“谁”迷失了方向，不得不求助于“什么”，甚至求助于“什么”来通达这个必须在其中航行和定位的“什么”。新的程序技术如今导致了电子版面及计算机辅助阅读系统的问世，也促生了阅读的远程导航系统。

印刷的出现意味着已经在此之**拼写时代的重大变革**，它表明拼写的时代应当分成不同的时期。我们甚至可以通过印刷的出现而把存在历史和文字历史的特殊性与现代哲学的诞生联系起来（人们在分析新教兴起时就曾提到过这一点）；我们也可以进一步推断说：作为形而上学之实现的现代技术来源于，也只能**紧随**于文字的复制机制。这两种看法差别甚微。

而后，随着当代信息处理技术的逐步成形，出现了一种真正的自动记忆行为，它预示着大脑皮层功能和更广义的神经系统功能的外延：

> 在十九世纪，集体记忆的总量如此之大，以至于不可能要求个体记忆去囊括各种书籍的内容，于是似乎有必要通过能显示思想内容之最简化图像的附加材料来把惰性的思想组织到刻印着集体性的大脑中。[……]当文件卡配有允许另一个参照系统与常用的索引系统交叉使用的索引方法（比如用不同的颜色）时，或者更方便地使用打孔文件卡时，就又向前迈进了一步。[①]

这是外延过程中迈出的新的一步，也是一个崭新的拼写时代。我们将会看到，这个时代将产生数字的确正性，它意味着“谁”的参与性的降

① 《手势和言语·第二卷》，第 73 页。

低,或者说“谁”的参与方式的改变,因为“什么”遥控“谁”的阅读。

原始的手册相当于手工工具,虽已大为改善,还是需要读者全面的技术参与。简单卡片已经符合手动机器的要求,因为部分操作已经转化并存在于卡片的只待激活的潜在状态中。打孔卡片代表着相当于最初的自动机器阶段的补余阶段。

这里我们看到,**第三记忆**获得了一种真正的动力,结果是很快出现了已经在此的(数字的)**动力载体**:

打孔卡片是汇集记忆的机器,它像容量无穷的大脑记忆那样运作,有可能超过人脑记忆的平均水平,也有可能把每个记忆与所有其他记忆关联起来。

这一点最有力地证明了动物与人之间的连续性,**正如**生命与非生命之间——更恰当地说,有生命的有机物与有机化的无机物(即技术构件)之间——的连续性:

土虫、蚯蚓、帽贝之类的动物的记忆与电子仪器的记忆十分相像。[①]

我们需要将上述论断同流行的“认识科学”中提出的各种观点作细致入微的比较。令人惊奇的是,认识科学并不重视勒鲁瓦—古兰的论述。举例来说,勒鲁瓦—古兰曾写道:

---

① 《手势和言语·第二卷》,第 14 页。

> 设想机器不会很快在记忆和理性判断的运作上超过人脑就像直立猿人否认打拳的可能性，弓箭手嘲笑火枪或者荷马史诗的吟游者摒弃作为没有未来的记忆手段的文字那样荒唐。于是人类应当接受自己比不上自己制造的人工脑这一事实，正如他的牙齿坚不过风车的石磨。[……]无论怎样令人赞叹，与手和眼睛一样，大脑皮层仍是有限度的，[……]需要电子分析方法作补充[……]。总而言之，从其现状来看仍是活化石的人类，为了长期生存，他的进化途径必须有别于神经节的进化。①

这另一条进化途径也许正是认识科学尚未明确找到的，因为认识科学一如既往地设想用认识机器来模拟取代人类（“机器可以思考吗？”）。这里说的并不是复制人或人的思维，而是**转化一个整体**，其中有机存在者即人类，人类通过各种载体而积累的赖以生存的知识以及人类发展起来的器具组成一个三元复合体。勒鲁瓦—古兰把这个复合体的进化看作从技术的**高速**和人类生理的**低速**而来的非人性未来之可能性。

认识科学由于忽视了这种技术—人类学而无法想到器官。这一点在杰里·福多尔的论述中尤为明显，特别是在借用诺姆·乔姆斯基的文章为他自己的“精神调节”假说作辩护时。如果说文字和对记忆的直线型记录在后种系生成的演化中起关键作用，我们仍可发现，让—皮埃尔·尚热在对文字、文化印迹、选择性稳定性及更广义的“人类天资”之概要的分析中，从根本上忽视了人类获取的基本经验。

① 《手势和言语·第二卷》，第 75 页。

6. 程序与美学

勒鲁瓦—古兰的程序学不仅让我们从作为延迟重复的传播来思考进化，而且给这种传播增加了**形式的必要性**。这种必要性体现在程序的非动物性传播产生的行为多样性中；这种形式的动力是**美学**对象，也是技术趋势和“谁”——有欲望的“谁”——一道**构成**于其中的动力，仿佛这一组合带有**情欲**成分似的。

尽管只有从技术生物程序的特殊性出发才能将美学理解为群体构成和群体分化繁衍的因素，尽管“断裂”后的记忆中重复的动力是特殊的，我们仍应从最古老的生命趋势来研究美学。

> 鸟类[……]的诸多细节表明，最复杂的自发行为都与繁殖有关。[①]

于是，人类的服饰将作为对某群体所属性的标志，也作为权力、战争和引诱的标志而被重新纳入所有生物的关系行为中：

> 禽类的羽冠和人帽子上的羽饰，禽距与军刀，夜莺的歌唱或鸽子的咕咕求偶与乡村舞会之间并无本质差别。然而，这些表现形式之所以如此不同，是因为世间存在着迥异的种族，种族中存在着连续的世代，群体内部又存在着不同的社会层次。[②]

这种美学需要我们对既**作为节律**又作为记忆的程序作类型描述。美学的内容正是建立在这种以**重复**的形式构成已经在此的传统和种族

---

① 《手势和言语·第二卷》，第 16 页。

② 同上，第 198 页。

的程序之上。美学会使特有语言偏离主流，甚至有可能**让种族的发展消融到超级种族**之中。超级种族被描述为联觉变异，它使**运动机能渐渐超出身体附近，或者说超出身体极限与领土的关系**。上述过程的实现是由于把各种功能（先是骨骼的，再是肌肉的，再后是神经的，如今是象征的功能）都交给了器具程序（即工具、机器或工业复合体本身）。在这个外延过程的“种系生成”中，我们看到的正是技术的后种系生成的进化原理，它被描述为对已构成程序之切实性的**中止**。

> 这是人类的特有属性，由于保持了活力的本能，所以它能周期性地脱离自身的肌体特性。身体的（和精神的）不适应性（人的特有属性）是很有意义的遗传特征：躲在屋檐下时他像只海龟，利用镊子把手加长时他像只螃蟹，成为骑士时他像匹马，但每次他都重新准备好应付别的变化；他的记忆被转移到书中，他的力量由于使用耕牛而成倍地增长，他的拳头因借助于锤子而变得更硬。[……]人类每次更换工具和制度时都在一点点地改变人种。[……]社会关系从动力的无限外延中获得新的特征。[……] 电器运用的完善——尤其是电子设备的发展——在不到一个世纪的时间内导致了自动机器的突变（在此突变之外，人类再没有多少东西值得外延了）[①]；

它们也导致了组成最先进机器的，“给酷似生物装配的组装线提供零件”的微型化设备库的出现。

然而，有节奏的美学程序**首推我们身体本身的程序**，更精确地说，是我们身体的“组成部分”，即五种感官，这正符合亚里士多德的哲学观。有关感觉的思考植根于对感官的思考中，其原初的多样性是不可缩

① 《手势和言语·第二卷》，第 48—51 页。

减的。

这种美学阐明了植根于技术趋势中的形态及恒定状态的演化，让我们想到"个体自由"和产生象征与反思现象的记忆之"高层次"。中断性就是美学演化原理，正因如此，它与技术趋势和特有语言的特殊性有双重关联。这种"味觉生理学"建立在程序、特定记忆、社会种族记忆和个体记忆的概念之上，所以仍是来自动物学的思考，既不是单纯的"唯物论"（由于它与选择原理有双重关联），也不是简单的生机论（由于它普遍消除了动物与人、生物与非生物之间的对立）。功能美学原理"来自物质规律，因而它只是在很有限的程度上与人类有关"。美学的发展融合了生理美学、**服从于技术趋势的功能美学**和（包含纯粹符号层次即特有语言的）形象美学。这种融合纯属外延现象，因为

> 技术和语言只不过是同一现象的两个方面，而美学可能成为其中的第三个方面。于是，我们或许可以这么认为：如果工具和言语能够经过同样的发展阶段且几乎在同时期各自朝着机器和文字的方向发展的话，那么同样的现象也应出现在美学中，因为从消化的满足到称心的工具、舞动的音乐和从座席上看到的舞蹈都会有同样的外延现象。

这种外延从神话故事走上了当今"美学材料制造者与越来越多的预制艺术品或事先构思艺术品消费者之间比例严重失调的专业化平台"[①]。

7. 风格的标志与不确实性程序

作为程序重复的重复，"谁"与"什么"的相互关联产生一种**不确定**

---

① 《手势和言语·第二卷》，第 89 页。

性。这种不确定性也是**风格**之谜——因其**不可描述性**而构成的谜。

风格是特殊性和特有语言性的标志和顶峰。特有语言不应被简单地视为语言,而应被更广义地看作诸如种族个性、某自然人或法人个性的表现方式。某人意味着**非某个人**,即无人称属性。个人风格总是成形于不大属于个人的风格中,即某种无人称性之中。莫扎特的音乐是德国的,格雷科的绘画是西班牙的,普鲁斯特的语言是法国的,策兰的诗歌是法意第绪语的。风格的个性表现为以已经在此之风格为背景的形象,它表现出最真实的,同时又最与众不同的一面。风格以**特定情境而定**,但莫扎特的风格又不仅仅从属于德国**音乐**风格的情境。风格总是区域性的,且越是有区域性和个性,就越能被人体验到;与此同时,风格又总是非区域性的,它挣脱时空的羁绊,游离、渗透、侵入、被转移、被翻译、被传播或流失。风格就是特有语言性。所有存在物——无论是物质的还是非物质的,无论是制造汽车还是制作餐叉的方式方法——之风格的渗透都是特有语言的传播,只是具有不同的现象性而已。风格总是来源于某地,代表着某群体或某个人、某作品或某技能的统一性。风格**像技术趋势那样**超越边界、渗透最密闭的保护层。特有语言的边界从根本上是模糊不清的,因为一种特有语言相对于在某种程度上总像是**非**特有语言的、野蛮的、无意义的另一种特有语言来说从来就不是完全陌生的——**真正的**特有语言是特有的、特殊的和奇异的。法语**同**西班牙语、意大利语**一样**属于拉丁语系,而拉丁语又**同**日尔曼语**一样**属于印欧语系,依此类推。**于是**特有语言的经验就可能消失。一种特有语言总是有另一种特有语言寄生其中,其特殊性总是已被抹去。然而特殊性还会回归,特有语言的寄生物——即它的变种和可变性——使本质的变异性**回归**。特殊性可重现、可消失,然而**终究是**消而不失或**永不消失**,因为特殊性是剩余的规律,也是偶然性和特有性的规律。

风格完全具有指示性,它是对时空与原初**地域性**的极端经验,是所有背景化**和**所有背景解体可能性的停泊处;它不可描述,只能被重写、重复或在重复中转化成**另一种**风格——与被**重复**风格相对应的**另一种**风格,即它**切实经历**的相关差异:它从根本上抵制**必然性**,绝不可能被非指示。**正如所有的特有语言**,其真谛是**不可译的**。如此看来,与其说风格抵制工业(再)生产,不如说它被纳入工业(再)生产**之中**(因为风格完全可能寄生其中:爵士乐就是个例子。阿多尔诺[①]似乎没有明白这一点)。然而与阿多尔诺的作品一样,风格注定要被翻译,获得公众性——当然是为了创造另一种显然可能不会存在的风格。风格是不可描述的,正因其不可描述性,它又是不确实的。风格难以确定且不确定。真正的风格也是不确定性——即**缺陷**,产生于风格制造者的缺陷——的标记、数字、文码和重量。**在工业社会中**,艺术家是具有不确定性和特有性的,受人蔑视且具有专长的社会畸形人物,人们从他们所表现的隐逸及非主流人物形象中领悟的正是这种风格。风格锋芒**所指**的一贯是起源的原初缺陷,它最直接地表现了**爱比米修斯原则**及其特有性。这种特有性比比皆是,任何材料都可以成为它的载体,不论方式如何。

> 经过详尽的机械分析,我们可以解释英国汽车的马达在何处不同于法国的或俄国的马达,尽管“汽车”这一事实是共同的。而要想解释观看者为何一眼就能认出某辆汽车是“英式的”,那就需要作相当复杂的分析了。[②]

风格承载着感觉的经验,人们在种族性消失时会惊慌失措,因为风格总是隶属于种族领土性,尽管它的构成抵制这一种族性。以普遍的技术趋势渗透世界并破坏了种族多样性的工业化是否意味着风格、感觉和世界的终结?要想回答此问题,就需要搞清风格(**如同趋势**)为何具有

① 德国哲学家、社会学家、作曲家和音乐理论家,极推崇音乐美学而蔑视爵士乐。——译注

② 《手势和言语·第二卷》,第 90 页。

渗透性和传播性。其实,我们应当彻底忘却的正是领土性。这里指的不是地域性——因为风格可以**产生**在地域之外，而是指采纳风格之新风格。**产生**并不意味着有父系、种系或有土壤与血缘证明的出生地,而是促使**新事物**的出现,新事物恰恰要忘却领土性。

可能存在着类似方位感的风格,因为时空性是按程序构建的:各种程序相互关联,从而**借助于**“什么”把“谁”的三个层次的记忆融为一体。关联首先指宇宙—生理程序的关联:

> 脏腑敏感性的最主要表现与节律相关。睡眠与觉醒时间、消化与进食时间的交替，所有的生理节律形成一个记录着所有活动的网状结构。这些节律一般都连接着一个更大的网状结构,即日夜的交替、气候的变迁和季节的更迭。[1]

这个稳固的基石之内涵来源于基本的种族程序，人们正是在此基础上从事宗教与美学活动,即实施(“逆生命节奏”而行的)**不确实性程序的休止技术**：这里说的是维持程序总平衡所不可或缺的生活中的星期天。信仰与欣赏都可以建立在这些已是技术的、纯属重复偶然性的**机制**之上。

然而,工业生产社会将宗教的、美学的休止活动与由专人安排的人类日常活动系统性地区分开来——但这种区分远在工业化之前就有了(古典主义时代就有人问:我们可以一边作弥撒一边用望远镜观望这个弥撒吗?),因为它自始就造成了特有性的边缘化:

> 自然节律的破坏、熬夜、昼夜颠倒、禁食、禁欲让人想到的是宗教领域而不是美学领域，这是因为二者的区分在现代文化中已基

① 《手势和言语·第二卷》,第99页。

> 本完成，这也是社会组织进化的新进展，即我们推动的理性化过程之结果。[……]通过区分宗教与美学领域来维持生命节律使个体处于有利于社会—技术机构发挥功能的位置。[①]

圣人的禁食被纳入构成历史—技术生活的休止性，也被看作脱离宇宙程序，只是他的做法过激，把休止极端化了：

> 对圣人来说，脱离红尘始于消化道，始于让他逐步达到仅靠吸入空气就能维持生命的纯化过程。

通过夸张或逆身体节律而动来“追求”不确实性也表现在舞蹈中。舞蹈是迄今仍完整地保留下来的最后的“休止”活动之一：

> 杂技、平衡节目及舞蹈在很大程度上体现了摆脱正常运作链的努力，也是一种力图打破人在空间中日常重复的姿势的创作。

8. 对时空的钟爱、技术趋势及节律

有一种与场所有关的病症，它钟情于有限性和被荷尔德林[②]用诗歌形式渲染为对神的创伤及疏远之经验的直觉实体性。这是任何程序都不能填补的缺陷之病，因为所有程序恰恰都是它的表现形式——这便是程序在中止其他事物的同时自身也终将被中止的原因。在此缺陷中构成了时间与空间，即“过分重视”场所的身体与程序之间的关联。

---

① 《手势和言语·第二卷》，第 100 页。

② 十八世纪德国诗人，浪漫派先驱。他特立独行，桀骜不驯，终至疯狂。——译注

从动物或截然不同于我们的存在者的眼光看，人似乎对时间和空间过于重视[……]。对地理空间乃至宇宙空间的物质上的占领，速度带来的对时间的蚕食以及医学研究的种种努力构成他的实际生活；天文学、光学、计量学和原子物理学推算酝酿了他的哲学梦与科学梦；对永恒和天体的征服滋养了他的心灵之梦。数千年来，他的最大任务便是在节律、日历和建筑上充当时空的组织者[……]。如果他隐退到人迹罕至的地方以便停下来沉思默想，那是为了脱离"世纪"，也就是说脱离流动的生命之节律所属的时间与空间。[①]

在脱离时空的同时，人重新获得的却只是时间和空间，只是表现为注定属于"不确实性"的地域或地点。正是在形象美学中表现了这种美学的不确定缺陷的不确实经验。如果说功能美学与形象美学——即形式与质料——之间有某种原初关系的话，这便意味着风格与技术趋势像**实际的**功能性与**不实际的**已经在此之程序的交联那样不可分割，尽管

功能与形式的关系实际上有别于形式与装饰的关系。动物与人类的非功能性外表都是为了生存，为了标志行为规范(philétique)[②]的来源，它们与物种(动物)的或神族(人)的过去有关。蝴蝶翅膀上装饰图案的迷彩用途与翅膀对飞行的适应毫不相干。飞行可以简化成力学公式和物理值，而翅膀上的斑点则属于风格的运动范畴[……]。人类的服饰只不过是对种族取代物种这一恒定特征的肯定。[③]

---

① 《手势和言语·第二卷》，第106页。

② 这是勒鲁瓦—古兰创造的词汇。phil意为喜爱、热衷；étique意为行为学，我们将其译为行为规范。——译注

③ 《手势和言语·第二卷》，第122页。

正因如此，根据拉康对鸽子性腺与蝗虫群居的论述，风格植根于动物性本身，与生殖情欲有关。这种情欲关联着技术趋势带来的程序化，关联着“什么”的能动性，也关联着由此产生的“镜子的阶段”，这是因为

> 造物与物体的集合在下列三种十分复杂的状态中达到平衡：一是每种功能都朝着令人满意的形式发展，二是折中不同的功能以便将形式维持在或多或少相似的水平，三是以“装饰性”来表现的生物或种族之过去所遗留下来的超级结构。因而功能美学分析常常只是对功能相似性的度量。

当后种系生成的载体——即一般的技术物体——的历史等同于意像形成的历史时，这种相似性也许是**快乐原则与现实原则**的交汇处。

如果说由身体对时空的有限经验构成的身体的器具化是对时空的“驯化”，那么这种器具化如今就失却了时间与空间的神话色彩。

> 迄今为止，个体受几乎达到全部机械化（而不是人性化）阶段的节律性的浸润和制约，形象主义危机是机械主义控制的必然结果。在后面几章中，我们将反复论述不再神秘的时间与空间之延续的问题[①]。

也就是说非时间化和非领土化的问题——即作为时间化与空间化的相关差异的危机（**决策**）。但领土的工业器具化过程只不过是空间的原初器具化过程的尾声，且正是在此基础上，我们才能理解西蒙栋发现的组合环境的构成：在城市化过程中，

---

① 《手势和言语·第二卷》，第 137 页。

各种韵律的节奏和有规律的间歇节奏取代了自然界混乱的节奏性，且成为人类社会化的基本成分和社会融入之象征，于是成功的社会只不过是城市与公路组成的格子，其中个体的行动由时间来支配。①

9. 速度、程序及节律

在被分解为抽象的时间与空间之前，**节律**标志着**作为速度文码**的器具化的实施。由于节律受制于程序，所以速度问题与程序问题是密不可分的：

> 区分空间与时间纯属技术习惯或科学习惯。当我们说莫斯科与巴黎的距离是三个半小时的飞行时间时，我们说明的是比暗示两个城市相隔两千五百公里更丰富的事实。②

程序间的交联就是被协调好的异质节律——即宇宙—地理的、生理及风格的时空性节律——的交联：

> 作为规律性的节律，自然界只给了我们星辰、季节和日夜的节律以及行走和心脏的节律，这些节律从不同程度上给予我们时间优先于空间的观念。人类通过手势、发声直至在石头或黄金表面雕刻的图形纹迹而创造、加工的节律之生动形象与自然界给予的这

① 《手势和言语·第二卷》，第142页。

② "同理，钟表显示的钟点把表针的空间位置与时间相连。如果可以从种族学角度谈论时间的话，那么只能通过简单的抽象概念，像谈节律的两极之一端那样谈论时间"，《手势和言语·第二卷》。

些节律重叠在一起。

这种与宇宙程序的重叠也中止了宇宙程序的切实性，它是注定要在时空的非实现中实现的背景解体的首要原则。勒鲁瓦—古兰首次把工业“实时”描述如下：外延促成了“越来越快的改善（不是对真正个体的改善，而是对作为社会超机构元素的个体的改善）”，也导致了时间的外延。

> 当关联系统把传播时间降至小时、分甚至秒钟时，时间便成了禁锢个体的围栏。[……]个体像细胞那样运作，也像集体程序的元素那样作用于这个不仅操纵他的动作或启动他的有效思维，而且也控制着他缺席的权利——也就是说他的休息和消遣时间——的信号网。[……]空间只是为了需要穿过它的时间而存在。社会化的时间导致完全具象征意义的人性化空间，正如日和夜在一定的时辰降临到各个城邦中，其中，冬季与夏季以平均的比例缩减，个体与其活动场所之关系是暂时的。

10. 居住环境、技术趋势和非共同体化

器具性的居住环境受制于技术趋势，属于功能美学范畴：

> 居住空间的设计并不只是技术上的舒适，而是像语言那样对整个人类行为的象征性表达。[……]居住环境有三个要素：一是创造技术上有效的环境，二是确保社会体系的框架，三是从一个点出发建立周围世界的秩序。上面讲的第一要素属于功能美学[……]，因为所有的居住环境显然都是器具，因而服从于功能与形式之关

系的演变规律。①

从其生成来理解,城市及空间的关系均为程序的(非)整合:地域化也从来都是非地域化。只有在后来产生的模拟与数字之相关差异同一性的电讯技术普及之时,这个事实才昭然若揭。如今,**寓于当代技术中**与其说是**领土**整治不如说是**非领土化**:

> 在十九世纪中叶以后的社会中,技术设施已处于与人类先前总能从中找到其功能平衡的轨道不成比例的距离中。马格德林时期的狩猎范围、耕种者的土地分配、面包师或乡村邮递员的巡行、城里商贩的上门送货都勾画出铁路、电报、电话的迅猛发展使之越来越显得[……]不合时宜的[……]以个人为重心的范围。②

城市时间是种工业程序,它如今达到了这样一种记忆的工业化:新的确正形式从中产生出来,正如已经在此所构成的各种代具被**源源不断**地制造出来。然而,城市时间的相关差异看上去即便不能被抹消,至少也会被抛到传统上作为个体的"谁"之外:

> 由于电台、电视播放的节律对时间的标准化,城市时间的渗透[……]目前已到了日常细节的程度。超人性的时间与空间也许对应着所有个体——每一个体的职能和空间都已被规定好——的观念的同步运作。

而且,记忆的工业化意味着集体参与生产和集体分享象征物的丰富经

① 《手势和言语·第二卷》,第150页。

② 同上,第181页。

验的减少，因为记忆的工业化意味着生产的专业化，于是，我们如今进入了外延的最终阶段，即想象阶段。在此条件下还能有什么样的**模式化**（“先验的想象”活动）呢？这便是隐匿在相关差异中的“谁”的问题。

在想象外延之前，象征物形成于全体成员对形象表现的直接参与中。如果说

> 现代社会逐渐把真正经历的体验与形象表现内容区别开来，我们不可能混淆舞会和芭蕾舞或混淆巴黎圣母院的弥撒和在同地举行的对耶稣受难的秘密祭祀[……]，这种表现方式乍看上去[……]的确与维持种族持续性的社会活动难以区分[1]。

这种形式的共同体建筑在被胡塞尔视为科学原理的象征物的共同体化之上，当时，知识的专业化已经取代了神话中或礼仪形式中的**共同体化**。在这种共同体之后出现的是中止直接参与形式的想象外延所造成的**非共同体化**。我们在后面分析模拟与数字的综合时，还会回到这个问题，它影响的正是胡塞尔所说的观念性。非共同体化也是求偶和物种繁衍之新条件下的非共同体化（然而在为物种准备的繁衍新条件中，可能消失的却恰恰是物种），这就把模拟、数字和**生物的**相关差异同一性都联系起来了。

> 我们不禁要问：一个新的外延——即社会符号体系的外延——是否正在产生？[……]我们还完全是为了生存，城里的工人仍需走出他的生活圈子才能去看球赛、垂钓、观摩列兵表演：他仍旧拥有社会关系，虽说有限，却足以让他参与社会活动。然而，超出生存范围之外的、有直接关系的活动越来越局限于——直接参与

---

① 《手势和言语·第二卷》，第196—197页。

这些活动作为集体生存之必要条件——青春期和婚前阶段。除非是为了达到家畜的最佳繁殖率，比如人工受精，社会美学现在似乎极少继续关注性成熟期了。

上述改变的后果也转移了英雄主义的象征意义，从而产生了一种全新的“死亡的文化”(英雄只不过是一个历史性的历史形象，而生存却有着更深远的涵义)：

人不再热衷于扮演其种族冒险行为的英雄角色，而是旁观某些约定的代理人的活动，以满足他与生俱来的从属需求。

11. 从神话文字到确正文字，速度与思维

记忆的工业化以象征物制造者的专业化和消费主义[①]为前提。我们将会看到，这种专业化之所以可能，正是因为出现了比文字综合更**有器具特性的**模拟与数字的相关差异同一性。勒鲁瓦—古兰指出，神话文字的再度流行恰恰同步于文字的普及。他从人们那时所说的**超文字**中洞察到思维的未来。

如果说“到本世纪为止，从统计数字上看文字只涉及到人类的极少数[……]”，但仍决定了世界化科技发展的现状，那么

① “越来越集中的少数人不仅制定生存、政治、行政和技术程序，而且也制定情感内容和消遣活动。这是一种已完全形象化的生活图像，因为真实的社会生活可能都已被纯形象的社会生活所取代。[……]今天的情感内容取自与鬼神(北美印第安人、食人肉者和海盗，他们构成贫乏且专横的关系体系)有关的风俗传说。我们会问：当这些粗糙图像的发明人在通过遥控与虚拟世界的视频接触中走到第四代时，他们的图像还有几分真实性呢？”《手势和言语·第二卷》，第203页。

> 思维活动对文字的直线型发展的彻底依附对“智人”来说便成了只能由具有特殊天赋的少数人来实现的允诺；而对大多数人来说，[……] 调动思维来阅读文章——即便是具体的文章——需要复现各种图像，做到这一点仍非易事[……]。从十九世纪起，由于扫盲运动普及到大众，又兴起了对带插图的神话故事的阅读热。[……]广播与电视、电影一起完成了不通过想象形式而作出的向口头文学和视觉信息的回归。

模拟的相关差异同一性可以是后文字的操作者，它在产生想象外延过程的同时使记忆走出了直线型的框架。但这里说的不单纯是神话文字姗姗来迟的再现，而是确正文字。

正因文字

> 在几千年中除了它通过直线型发展而扮演的集体记忆保存者的角色之外，还构成了从中产生出哲学思维和科学思维的分析工具，

它才在技术演化成为“现代技术”时尚可驾驭其发展。随着电子技术的问世，服从于数字的相关差异同一性的文本性便由已经在此的崭新形式构成，且

> 思维的保存现在可以从有别于书——书只能在短期内保留其便捷之长处——的形式中构想出来。电子选择的巨型“磁带资料室”将在不远的将来提供预先选择的、即刻重组的信息。[……]显然，如果某种手段能让书的各章内容以各种形式同时呈现，那么作者和读者都会从中受益匪浅。[……]新形式[……]与旧形式相比——正如钢与燧石相比——也许不仅仅是更锋利的器具，而且是更得

心应手的器具。[1]

也就是说，首先是更快速。如果说思维是敞开的经验，即作为隐匿在已经在此之本质弱点中的不确定性时间之经验，那么正因其时间上的不确定性，思维就是“丢失时间”。正如卡尔维诺所言：“如果说节省时间是件好事，那是因为我们赢得的时间越多，供我们失去的时间就越多。”要想丢得起时间，必须拥有时间，即大度、有实力，能不加计算地支出。然而，要想不计算又恰恰需要计算。字母已经是这么一种可计算、可加速，同时，如前所述，也可延迟的机器。思维的速度虽然从性质上不同于器具（字母或数字）的速度，却完全取决于器具的速度。

12. 新的偏差

《记忆与节律》系统性地阐述了记忆的动力原则并深入分析其历史过程。其中，外延过程与既作为同一化动力又作为中止动力的技术和美学趋势相聚合，而程序的概念使我们能够把身体与象征物的节律同由行星与天体的运转所构成的**宇宙程序**联系起来。这一切构成日历程序学，承载着区域性的不确定性经验，且向——天文学及最终导致神经系统和想象之外延的几何学的——时空性的理性未来敞开。这里指的从来是一个层次与另一层次的交联：生理的和宇宙的、功能的和生理的、象征物的和功能的、形象的和象征物的层次。这些层次并无先后次序，而是在其相互关联的整体中**构成**与**运作**，其中最引人注目的当属各种风格的特有语言性。

记忆的三个层次均为程序的层次，也就是说语法的层次。很晚才产生于自动编程机器之自控中的第四种记忆是语法的**载体**，它其实已是

① 《手势和言语·第二卷》，第260—262页。

先前所有语法的构成条件，然而一旦成为机器的组成部分而赢得真正的动力，这种载体便似乎可以构成一个独立的记忆层次，这当然是一种空想。

记忆的三个层次从来都不是相互独立的，并不比亚里士多德理论中的植物灵魂、感知灵魂和思维灵魂之间的关系更相互独立。根据亚里士多德的理论，植物灵魂和感知灵魂存在于思维灵魂中，同样，植物灵魂也存在于感知灵魂中：共存之物——虽然被悬至在起始的切实性中，但并没有被消除——便是新生事物的**以其自身**，而这个新生事物也是**为其自身**[①]。

这一切都构成于后种系生成的断裂之后。如果说绝对不能把动物性与人性对立起来，那么将二者混淆的危险也就被排除了。把人的存在归入动物行为的动物生态学是行不通的，单纯的技术机械论也是没有出路的，因为没有时间化和特有语言就无所谓技术趋势，没有技术趋势也就谈不上时间化和特有语言，而且这个过程的历史就是它们之间**较量**的历史。

然而，今天的问题是“谁？”的问题。没有“谁”便没有特有语言，这意味着应当把社会分化及技术演化的条件与种族及特有语言分化的助产术，而不再是大脑皮层分化的助产术联系起来考虑。但是，以特有语言为基本内容的技术—种族发展却导致了**种族差异本身的中止**，除非种族差异仍以传统的方式植根于领土中。我们能够想象不仅存在着游牧民族（领土化的一种特有形式）的特有语言差异，而且也存在着完全不具领土性的特有语言差异吗？那么我们是否也能想到这种情形所带来的后果，尤其是背景遭到破坏时所产生的后果呢？这一切仿佛告诉我们：当代技术开启了另一个世界，它既作为**新的偏差**，又位于偏差之中。这是个**极大**的偏差，足以开辟一个新纪元，因为对于本质**迟缓**的人类而

① 黑格尔：《哲学史·第三卷》，第 569 页，Vrin, 1970 年版。

言,发展的**速度**终究是核心问题:

> 进化跨入了一个崭新的阶段,即大脑外延的阶段。从纯技术的角度来看,突变已经完成[……]。对时间和距离的压缩、行动节奏的加快、对一氧化碳及工业毒素的处理的失调、放射物的渗透都提出了一个发人深省的问题:人的肌体是否适应这个长期以来被称作他的环境的环境?

这一切仿佛意味着"社会充分(受益于)进步",也仿佛意味着作为物种的人类必将使人类走向消亡:

> 个体的人可能已经是过时的肌体,虽有用[……]但已被置于次要地位。"进化"更感兴趣的是人性的基础结构而不是人类。[①]

从神话文字到确正文字,存在者安置下来并**作为**程序而呈现。这个程序学是文字学的切实性,或者说**其实**就是文字学,它是作为补余历史,也作为消除——因超量印刷而消除的铭记——的相关差异的实现。

"谁"——即此在——并不是"我"。"我"是此在从其存在中领会到的、与"什么"的程序状态相关联的历史形象。"我"的变异性,即广义的"我们"的变异性,也是"我"自身一贯的变异性,是更广义的程序中止之**机制**。此机制形成于无机物的有机化,也形成于技术趋势及其重复中。技术趋势在被重复的同时得到释放,这便构成了后种系生成演变的切实性。重复再次重复,并"适应"作为前面的已经在此的**业已完成**的技术趋势之效果,且通过这种重复而释放(不停地施加压力的)趋势的各种新的、**未完成**的可能性,因为起源的原初缺陷终究是无法弥补的。

① 《哲学史·第三卷》,第 57—58 页。

技术趋势的完成是综合记忆的客观化,它经历了不同的时期,也就是说通过中止那些与交联着特定层次、社会种族层次和个体层次的节律稳定性相对应的支配性程序来达到。这种中断重复的运作(增添新的程序内容会部分中止旧内容的效力)是被动综合,这种综合也是一般意义上的"什么"的生成。第二次中断重复,即"谁"对第一次重复的"适应",则是一种"主动"综合。但我们应当把这里所说的适应和主动加上引号,因为这种重复的重复从来是为技术趋势铺路,进而使被动综合跨入新的阶段。

在今后的重复中,我们需要重建一个超越东方与西方的坐标体系。

第三章
记忆的工业化

1. 滞留有限性的工业综合

用技术手段综合记忆导致了记忆的客观化。那么,属于现代技术的“什么”也好,代表“我们”的“谁”也好,它们的被动综合究竟是什么呢?

有了滞留有限性才会有被动综合。在模拟、数字及生物综合的时代,滞留有限性被经济核算,成为工业投资所看好的对象。经济导向其切实的“**主动性**”,这便直接导致了被视为计算的时间以霸权形式实现的局面。

早在十九世纪初就萌生了模拟和数字的相关差异同一性。那时,通过赢得速度而迅速掌控信息显然有至关重要的意义。**信息**概念的出现无疑主导了二次大战之后形成的知识,在“认识科学”领域,它具有积极意义;当海德格尔把控制论推上至尊地位,即形而上学的实现时,它便带有消极色彩。

于是,主观性的“谁”开始“客观地解构”了。然而在信息范例起积极的主导作用之处,人们彻底忘记了这个解构既是一般性**解构**又是对“谁”的解构:无论是对于知识的中断性还是对于“谁”的时间性,这个范例都是封闭的。在此,时间并没有作为问题来理解,而只是自行解决问题之问题的一个侧面，它服从于新的逻辑。首先需要自行解决的是处于神经系统外延之最前沿的人工智能与认识论问题。

神经系统的外延是第三记忆——即知识积累使之成为必然的后种系生成——的新阶段，其内容是代管“谁”在其世界历史中的定向功能。这就预示了数字的相关差异同一性的运作方式。神经系统外延与想象外延导致了种族 / 技术助产术的终结。

在《爱比米修斯的过失》中，我们也从对吉尔理论的分析中看到，热动力学革命强行**调动**了可快速**解体背景**的资本，为此必须建立一套交易所**网络**作为**信息**的基础结构。正是这种经济—信息的迫切需要使模拟与数字的综合随着技术趋势所开启的种种可能性而出现。由此产生了一种**新的价值观**，同时也产生了作为遗产的集体记忆所构成的**资产**这一新概念。过去，记忆的构成出于**政治需要**；而今，它已从**承袭**的资产率先变为**商业**资产。从信息概念估算的价值，一旦可用计算来考量并被归入不确定的确定性，便与接受新生事物、对不确定性的不确实性始终敞开的知识之价值格格不入了。

如果说在技术与种族助产术过程中，日常的已经在此之程序融汇人体固有的程序和“什么”的动力而产生了领土共同体特有的日历性及空间性，那么信息工业和记忆工业的发展则会**悬置**这种日历性及空间性，这便是维里略所言的**非自然日**，在其中构成另一种与时空的关系、另一种综合及一个全新的**直观**问题，即脱离“真正的身体”而开发**影像**工业、**远距离现身**及**虚拟现实**工业。

代具化影响《纯粹理性批判》中所说的理解、复制和再认识的综合。但今天之所以可能有这种影响，正因为它是原初的。我们必须记住这一点，二次中断重复才可能发生。

想象外延的结果首先是像建立**程序工业**那样建立**媒体**。信息工业和程序工业（二者共同构成通信工业）是神经系统外延和想象外延的具体化，并与遗传基质的技术内在化一道构成各层次记忆的工业化。

记忆的工业化利用一切可利用的载体，呈现出欲占有一切材料，包括有机材料的趋势。因此，我们不能忽视由于开发合成生物体细胞与生殖细胞载体所带来的生物的相关差异同一性。这个外延不仅通过无机物的有机化来实现，而且也通过旨在使其重新有机化的有机物的非有机化——如此说来，亦是**生物体技术外延性的重新内化**——来实现。与模拟和数字的情形相仿，我们将面临普及的、显然会问题重重的创造性，这些问题之严峻和艰难是人类前所未闻的。如今的问题不再仅仅是放弃“智人”中“智”这个形容词，“人”这个名词本身，他究竟是不是发育完全的个体也被质疑了。

继种族参与美学之后，工业美学将形象、图像及符号的制造者与使用者对立起来。于是出现了非共同体化，即对某一共同体的从属感的危机，因为技术形式无法取代种族参与的团结精神。我们后面将要阐明，这种情形是由新的相关差异同一性的——或许是暂时的——技术特性造成的。

上述载体均符合作为第三记忆的已经在此的新型组织形式之要求，这就找到了走出直线型思维的途径，也摆脱了人类固有的节律。如今，这些节律趋向于**融合**模拟、数字和生物技术，并开启了以速度为特征的动力载体四处普及的新时期。人工合成的生物载体无非是对自然进化的人为加速，载体自身的性质也因此被改变了。

海德格尔把时间化作为模式论来思考，而我们将其视为原初的代具性。假如时间化应被理解为滞留有限性，那么对记忆领域的工业投资就应该是**掌握滞留的机制**，从而在与技术趋势的较量中给新的相关差异同一性赋予技术特性。我们在分析巴尔特和博泰罗的论述时已经看到，这些新的相关差异同一性构成了滞留有限性所包含的时间出离结构的补充形式。与之俱来的还有**时间出离**的全新形式，其直接后果是**从根本上转变了事件化的条件**。“实时”与“直播”便是这一转变的操作者。

事件化意味着**选择**。所有事件都铭刻在记忆中，所以事件化又是记忆机能本身。问题在于选择的**标准**（此外，也涉及到已变成信息**储存**——如数据库、精子库、器官库和分子序列库——的记忆组织的标准）。广义地讲，以下两个因素造就了记忆选择的标准：一是技术趋势，它决定了通达和定向的代具可能性；二是“此在对其自身存在的理解”，它以普通形式产生于上述可能性中。我们也可以说：选择的可能性来源于与不确定性的关系，而不确定性则产生于开发已经在此的新的技术趋势的种种可能性。一旦带有工业性质，选择便被纳入受制于经济核算这一终极目标的庞大设施之中，而经济核算首先是试图**化**解不确定性。然而，正因为这种工业化需要通过发展**相关差异**的同一性来实现，化解不确定性就变得不可能了。换言之，转化中对峙着**两种不可调和的趋势**，未来只能是这两种趋势间较量的结果。

这样，“谁？”的问题便成了**记忆的政策**问题，它遇到经济指令的阻力，决策的性质也因此受到影响。

如前所示，起始于外延初期的非领土化构成了网络的发展。由于**信息的价值与信息传播的时空息息相关**，工业的滞留有限性需要一种新型的网域，以便消除信息的时差与地差。所以说当代的非领土化造成了对种族日历性的悬置，而从本质上讲，“发展”恰恰是**速度**的发展。

理解新的相关差异同一性的生成首先是理解新型网络的生成条件及特性，理解它们如何把信息概念开放为商品。在研究这个生成的历史条件之前，让我们看一看七十年代末法国最高国家机构对信息发展前景的分析。

2. 信息系统

信息系统是控制论在器具上与工业上的具体化。海德格尔发现，控制论的出现巧合于到那时为止一直为思维保留的某种可能性。他于1962年写道：

不需成为先知我们也知道，现代科学不久就会从根本上被控制论这门新兴基础科学所决定和引导。①

1977年，瓦莱里—吉斯卡尔·德斯坦委托西蒙·诺拉和阿兰·孟克推测信息系统对法国社会各方面的影响。报告于1978年写成②，它充分认识到信息技术将会引起的政治、经济、战略和文化上的革命。

“信息系统”一词是德雷福斯于1962年创造的，它融合了信息与自动化这两个概念。但我们并不满足于这一习惯定义，而是在道麦斯的启发下拓宽其词义。道麦斯说：**信息系统**

指的是电脑通过电子技术手段从周边入口到周边出口处理或传递信息[……]

由于电子技术仍在继续扩展，我们不禁要问：在未来的几十年中，信息系统这个词是否将会有更广的涵义呢？

既然信息系统涉及到作为信号的信息的输入、处理和传递，而这一切又发生在电脑之外的其他网域中，信息系统一词为何不能泛指这一复合体呢？③

如此说来，信息系统可以指普通信息工业的产品，因而也可以指我们所说的媒体。它不仅包括**数字**电子系统，而且也包括**模拟**系统④。

---

① 海德格尔：“哲学的终结与思的任务”，《问题·卷四》，第116页，Gallimard，1976年版。

② 西蒙·诺拉、阿兰·孟克：《社会的信息化》，Seuil，1978年版。

③ 莫里斯·道麦斯：《技术通史》，第260页，PUF，1979年版。

④ 当信号形式从比例上类似于被指示物时，我们称之为模拟信号；而当信号编码与被编码内容之间没有任何同形关系时，它就被称为数字信号。

通用于整个信息领域的主要概念从此便是：信息、光电、信号和网络。在此，**信息系统**指的是**一切以各种形式处理和传递信息的行为**，也就是说**既**包括模拟合成**又**包括数字合成（而信息一词通常仅指后者）。

道麦斯认为，信息与电子之间有着本质的联系，无论在历史、技术、军事还是商业上，都与信息的现状有关。我们今天使用的信息和**通讯电网**的概念均成形于十九世纪，电报便是它们最具体的证明。信息的实际意义正是由股市操盘人于 1836 年发现的：他们看到波尔多股市的股值追随巴黎的股值波动但又晚于巴黎，于是他们买通了一个公务员而得以使用连接两处金融市场的厦珀（Shappe）电报线。借波尔多股市的投机价差（任何投机说来都是基于某种价差），他们发了横财。这桩"买卖"后来招致了一场官司，被告被判为引发电信通讯垄断的经纪人（1837 年）。此案说明两个道理：一是只有在被个别人掌握时，信息才成其为信息；二是信息可以成为买卖对象，其价值与其传递时间和空间有关——信息传播越广就越贬值。

我们今天使用的信息概念指的是**信息工业**。**信息被看作信件的信号，人们可以通过网络来控制其传播的时间与空间**。信息因而成了一种**商品**，其价值取决于其传播**速度**。

道麦斯所说的信息系统是信息价值的工业利用，光电技术的发展使之成为可能。光电技术通过稳定、处理和传递可被记录、存储在记忆载体上的信号来控制其速度，并通过建立网络来控制信息的流通。

由于电子载体或光电载体是普通名词，再把信息概念延伸到生物技术领域就未免牵强，尽管生物技术确实处理了遗传信息。然而我们可以说，**广义的信息系统和生物技术**构成当今**记忆工业**发展的基本内容。电脑仿生学技术（生物电脑）在理论上和工业上还不够完善，将这两种技术合而为一还为时过早。

3. 信息网络

在信息系统全面普及并渗透各个社会阶层，同时数字技术与模拟技术融为一体之后，便有了名副其实的实时**社会**工业生产。诺拉和孟克把数字与模拟的融合称为**信息网络**。取其狭义即“在线信息”，而我们在此沿用其广义，即**网络融合**。

当信息处于可开发材料的某种**特定**状态，尤其是当这些状态的**连续性**——即它们的可塑性——可被控制在无穷短的时间内时，信息便成为工业活动的原材料。对可塑性的时间控制会直接影响与一般时间的关系，它动摇了质料与非质料之间即目的与手段之间的关系，并唤起对质料和形式构成事物论模式的批判。从十九到二十世纪，从“重”技术的钢铁工业到“非质料”技术的信息工业，代表技术趋势的工业领域在对材料开发投资的同时，改变了材料的概念，从而也改变了“此在对其自身存在的理解”。

《社会的信息化》一书正是从社会、国家和国际的角度评价这场巨变，并首先将其视为空前的文明危机之诱因：“社会信息化的加强是危机的核心。”[①]这便是1977和1978年的背景，而且这一危机仍在持续。

它首先是旧的工业制度与社会制度的危机，危机与制度互为因果；它是起源于1973年“石油风暴”的“文明危机”，是“长期以来人们对**权力的，归根到底也是对知识和记忆的**精英分布或民主分布的**质疑**”。**成为信息网络**的信息系统正是知识与记忆的主要载体。信息的网络发展构成其基本的、排他的、决定性的要素，这意味着电讯网络与信息系统的共同发展也是实现信息化的基本条件。

技术带来的任何深层社会变革都会遇到障碍，因为**技术体系**的发展一般会影响到其他社会体系从而受到抵制，它“既可能是危机的缘

① 《社会的信息化》，第9页。

由,又可能是走出危机的办法”。然而**这场**变革之规模是空前的。

> “信息革命”**将会产生更深远的后果**。它虽不是近年来唯一的技术革新,却是引发和加速所有其他革新的共同因素。更有甚者,**由于信息革命彻底改变了信息的处理及储存方式,它将改变各个机构乃至整个社会的神经系统。**
>
> 信息系统不久前还耗资巨大、性能欠佳且让门外汉不知所从[……],现在流行的已是大众信息系统[……]。这种转变归功于两个进步:一是以往只有大型电脑,如今却涌现了种类繁多、功能强大、价格低廉的微机;二是电脑不再孤立,而是通过各种“网络”相互连通。[①]

正是互联网形式的网络信息充分显示了这个转变的重要性:

> 我们把这种电脑与电讯的交错成长称为“信息网络”,它开辟了一个**新天地**。公路、铁路和电网这类交流手段使共同体结构化。此现象由来已久,家庭、地区、国家和跨国组织也都经历了相同的阶段。不同于电网的是,“信息网络”承载的不是惰性的电流,而是**信息,或者说能力**。[……]信息网络并不意味着多了一个新网络,而是建构了一个性质迥异的网络,它使图像、声音和记忆互动。所以说信息网络将改变我们的文化模式。

于是,信息与网络这两个概念决定了“信息革命”的特性。

如果说根本没有简单的交流“方式”,那就需要在不**抹杀**信息系统之特性的前提下将其**相对化**。我们的全部努力都旨在证明:信息系统的

---

① 《社会的信息化》,第11页。

特性是在本质上属程序化的记忆的后种系生成之基础上发展而来的。

然而诺拉和孟克认为，当代技术终归是以全新的方式作用于社会发展，这便构成了技术的一般历史中前所未有的断裂：位于政治经济决策与就业、投资问题中心的信息网络被用来改变各种权力关系，从而要求一种新的信息分配方式，甚至“触及到主权问题”，这已不再仅仅是发展国营信息工业的问题了。我们必须

> 重视IBM的最新挑战。这家公司是昨日的机器制造商、明天的电讯管理者，它所奉行的战略使它建立和控制了信息传递网络，**并由此侵吞通讯这个传统上属于国家权力的领地**。缺乏适宜的政策就会导致相对于网络管理者也相对于美国各种数据库——IBM为通达这些数据库提供了方便——的双重异化。

非领土化因此变成了政治决策范畴。随之而来的是困难重重的局面，主要因为当时的政治理念建立在主权**领土**的概念之上。信息技术从毛细血管渗透整个社会，不可避免地影响了各种权力（政治与经济的）、知识（理论与实践的）和记忆（所有文化、社会财产、礼仪、技能），它要求国家在上层建筑和经济基础各个领域制定有胆识的政策。但在下列情形中，问题变得复杂且微妙了：一是当记忆这个与国宝、**国力**和国民**精神**同级的，迄今为止归国家保护的对象不再是领土的产物而成了工业生产的材料时；二是当人们在令人不安、焦虑乃至自相矛盾的幻觉背景中感受到这一转变的必然性时[①]。**这样一来，信息化的主要后果便是宣告了新型冲突**，首先是**文化**冲突的**时期**。所以国家就不应像以往作规划

① “悲观主义者强调的是风险：失业率上升、社会僵化、各种活动的庸俗化；[……]而乐观主义者认为奇迹就在眼前，因为信息学系统就等于信息，信息就等于文化，文化就等于获得自由和民主”，《社会的信息化》，第15页。

那样致力于描绘与实现走向繁荣的**蓝图**，而是应当提出问题，或者让“文明社会”提出问题，以便找到制定**具体方案**而不是**程序**的真正可能性[①]：国家的同一性本身成了实质问题，这意味着迫在眉睫的是国家的前途问题，也可以说是国家与时间的关系问题。在这个新形势下，国家就需要通过大胆地摒弃传统的管理方式来营造一种非凡的能力。

狭义的经济问题与政治问题相结合，其实质既是**技术革命又是文化革命**。诺拉和孟克指出了四个核心问题：一是直播或实时传播的**卫星网络**的完善；二是各种**标准**、版权、**主权**问题以及随之而来的公私关系问题；三是**记忆**与**语言即知识**的工业化和信息商品的特性；四是与**文字**相比，信息系统对**权力**机制的影响。

4. 网络、权力与知识

“实时网络”的问世可谓大事记，它不仅把数据送往信息数字处理中心，同时也融汇了供所有人索取的模拟资料。1866年铺设了布莱斯特到纽约的第一条横跨大西洋电缆，后来，这一巨变又促成了卫星转播的实现。信息网络与**卫星转播**的结合构成了把各类资料**及时**送往世界**各地**的**切实**的可能性。

卫星“能以（与地面网络）相同的速度覆盖各大洲与各个国家”，形成全球的信息网，传播“包括声音、数据和图像的各类信息”。卫星没有赫兹线缆的“非覆盖区”，它均一或者说铲平了信息的传播空间，从而“使目前各国间的电讯分界只剩象征意义”；它突破了**地面**网络的极限，造成了所有领土权力机构对传播系统的失控，也开拓了交流的新空间：在此，谁拥有**挣脱了国家权力**的最先进的技术，谁便是主导者。

① “未来不再是展望，而是具体方案和各国为实现其方案而具备的组织能力”，《社会的信息化》，第16页。

从技术上和事实上避开国家法律的行为还表现在跨国工业集团间的**标准战**。对此,各国当局与其说是参与不如说是观战。法律受到了摆脱领土束缚这一**不可动摇**的技术事实的挑战。国家其实已丧失了对电讯的垄断,这在1998年通过的电讯非规章管理法中已被正式认可。在强行执行某种技术标准的同时,机器、处理程序及其处理数据也强加给人们。"高性能"的记忆设备即将淘汰具地区特色的旧的记忆技术结构,这便导致了国家势力与私企实力的新型关系:国家原来一向是通讯基础设施的主人,如今却不得不向国际工业巨头妥协,即便保不住国有信息工业,至少也得保住对电讯空间的控制权。但国家已不再是其领土的主宰,所以真正的问题在于:它是否能保住对整个社会发展的控制。

记忆一旦变成信息理论中严格定义的"信息",且变成价值与其传播的时空有关的商品,就出现了记忆的工业化。于是,原有的各种记忆和**所有的已经在此**都能被"再输入"并成为"原材料",**所有的知识**都可以变为信息。信息"离不开其组织形式",所以掌握其组织形式就等于掌握了信息。信息的组织形式决定了**通达**信息的条件,也决定了**选择**信息的条件,于是对组织形式的选择便是对信息内容的选择。如果说记忆在信息系统的最初阶段主要还是国有和私营管理范畴的话,那么随着时间的推移,

> 冲突就会蔓延到社会生活的方方面面,也蔓延到像言语和知识这样的"文化模式"的各个部分。
>
> 为制定加工整理集体记忆的条件而生的明争暗斗,其结果很难预见。面对这个充满未知数的未来,**重要的不是预测信息网络的后果,而是把信息社会化**[……]。信息网络将潜移默化地影响着文化的主要工具,比如关系着个体也具有社会功能的言语,作为延续集体记忆及平等对待或歧视某些社会群体之工具的知识。[①]

① 《社会的信息化》,第112—115页。

在《后现代**条件**》一书中，让—弗朗索瓦·利奥塔大量引用和评述了上述观点。问题在于知识的全新属性，它使知识模式进入了相对于持续了至少二十五个世纪的旧模式而言的突变阶段，言语的新型存在模式使之成为可能。这种模式始终受到技术科学的关注，无论在本质上还是在进化中都不可避免地受制于交流的技术载体。这便导致了“知识相对于‘知者’的外移”，尤其令人瞩目的结果是：

> 知识已成为并继续成为可出售的产品，而且目前是将来也是为了在下一轮生产中获得价值的消费品——两种情形都是在交易。知识不再是其自身的目标，它丧失了自己的“使用价值”。[……]
>
> 知识的信息商品形式是生产力所必须的。知识已经是也终将是世界范围内权力争夺的主要内容，或许是最重要的内容。鉴于列强们过去曾为抢占领土、控制原材料与廉价劳动力的支配权及开发权而战乱不断，可以想象，他们将来还会为控制信息而再动干戈。①

这是两种**价值**观的冲突。**尽管**二者均为**全部**时间化的构成物，它们体现着两种不同的与时间的关系。

5. 信息与文字

知识的信息化之所以可能，是因为作为记录、读取、传播技术的信息系统正是某种意义上的文字：

> 当苏美尔人把最早的象形文字刻在蜡板上时，也许他们自己并没有意识到，他们正在经历人类的决定性突变，即文字的问世。

① 让—弗朗索瓦·利奥塔：《后现代状况》，第14—15页，Minuit，1979年版。

然而文字后来改变了世界。今天的信息系统或许预告了类似的现象。信息与文字惊人地相似：二者均为记忆的延伸，都是信息体系的繁衍与突变，也都可能改变权威的模式——我们还可以津津乐道地列出更多的相似性。但对于经历了这场变革的人来说，其严峻性是难以描述的，除非是用法布里斯看滑铁卢的眼光来审视。①

构想这样一场变革可能会触及极限。而严格说来，我们又不可能对这一变革之意义作完全的预测。雅克·德里达旗帜鲜明地把**爱比米修斯原则**的结构和《论文字学》之**结论**——亦是该书的宗旨——的结构归入言语控制论演变的背景中。正是从这个背景**出发**，"解构"才成为可能和必要。我们在诺拉和孟克的报告中亦可看到同样的担忧：一边是技术的领先，一边是思维相对于其器具性已经在此的落后，令人不安的正是二者之间的落差。已经在此的器具性对思维是隐蔽的，也是思维的构成性遗忘，但又总让思维有理由认为

缺少的是方法本身：如果说从长远来看信息系统可以引发语言与知识的决定性突变，那么它也会导致思维、概念和推理的改变，而这些改变又将逐步摧毁辨别思维、概念和推理的工具。

把拼写文字与信息并列分析，我们可见二者共有的确正特性。如果说拼写文字的确正性**造成**了相关差异的效果（其中，知识作为"本体差异"的历史时期而构成），确正性又是"谁"的不确定性的给予者，那么信息的确正性给人的第一印象为何却是在掩盖这一不确定性，进而改变

① 法布里斯（Fabrice）是斯汤达的小说《帕尔玛的修道院》中的主人公。由于他是拿破仑的疯狂崇拜者，在看滑铁卢时，他的目光中充满了崇敬。这里指由于偏爱某种东西而夸大其意义。——译注

知识的性质，使一切评判都受制于经济强令这种霸权呢？

信息化首先体现在书写的信息化，起初涉及的是"'意义'最贫乏的文字"，但后来通过数字扩展设备极大地改变了个体与知识及言语的关系，其改变之幅度与电子计算器所引发的进化不相上下。

> 十五年前，没人能想到这种价格低廉的计算器会风靡全世界，普及到每个人，首先是每个学生。今天的问题不是要搞清人的计算能力是否会退化，而是要搞清它何时会消失。[①]

这只是"把知识从'知者'外移"的一个例子，此外还有数据库、专家系统、人工智能、**拼写**自动修改、计算机**辅助**阅读／书写／翻译／构思／制作／决策系统等等，为在思维的已经在此中定向作辅助的例子不胜枚举。信息系统是有关言语的技术，亦是言语的技术化。过去曾决定了哲学与诡辩术之关系的有关技术与言语之关系的老问题现在又以新的方式被提出。这个最经典的问题曾使我们提出代具性的构成性，它摒弃了对逻格斯和技术的传统划分，文字和信息被一视同仁了。作为记忆的技术、作为可能对社会和文化有同等影响的因素，文字与信息面临着同类问题，这些问题比它们自身要古老得多。

文字使记忆精确地**形式化**。正因如此，它引发了**已经在此的转化**，进而也引发了超前的条件、各个社会与其自身发展的关系、言语（言语一旦**被写下来**，便不再是同样的言语了）、知识（知识一旦**被记录**，便毋庸置疑地变成了积累）及权力（社会一旦**被书面化**，便萌生了最具"权利平等"和公众权力意义的政治）的转化。文字的科学是语法，所以会产生**规则**。这些规则亦是记忆的规则，在记忆之前就一直是其运作条件，但仅仅因为被明示和"外移"而具有截然不同的调节功能，且变成了语言

① 《社会的信息化》，第117页。

的全新的共时性和历时性。**作为语法规则的形式化**的文字有着本质的**创造性**。然而信息系统也应被理解为把已经在此形式化的技术和由此而来的制定记忆规则的技术。信息系统制造文码和新程序，把原先总是晦涩不清的规则明朗化，它开启了**语法的**——从这个角度上看，也是相关差异的——**新纪元**。

然而与文字相反，"信息化"的知识直接服务于权力。权力不能再被视为**政治**权力，而应被看作**经济**实力，这便是利奥塔所言的"后现代性"：

> 社会的文化模式也建立在其记忆之上。控制记忆在很大程度上就是控制各阶层的权力。通达日积月累的信息之源将引发种种根本的突变，改变获取知识的模式，从而影响社会结构。
>
> 信息网络改变了**存档**的规模与性质。资料输入电脑需要在组织上煞费苦心，既要考虑技术局限，又要考虑财政需求。各种数据库的建立迫使人们按至今难以规定的范围快速重整各种知识，促成这个突变是这些数据库的开发商，所有预测都认为它会发生在美国。因此，日后风行的将是源于美国文化模式的标准。

于是，信息的取舍与传播标准的制定便是为了创造剩余价值，需要记录下来的信息之价值也应当是**可计算的**。然而，如果说信息的价值与信息传播到终点所耗的时间有关，也就是说取决于它的速度，那么作为相关差异的知识似乎恰恰与对其价值的计算及其时间性经验毫不相干。于是就出现了冲突或疑难，利奥塔称之为争议，知识性质的改变只是其征兆之一。

有了这种背景和"价值观"，因**领土统一性**而享有**历史统一性**的文化遗产便不会"代代"**相传**，速度的切实性仿佛成了真正的空间与时间的非实现。没有人比海德格尔更好且更早地认识到这种命运及其**严峻**

性，也没有人比德里达更好且更早地重申这种命运的绝对**必然性**。在其**决定性的偏差**中，这种必然性与**正常状态**彻底决裂：

> 只有在最危险的形式中，未来才能被超前。它全然不同于墨守成规的正常状态，因而只能显示或**呈现**为畸形物。[①]

6. 模拟—数字仪器

哈瓦斯(Havas)于1834年创建了开发信息的工业设施：历史上首家通讯社，并很快开始使用电报网。

由于信息**本质上**是商品，它把时间与价值联系起来，这便决定了记忆的工业时代所特有的时间性。时事新闻**网络**是使记忆的商品生产全球化、日常化和持续化的庞大设施之基本因素。法国地方电台和**法国新闻台**的数字服务器中心给全球联网的交易所提供信息，也给各智囊团的电脑中枢提供信息。数字服务器以光速运转，**因为**时事新闻与信息均为商品，其价值高低依时间而定。

这种大规模传播要求工业化集中管理各种生产手段，因为只有在播放给上百万的接收者时，每个电视影像的成本才能收回。于是，仅有几家电视时事影像通讯社向全世界所有电视台提供播放内容，对**可构成事件化的事件的选择**便集中在极少数记忆**原材料**制造商（通讯社）手中。

随之而来的是**当下**对**选择与传播——以光速传播——全球化的工业制造**。某事只有在"被报道"后才能达到事件水平，才能切实**发生**。尽管时间永远不会彻底降低到这种纯粹的人为性，它至少总是被媒体共同制造的。"报道范围"所遵循的选择标准是以创造剩余价值为终极目

① 《论文字学》，第14页。

标。这种作为**持续流**的记忆一边被制造一边被删除，因为“一则信息驱逐另一则信息”，信息的原则就是被大部分人很快地遗忘。今晨卖五法郎的报纸，明天便一文不值，**因为一则**信息的价值与其传播时间相关联：**越不**为人所知就**越**是信息。所以各新闻社都竭尽全力缩短传播**与处理**的时间。

法新社每天都从数以千计的日常事件中挑选出一部分，用文字电讯形式寄给客户。从现场记者到决定电讯稿取舍的日报编辑要经过中央**指挥台**，电讯在那里被分门别类并标上紧急系数，其选择的标准是商业性的。这是一台制造现成思想或“现成版面”①的机器。信息应当是“新鲜的”②，正因如此，报社的理想便是杜绝传播中的任何耽搁。“挑战者”宇宙飞船爆炸事故的**现场直播**对里根当局来说是个极其惨痛的事件。他们“赌定”发射的成功，因而安排了这场超大型直播。八名宇航员在此举中殉难这一事件本身并不太异乎寻常，然而这个被地球上绝大多数人经历的死亡——在其发生之时或者说几乎同时——却是一场政治灾难和一出**触目惊心的悲剧**。这里，事件的事件性离不开媒体，因为媒体**至少**“共同制造”了这个事件。同样，要想搞清 1987 年股市崩盘的缘由，就必须正视如下事实：顷刻间传遍全球的不仅是金融信息，而且也有随信息而来的各种推测。正因为这些推测是在仓促间作出的，也只能很快地被阅读和理解，才引发了完全非理性的后果。

1863 年 5 月 1 日，法国军队开进墨西哥城，但这个消息耗时六周才传到巴黎。对整个帝国，尤其是对拿破仑三世来说，此事件举足轻重，但当时并未产生预期的重要性，原因是事件发生的三十多天以后，新闻已不再是**新闻**，而成了多少带些传奇色彩的**故事**。一般说来，那时的美洲

---

① 现成版面是哈瓦斯发明的兜售随时可发表的文章的方法。

② “劳莱尔？”/“嗯？”/“你把报纸放到哪儿了？”/“它应该在的地方[……]”/“什么？”/“冰箱里[……]”/“你为什么把它放在冰箱里？”/“为了有新鲜的消息[……]”

在欧洲的普通百姓眼里还是遥不可及，生活着野蛮人的神秘国度。只有到了大东公司（Great-Eastern）于1866年铺设第一条横跨大西洋的缆线时，欧洲才**切实**发现了这块大陆和它的交易所。在此之前，这块新大陆对大多数欧洲人来说还只是**梦境**而已。那么“旧大陆”从那时就开始没落了吗？欧洲的辉煌是否建立在**传播的本质延迟**之上呢？

特劳波曼事件（1869年）最能让我们了解新闻和（更广义的）信息的本质特征。从庞坦（Pantin）森林中发现的八具被害人尸体入手，记者给他的读者们讲述了一段当时只有在连载小说中才能读到的“**真实**且**正在发生**的（耸人听闻的）故事”[①]。连续四个月内，即从案发到凶手伏法，整个案子由稽查方、司法部门和大众读物的**小报**报社共同审理，这使小报的发行量从三十五万份激增到六十万份。新消息的刺激性是销售信息的最佳手段，这便是所有新闻都在追求刺激的缘由（刺激性包含着差异性）。

信息的真谛是**光速时间**[②]。它**首先**指信息以光速**传播**，即没有延迟的传播，模拟与数字的确正性使之成为可能。而文字的确正性却带有本质的**延迟**，即所谓事件或事件的输入与对此事件的接收或读取之间的延迟。然而，成形于模拟或数字技术中的事件一旦被**输入**和**处理**，便被纳入光速时间。通达工业记忆的网络载体需要有入口和出口，亦被称为界面或终端。最早的模拟仪器和后来的数字仪器并不以出入网络为主要功能。相机和留声机均为模拟的输入工具，但并不负责远程传递输入的内容。然而照相技术的进步很快促生了图像传真与电影，电影又最终导致了影像的远程直播，而电报与留声机原理的交融则创造了电话以

① 迈克尔·B.帕尔默：《从小报到大新闻社》，第30页，Aubier-Montaigne，1984年版。

② 在蓬皮杜中心举办的以“未来的记忆”为题的展览（1987年）中，我们已探讨过这个主题。

及后来的无线电直播。光速网络把传递时间降至几近于零，从而消除了事件的输入与接收间的延迟，而**模拟或数字的输入工具所消除的是事件的发生与输入间的延迟**，因为“我从眼下这张照片的静态可追溯到从前的拍摄，照片正是那一瞬间的停滞”。照片中弥漫着自爱与死亡学的灾难，类似于我们看刘易斯·佩恩的照片时的情形。追溯之所以可能，是因为拍摄（输入）的瞬间与被摄事物发生的瞬间**相吻合**，这就使我们能够**衔接**过去与构成照相意向对象的事实。这也意味着不可能**事后**补照某一事件，于是就产生了巴尔特所说的“确凿性”和“照片的证实功能”。（在场的）**真实效果**是所有模拟技术共有的，它开启了与过去——不能再被简单地定义为历史的过去——的集成关系。

7. 事件化

输入时，事件在时间上吻合于事件的输入；在**实时**或**直播**的传播中，输入的事件和对此输入的接收亦相互吻合并同时发生。模拟与数字技术把输入的（在场的）**真实效果**与实时或直播合并，开启了**既是集体的又是个体的对时间的全新体验。如果说历史时期的出口建立在本质上延迟的时间之上**，也就是说建立在叙述与被叙述的时事之间的理论上的（当然是臆想的，但这种臆想会有非常真实的效果）构成性对立之上，**那么这种对时间的全新体验也许就是历史时期的出口。**

新闻社对时间的制造并不是作单纯的报道，时事信息工业并不满足于记录“发生的事”，因为欲记录“发生的事”，就必须记录**全部**“发生的事”。然而“发生的事”之所以发生，正因为它不是也不同于全部。“发生的事”被分成不同等级之后，信息才有价值：时事信息工业把那些称得上事件的事筛选出来，至少共同制造了对具有事件水平的“发生的事”的通达。只有被“报道”了，事情才会“**发生**”或“**来临**”。至少有成千上万的事来临了但没发生，或发生了但没来临，因而对于不知姓名且不确实的接收者来说，这些事既没发生也没来临。

记忆——或者说**值得记忆**之事——的保存**也**一贯是它们的整理方式（选择**记得住的事**和保留值得回忆的事是相辅相成的）：根本不存在对“已发生之事”的单纯报道。已发生的事之所以发生，是因为没有完全发生。要想记住就必须遗忘、删除，在**原本可能**有价值的事件中选择值得保留的东西，同时也对不久**定会发生**的事作积极或消极意义上的**超前**（滞留从来都是前摄）。

随着当下（即时间）的工业生产而“**发生的事**”，其整体结构似乎毫无特殊之处，仍是事后难以区分事件和对事件的叙述。**事实上**在“事件、叙述、对事件的叙述或叙述的事件之间**从来**都无法定夺”（德里达）。如果我们可以说今天的“媒体”“共同制作”发生的事，从而制造其（**各种**）**效应**并使**即将**发生的事超前，这种局面本身并无新奇之处，因为记忆的法则就是领先于自身。于是当下的过去（即造成“我们的现状”的各种行为、决策、事实和事件）并不在发生的事之后，而“总是在其前”，尽管并不确定。

尽管如此，当记忆的条件，比如删除、选择、遗忘、滞留—前摄及超前的**标准**，均集中于旨在创造剩余价值的工业技术设备中时，上述局面就别具新意了：此时，以霸权方式主导记忆活动的强令是**赢得时间**，因为抽象的可资本化之物（金钱）说到底都不过是预支给未来的信用。从各种意义上讲，工业滞留遵循的是**作为信用之源的公众兴趣**的法则。不言而喻，这一法则**预先确定**了事件的性质，因为“演员们”为其表演的可录制性提前做好了准备，他们的行动受这个时间工业层面的制约。如此说来，媒体并不满足于“共同制作”，而是越来越多地独家制作事件。一切都颠倒过来了：这些媒体每天都在叙述生活，其口气之肯定，就像对生活的“叙述”不仅超前而且也必然先于生活即**确定**生活似的。

不能把事实与其人为的实际性区分开来就是不能区分事实与理论

（这种区分总是事实上不可能做到，理论上难以做到），这就构成了时间的工业制造所特有的前摄力，它与“以光速时间”运作的**模拟综合和数字综合所造成的时间出离之结构**有关。当记忆被以接近光速的速度制作时，无论从理论上还是事实上都不再可能区分“事件”和事件的“输入”，或者区分事件的“输入”和“接收”或读取：三个时段巧合于同一时空中，这就把它们之间的所有时间延迟和空间距离都消除了，这也消除了所有的**区域性**，因为区域性来源于各区域的差异性，比如不同的日历性和空间性，而导致这种差异性的又首先是**区域中**发生的事。虽说如此，同样的事在各地都有发生的**趋势**，各个区域渐渐变得雷同，也就是说趋于消失。背景解体不仅指陈述的背景，而且也指“接收”陈述的背景，于是所有的背景都将丧失殆尽。

如果不可能把叙述、事件、对事件的叙述和叙述的事件，或者说把事件、输入、对输入的接收真正区分开来，而只是从形式上（即理论上）区分；如果事件**终归**是事件的输入，且这个输入**终归**是其接收，同时文章**在历史中——即在时间的精确记录中**——离开了阅读、离开了文章**之外**或**之前**的内容就不成其为文章，那么**上述情形就只能出现于延迟即事后效应中——滞留一前摄作用于事后的断层中**。滞留与前摄既分化又延迟，这种分化与延迟在把握区域性可能性的同时，也在把握（有别于事实的）理论的可能性。

滞留有限性需要一种像能够确立差异、等级和先后顺序的标准那样的规则。这种规则也适用于记忆和领土：只有走过的领土才算领土，只有重新回忆的记忆才算记忆；在领土中需要定向，在记忆的已经在此中同样需要定向。地图虽然对应着领土，是领土的完全对等的复制物，却不能与领土“点对点”地完全吻合，“这种范围过大的地图（或许）没有多大用处”[①]，因为它没有给**定向**带来**更多**的方便。同样，记忆要想成为

① J.L. 博尔赫斯：“严谨科学博物馆”，《作者及其他作品》，第198页，Gallimard，1965年版。

值得记忆之事，就必须减少可记忆之事；欲在记忆的已经在此中定向，就必须遗忘(已经在此)。不会遗忘的记忆就像费奈斯[①]的记忆那样不能**走出**当下，不能**让**当下**通过**，不能记住当下，甚至不能通达当下，因为它是非记忆，也是非思维。费奈斯

> 没有多少思考能力。思考即忘记差异，即概括与抽象。在费奈斯的超负荷的世界里，只存在着细节，几乎是过细的细节。[②]

滞留有限性的“什么”的**代具状态**使它通达**相关差异**，滞留有限性根据这个相关差异来确立差异和等级，也使领土的地图和对事件**记忆**的**特性**得到简化和差异化，从而使之达到事件水平。选择标准是“什么”在不同时期产生的相关差异的后果。后面探讨胡塞尔对**时间物体**的分析时，我们还会回到这个第三记忆的问题上来。被现场直播的时事是刚刚发生的过去，它**让**当下**通过**，从而构成已经在此。所以凯诺说电视“是冻结在历史中的时事”。

8. “实时”、事件与历史

巴尔特谈到过一张“反映贩卖奴隶”的照片。那是他从一本画册上剪下来的，后来遗失了，也就没有给我们展示。同时他还提到威廉·卡斯比的肖像，说他“生来是奴隶”。

---

① J.L.博尔赫斯：“费奈斯或记忆”，《小说》，第 109 页，Gallimard，1965 年版。

② 费奈斯是 J.L.博尔赫斯的小说“费奈斯或记忆”的主人公。他有着惊人的记忆力，但他的记忆又过于细微甚至繁杂，比如每块石头、每只鸟、每片树叶都有自己的名字，于是他的记忆又是不切实的。——译注

> 虽说是过去的事，也不完全有归纳性，这张照片仍然证明了奴隶制的存在[……]。它并非从历史取证，而是像做实验那样重新排列证据的顺序。①

他又对这张反映贩卖奴隶的照片作了如下补充：

> 这种事确实发生过。问题不在于精确与否，而在于是否属实。**历史学家不再是中介人**，奴隶制没有中介也存在，事实不需借助任何方式便可成立。

照相对(过去的)时间的经验是从对过去的**直观**中得到的某种证明之经验。我们虽然没有经历过这个过去，但也无须通过归纳来通达它。尽管要借助于记录载体，我们仍可从直观上即刻通达过去。对这个过去的某种证明存在于历史研究**之前**，但这并不意味着没有历史学家作中介我们也能描述奴隶制。然而，照相对过去的经验又迫使我们用另一种方法来思考历史——既是历史(Geschichte)又是**人类历史**②。《明室》揭示了如下事实：由于过去与事实之间建立起一种新型关系，照相与历史从此分道扬镳。这种关系**可能会中止**文字在**通达**过去中的公证性、证实性及真实性上的历史特权。然而这里指的不是为历史科学提供**证据**的新型管理制度，而是一种对时间的全新**体验**方式。"我绝不能否认照片里的东西存在过。这里包涵着真实与过去这两种相关的涵义"。奴隶制这一**事实**被照片作为**事件**而**确立**，但"这种确凿性是任何文字都无法提供的"③。这里说的确立指的是通过**整体**重现的被摄物而做的**确认**。巴尔特把这种确凿性称为"照相的**证实**能力。它胜过照相的再现能力"。

---

① 《明室》，第125页。

② "对历史的叙述与真正的历史行为及历史事件同时出现"，黑格尔：《历史中的理性》。

③ 《明室》，第134页。

众所周知，这些图像、这种所谓实事的再现是经过筛选、可修改、可转换的，因为它们可以通过无法核实的剪接方式、技巧或特技而被拼凑在一起。既然如此，我们怎能相信其真实性呢？历史学家当然不会以这类文献为依据。

上面是马克·费罗的论述。但他马上又补充道：

没人想过，他对文献（历史学家的书面文献）的选择、整理以及他的论证过程也是剪接、技巧和特技[①]。

以照片或影片文献的确凿性不足或者说用来辨别**这种**确正图像之真伪的程序不健全为借口，历史科学倾向于排斥上述两种文献，认为书面文献是更可靠、更能被"历史研究"掌控的记忆。而费罗不承认书面文献更具可靠性和掌控性，他坚决主张用**模拟方式**（不仅仅**以文字形式**）追溯历史。

巴尔特与马克·费罗的观点看似相近，其实有别，因为巴尔特认为照相排挤了历史、历史学方法和历史学的必要性。照相似乎有一种破坏全部遗产的、极端的确凿性，应当将其另当别论。

皮埃尔·诺拉则沿着另一条思路旗帜鲜明地反对用图像和当今一整套编码与传输系统来左右历史研究——即**大众媒体**从此对历史的垄断。这种变化的缘由是**现代事件**：它是十九世纪末随着新闻界对德雷福斯事件大张旗鼓的宣传而产生的新现象。德雷福斯事件

占据了所有报刊的版面，同时也给了报刊全部回报。[……]报刊、电台和图片本应相对独立地报道事件，结果它们不仅非但如此，而

① 马克·费罗："论电影"，《创造历史·卷三》，第319页，Gallimard，1979年版。

且索性变成了事件存在的条件。[①]

某类事件之所以可能，正因为存在着某些**媒体**。首先对历史学家来说，这是件畸形且可怕的事：

> 在**传统体系**中，事件属于(历史学家的)职能特权，历史学家赋予事件地位和价值：没有历史学家的批准，任何事件都无法进入历史。而从现在起，事件尚未整理——**远在时间产生效应之前**(黑体系本书作者加注)——就自动呈现在历史学家面前了。这种事件来自外部，承载着资料的全部分量。

在“传统体系”中，**历史学家**“制造”(取该词的法律意义)事件，**但在事后**。对于事件本身来说，叙述它具有**倒叙性**，只有在通过叙述而被输入之后，它才成为历史，**构成**事件。这种倒叙性构成于某种延迟之中。这种延迟的叙述一旦消失，历史——无论从历史学角度还是从时间性角度——即刻就会被**短路**：

> 这种没有历史学家的事件是大众情感投入的结果，也是他们参与公众生活的唯一且独特的方式。

如果说某个“我们”的事件是被历史学家记录下来的某种行为，那么这个事件似乎就脱离“我们”而存在，或者说是不“为我们”而发生的事件，因为历史学家(包括作为作家、评论家或历史哲学家的历史学家)一贯是这样做的：他让“我们”**回首观望**并**逆时而动**，他以真实——历史

① 皮埃尔·诺拉：“事件的回复”，《创造历史·卷一》，第 288 页，Gallimard，1979 年版。

学家的真实——的方式构成“我们”，也就是说在事后**延迟的时间**中**回首观望**我们。

我们前面已经看到，“我们”和“为我们”被混杂和遮蔽，这是因为**事后**的概念**被消除了**：我们这个时代的当下“被我们”“**作为已经**具有‘历史’意义”的当下而经历着，它**发生**在“我们”身上时**已经**被“生产”、制造、构建、运作或撰写（**正如**巴尔特谈到照相的实在性时说的那样，被摄下的过去的曾经在此似乎**已**被确立）。如此说来，正因“我们这个时代的当下”已成为“历史”，它也许就不再具有真正的历史意义了，因为**时间的效应**被遮蔽、混杂或短路了。

模拟与数字的**传媒**导致了“**即时**报道的具有历史意义的飞跃”，这种可能性首先来自传播速度：

> 人类登上月球是现代事件的楷模，它自然离不开 Telstar 对**现场直播的转播**。[……]现代事件的特征可归为如下几点：第一，当即且当众展开；第二，报道者—观众或观众—报道者必不可少；第三，发生时即被看到，且这种“窥视现象”使时事具有相对历史而言的特殊性，同时又散发出历史的气息①。

输入的真实效果已经与实时传播**合而为一**，所以事件、事件的输入和对此输入的传播构成唯一的也是同一的时刻、时间事实和**无处不在的时间物体**。时间物体开启了**全然不同的“时间效应”**。这种通过真实效果来呈现过去——首先包括这个“刚刚过去的”即初级记忆的过去——的方式变成了对当下的实时或（由“解说员”“解说”的）直播的**制造**，其确凿性是“任何文字都不能给予我的”。如果说时间的效应是感觉的不

① 《创造历史·卷一》，第 295 页。Telstar 是“作为大西洋两岸电视节目直接交换中转站”的第一颗通讯卫星。这段话是海德格尔对此举的感触，摘自“传统语言与技术语言”，第 19—20 页，Lebeer-Hossmann，1990 年版。

确凿性和某种**延迟**的结果，那么“这一切**还能**给出什么样的不确凿性，即什么样的‘谁？’或‘我们？’呢？”

陈述**历史**事件的“传统方式”是“书写历史”，它是记忆**文字**的相关差异同一性对时间所作的程序限制，因其文字输入“事件”之方式而带有独特的、不可避免的事后效果。文字的规则（例外自有其例外的特性）是：事件发生在输入之前，而输入又发生在接收或阅读之前。这便**设定**了对过去，也就是当下（时间）的呈现方式，如同对原初缺陷和对只能在事后构成的事件之“叙述”与接收相对于事件的延迟的回溯性。“叙述”的时间永远落后于被叙述之事，引用总是重新引用。自始便有事后特征的重新引用必然是重复，所以保罗·利科认为“历史总是被重新讲述”[①]。在“传统方式”中，

> 事件被输出、传播、接收，因而**叙述**就是把事件从已消逝的某处转移到正被**削弱**的另一处[②]。
>
> 事件以其自身的内涵划定其传播空间。事件的影响范围越来越多地由当事人来决定。[……]由于中介从此被短路，出现了混乱的局面。在使人眼花缭乱的种种意义中，人们盲然不知所从了[③]。

值得一提的是，某些**书面**文件因摆脱了“事件”、“输入”和“接收”的非重合原则而与众不同，合同、宣言等均属此类。然而，这类文件的**创造性**在于它们相对于**规则**的特殊性，即违反事件、事件的输入和对这一输入的接收之间的非重合原则，这种特殊性也决定了这类文件的权威性。公证**契约**就是这样一种重合：签约既是事实又是这一事实的输入，签约

---

① 在此我们不介入历史科学这一重要问题。它不属于叙述范畴，波米安为阐述它而提出了**编年学**、**年代表**及**编年哲学**（chronosophie）的概念。

② 《创造历史·卷一》，第297页，黑体系本书作者加注。

③ 同上，第300页。这个主题也曾是本雅明的思路，或者说其思路的梗概。

人的在场是他们在输入的同时对此输入的接收。

同照相机一样，所有的模拟和数字仪器都需要有**时钟般**或电子般**准确**的机制，这便是“什么”的机械技术性。这种准确性迅速抓住事件的轮廓，并将其定格在即时中，结果是时间物体被源源不断地制造出来，而且每天都被遍及各种日报的创造性所制造，并引发了一场真正的时间大战。如此制造的事件本质上带有感情色彩，也就是说总倾向于被当作非正统新闻，前面谈到的特劳波曼事件便是一例，原因是报刊一贯追求感官刺激。公共记忆反映轰动性事件，而且这种轰动性又趋于消除事后与延迟，因为它们标志着所有**非反射的反射性**。某种感官记忆似乎在强加给人们，它将遮蔽、删除思维印记，乃至使之变得不再可能。

令人担忧的是诺拉和孟克预见到的文化冲突时期，它基于事件的感情，也就是激情。这种激情只不过是在时空无法实现时才以十分**奇特**的方式产生的，它属于那个已经**世界化**的“我们”，正经历着已超出文化范围的种种冲突。

9. 实时与政治

“实时”推销政治。如今的政治家越来越是舆论的**管理者**，而政治的成分越来越少。社会生活以及各党派行动**纲领**的制定与实施都通过民意调查而服从实时的评判。经过市场调研，用于民意调查的技术即“舆论度量”仪被开发出来，其目的是通过定量了解民意现状来掌握公众兴趣，然后反过来对民意的发展动向做“及时”、直接和“理智”的干预。实时信息系统把这些资料汇集起来并加以传播，再以百分比的形式公布原始资料，以接收人公开反应的形式（比如政治家本人、他们“私下的话”以及为表示收到原始资料构成的“信息”而做出的举动和姿态）反映这些资料所产生的结果。这便结束了严格意义上的政治纲领，即根据集体**思想**与集体**行动**而作出周密的、从长计议的选择，取而代之的是宣传战的**目标**与**策略**。当记忆的工业综合使"议会名存实亡"[①]时，政治的**首要**关注便是实时了解公众兴趣，这已成为一切活动的**准则**。受到威胁的是**民主的相关差异**。不存在直接的民主，民主都是间接的，否则就成了一张藏着妖魔的漫画。在此形势下，各政党纷纷要求举行全民公投而否认国民议会的代表性，理由是从媒体报道的真实现场效果看，国民议会中有太多的议员缺席。这种态度的成因有二：要么滥用媒体的即时效果，要么在思考即**超越**媒体即时效果的**政治**任务面前临阵脱逃。

维里略思考的正是这个任务。他提出了传播的**因而也是**时间的政治地理与技术问题：当**景深**被**时间的深度**取代时，空间就变得至关重要了。从速度来理解的时间是空间的技术危机。《速度与政治》出版后，问题便成了把握时空性。从更普遍的意义上讲，时空性是由全球范围内技术装备的部署设定的，后者主要取决于战争的需要：

> 在古巴危机的关键时期，[……] 两个超级大国规定的战争预告期限还是十五分钟。后来俄国人把导弹装到了卡斯特罗的岛国上，险些使美国人把这个预告期限降至三十秒，这当然令人难以接受[……]。
>
> 十载后的1972年，正常警告期限已剩下区区数分钟：弹道导弹是十分钟，而进入卫星轨道的武器只有两分钟。尼克松与勃列日涅夫在莫斯科签署了第一份限制战略武器的协议。该协议表面上是要限制对手／伙伴的武器数量，其实它更注重的是保留真正的"人控"权力，因为速度的不断提高迟早会把发动核战争的预告时间压到决定性的一分钟之内，这就剥夺了国家元首的思考与决策权，取而代之的将是纯粹的国防系统自动化。[……]由于有了战略

① 本雅明：《杂文》，第107页注解1。

运筹反馈装置,战争机器摇身变为战争的决策者。①

《决定性的空间》研究了所谓电子历法系统。此系统源于“这种取代以往的民间战争与地理战争的年历战和时钟战”,其中,时间性的宇宙条件(或程序)被中止了,这便是**非自然日**:

> 自从我们不仅打开门户而且也打开电视机以来,白天的概念改变了:在太阳的自然光线、烛光的摇曳光影和电灯的光照之外,又有了电子效应的非自然日。非自然日的日历只用于“沟通”信息,它与真实的时间毫无关系,于是即时显示的时间便代替了有年代有历史的时间。在终端屏幕上,时间段变成了记录的“载体表面”,从字义上或者从运动学角度来讲就是:**时间构成表面**。②

实时是时间的非实现。似乎只有在非真实的、长期处于历时和异时或落后于自身的状态下,时间才能真正成为实时。

实时这种时间的非实现就是非区域化③,因为时间造成了空间危机,它影响了空间结构和建筑学,于是,消除了远近差别的技术超组织结构承载了一般意义上的**地质构造学**。我们已经看到,这个“超组织结构”已成为建筑学,所以也就**不再**为它**增益**。然而**电子技术**的特性是非实现,即“**到达替代出发**,因为一切无须出发就已‘到达’”,时空性因而被真正地中止了。在此,**真正——即没有延迟地**——要到达的东西**已经**到达了,仿佛已经在此中的已经是多余的:倘若“某事无须出发就已抵达我们”属于信件的结构,那么它只能延迟地抵达我们,因为从某种意义上讲,它**已经**过去,**已经**到达。与此相反,实时的电子传播会混淆视

① 保罗·维里略:《速度与政治》,第136页,Galilée,1977年版。

② 同上,第15页。

③ “由于有了监视器和控制屏幕的界面,彼处始于此处,反之亦然”。同上,第13页。

听，也就是说**到达之物**和**到达本身**在**重合**中相互抵消，这种现象也是感觉直观程序的悬置。这便是以“时间深度”为原则的**透明度**之悖论，它取消城邦中的文明性[①]和社会群体中的群体性 。

这就又回到了感性和**有限直观**的问题（**只有**通过**滞留**有限性才能对此作出技术综合）以及滞留综合的工业发展问题。维里略说“**汇集各种先进技术来打造综合的时空**”，其言下之意并不是康德理论中的有限直观综合感知，因为这个综合与现实相对立，就像我们说合成的石头是假的、**毫无价值**的，因而也是不真实的一样。在我们这个时代，这种不真实使真实“像驴皮那样”[②]缩减。于是我们应当从**可能**的角度考虑真实，而不是从真实考虑可能。后面我们还会看到，此问题已成为生物综合的关键。

如果我们可以断言技术本来就是综合，是作为**“谁”的代具性条件**和**原初缺陷**的**原初综合**，那么到来的**另一个**就不会那么神秘，或者说那么怪异，那么让人忐忑不安。

“实时”中的回溯性变成了普及的创造性。在这种创造性中，说、揭示、选择便是做；与此同时，结构、持续性与事后效应也以某种特殊的方式被遮蔽了，原因是存在着时间背景（它同时“发生”在所有人身上）和空间背景（媒体空间已经非区域化）的理性化。在这种（非）背景化中，什么是**可能**重复的经验呢？如同会自行消失的信息流，“实时”趋于减少一切重新阅读的可能性，减少能消除一切重复的重复，那么实时是否能够

---

① **“很久以来，透明度替代了表象**；从二十世纪初，传统透视法的景深已被先进技术的时间深度所取代：电影业和航空业突飞猛进的发展与巴黎道路的拓宽齐头并进，鳞次栉比的奥斯曼式建筑被卢米埃尔兄弟快速转动的电影画面所替代，城建规划的废除取代了巴黎的荣军广场，屏幕骤然变成了大众媒体的广场与交叉口”，《速度与政治》，第 28 页；“（光电目的论的）**时间深度**取代了原来拓扑学意义上的**景深**”，第 37 页。

② 出自巴尔扎克的小说“驴皮记”。驴皮比喻财产等物的逐渐减少直至耗尽。——译注

排除一切制造差异的重复从而独占“拙劣重复”[1]的鳌头呢？

数字的创造性也通过我们前面称之为模拟的媒体运作的重合与组合而构成。电脑键盘是输入终端，当机器“实时”运转时，数据的输入与处理几乎重合，这便是所谓互动性。**信用**卡亦然：提款的动作（这是经密码确认的事件）在客人的账户上被自动监控和即时记录。若把此系统应用在核武器军事装备上，输入部件即雷达，输出部件则是带弹头的导弹发射口。对敌营的电脑监视是一种类似的网络，它先天就要求机器对信息反馈的速度排除所有的人为决策。这里，“以光速”完成的已不再仅仅是输入与传播，信息**处理**也以实时**计算**的形式实现[2]：这便是数字技术相对于模拟技术的优势，但模拟如今也**整合**到数字中了。所有**决策**，首先是集体决策，都受到此系统的影响。我们说任何政治决策都不可忽视其后果，这并不意味着只能利用这些后果，正相反，政治决策的任务就是要证明：超前的实现既不是通过纯计算，也不是完全不加计算；政治决策的任务是通过重复文字相关差异的程序悬置来找出模拟—数字的相关差异。由于滞留有限性的综合目前属**军工**范畴，这一任务便更加微妙了：**被动**综合的**现状**是军工**活动**被技术趋势所贯穿，而政治的**艺术**则是以和平**为目标**的战争艺术。

10. 载体、复制、处理及存档

1934年，德国巴斯福（BASF）工业集团将首批磁化载体投入市场。这项发明可谓意义深远：它首先把直接输入但在网络传播后被删除的

① 摘自吉尔·德勒兹的《差异与重复》，第36—37页，PUF，1968年版。读者将会看到，我们并不赞同德勒兹用传统方法把**精确性**与**真实性**相对立的做法。

② 然而必须申明，实时只能是无穷短地延迟的时间，其速度之快，以至于这个延迟不能被人们觉察到。

信息流保存下来——也带来了操纵信息的全新可能性，这便形成了模拟的存档方式。电磁技术促成了处理信息的数字机器:电脑中最主要的部件是中央记忆体,它由电流的两种磁感状态决定的“0”或“1”两种位置来运作。这种在电磁载体上书写或删除的可能性使信息能以接近光的速度被**计算**和处理。后来,大众的周边信息记忆体均采用了这项技术。

电磁收录使混合和剪接成为可能，也导致了新一代模拟技术的问世。影像录制是电视——仅作为直播与传播技术——向录制和延迟时间的回归。

现在，大部分处理机——它们通常有别于输入和接收仪器——均使用电磁技术。这些机器一方面是简单记录仪的补充,另一方面承担了真正的书写功能，因而也必然是复制机。而复制机已经是书写文字的“机器”,即在写作时自我反射,也就是说**逐字逐句**抄袭自己、引用自己的作家。对记忆的书写总是在作剪接,时“剪”时“接”,这也是文字处理的基本概念。

随着复制机(磁带录音机、磁带读取机、磁带录像机和微型电脑)的陆续上市,各种磁性复制载体充斥着商店的橱窗。上述载体再加上光电技术载体(光盘)就成了多媒体,它们如今已进入了图书馆,与唱片、照片和少许影片[①]一起构成新的收藏物。

文件处理或传播的**流动性**及大批量**复制性**都因此而达到了真正的物理极限,即绝对速度。记忆技术的历史告诉我们,它们的发展是为了增加信息内容的组合流动性、信息进入载体的流动性和载体本身的流动性,以便最终增加信息的可复制性。这就使记忆文件的流通与复制随

---

① 光电技术能以二进制形式将图像、声音与文字同时保存在同一载体上,于是文字与模拟技术便被数字技术彻底重新整合,这便使对文字、图像和声音的实时处理成为可能。

着时间的推移而不停地加快和加剧。然而从拉斯科到**小报**[1],一切都颠倒了:**公牛厅**是把对“史前奥秘”的记忆定格在岩洞里[2]。如果说记录的场所是静止不动的,它毕竟还可用坟陵或庙堂的砖石来修建:载体已是位移的结果,然而仍需信息接收人主动走向它。信息传递的走向由于有了流动载体——从刻着图纹的物体到纸纱革、羊皮衫,最后到纸——而颠倒了:记忆文件可以从发件人“寄”向收件人,这种局面在网络问世后真正开始。路易十一统治时期创建的邮政是记忆的里程碑,其重要性可与同时代印刷的普及相提并论。但“文字的”邮政网还不是完全真正的开始,从寄件到收件仍有延迟,比如在 1765 年,一则消息随邮车从巴黎出发,十五天后才能到达马赛。当流通中无延迟的信息与“即时显现”的时间融为一体时,发件人与收件人的走向才真正颠倒过来。

如今的存档载体处于这样一个阶段:记忆变成了经济活动的主要场所,其中记忆的保存和组织有着举足轻重的作用,而存档内容这个诱人的投资领域必然要考虑成本核算。载体越工业化,纹迹量就越大,存储的预算就越高。记忆只能建立在遗忘之上,删除不仅是出于经济的现实需要,而且也是为了能够记住:虽说把“阅读”的任务交给以光速运转的机器能使记忆量突飞猛进地增长,但记忆量过大又等于记忆的遗漏。下一步便是把握选择的问题:倘若删除的**标准**正在变成存储物严格的**商业盈利性**,我们可以想象“新的存档”将完全受制于经济效益这一终极目标吗?未来真是**未来记忆折旧**后的纯粹结果吗?问题是从整体上、从长远来看,记忆的“盈利性”对于共同体来说是以什么为基础的。**整体性**和**长期性**与主导经济的快速折旧法则相去甚远,而经济又处处受持

---

① 指前面提到的系列报道特劳波曼事件的小报。——译注

② 拉斯科岩洞(Grotte de Lascaux)位于法国南部多尔多涅省(Dordogne),因洞中的史前壁画而闻名于世。公牛厅(Salle des Taureaux)是其中一个岩洞,由于一头彪悍的公牛占据着壁画的醒目位置而得名。——译注

续革新、速度和投资流动性的调节。然而真正的问题是要搞清这种“盈利性”是否可以计算。事实上，这不是一个问题，而是一种“分歧”：记忆储存的是不可计算的未来，它开启了某种不确实性，即开启了作为不确定性的时机。计算已经在此的存储盈利性或将滞留有限性理性化就是尝试着“确定不确定性”。

储存在信息网络数据库中的知识近来又借助于光盘载体进行传播。除了能把大量文件（这些文件不久还会配有图像与声音）储存在同一载体上之外，数字化的主要优势在于它**以光速“读取”**的可能性。这是把阅读功能交给程控机器而获得的立竿见影的好处之一。记忆工业的技术发展使载体的存储能力每两年就增加一倍。于是我们可以想象，将来所有形式的纹迹，无论是文字的还是影视的、电台的，都能在此条件下几乎毫无遗漏地被读取[①]。如果说在时间的工业制造中，所有政治时事和社会生活都**发生**在共同制作因而也**超前**的传媒载体上，那么由已经在此组成的社会生活的**全部**过去——即已达到事件水平的各种事件——则由于获得了全新的**流动性**而正在成为所有读者触手可得之物。

人们或许会以为，在此情形下记忆的盈利性问题将迎刃而解。这就大错特错了。这样想也是忘记了滞留有限性原则，那就是：无论其形式如何，滴水不漏的记忆都是不可能的，因为记忆**就是**遗忘[②]。只有上帝不会遗忘；但上帝无须记忆，因为他没有缺陷。

---

① 法国文学的大部分作品均可在法国国家科研中心（CNRS）的 CYRIL 服务器中读到，市场上也有这个五十万页的数据库光盘；“Thesaurus Linguae Grecae”系统让我们读到古希腊文的全部文献（收集了十几个世纪的文字作品），拉丁文作品全集也即将问世；报刊的部分版面和电台、电视播放过的内容在此条件下已经“可读”了。

② 于是就要管理遗忘。这就需要通过解决技术问题（比如用新标准复制录制的内容）——也就是经济问题，同时又是伦理、法律、政治的问题——来创建一整套有选择的进入、划分等级、调节制造当下与过去的条件的经济体系。

11. 非共同体化

尽管柏拉图**反复告诫**，我们还是常常忘记拼写文字**已经**是记忆技术。**事实上**，这也正是爱比米修斯的疏忽。“我们”这些西方人和西化的人已经把这一**技术**变成了我们的第二**属性**；与此同时，出于一种狭隘的、忘记一般技术之性质的理解，我们又常常只盯住技术中可见的物质器具。

如前所述，在事件的构成性上，文字综合的特性全然不同于模拟或数字技术。不仅如此，与新的综合相反，文字综合要求文件的接收者具有读写能力。文字的读者**本身**就是一台机器，或者说是被“机器化”的读者：由于成年累月地将自己的记忆**功能**仪器化、自动化、机器化，他把自己——也是为自己——改造成了阅读**机器**，以使**自己**通达文字记载之内容。这里又涉及到身体（即大脑皮层的布罗卡氏区和其他几个区域，尤其是负责眼与手的区域）的技术。随着模拟与数字技术的发展，编码和解码的功能都交给了机器，这便是“谁”的**器具性**，或者说“谁”的部分器具性转移到了“什么”中。录像机“读”录像带，而电脑“读”的是磁盘。记忆不是骤然间被器具化的，而是相对于其起始器具性——也是其有限性和原初薄弱性——的位移。无论如何，这个薄弱性被转化了，并以截然不同的方式被动地综合。在文字技术中，文件的发件人也是此文件的编码人，而文件的收件人也是其解码人；然而在模拟与数字技术中，**发件人／收件人**并不一定对应着**编码人／解码人**。

上述情形不可能不影响到模拟—数字记忆的**读与写**。集体记忆被模拟化或数字化之后，**文件**、**发件人**与**收件人**之间的关系明显地改变了。首先是收件人不再需要接受任何有关记忆综合的特殊培训（在扫盲的年代，人们称之为教育，Bildung）；相反，要想真正通达诸如行政机构、法庭、图书馆之类在**历史—文字的已经在此中定向的机构**，必须事先接受学校的教育。

早期的模拟仪器——比如爱迪生发明的第一台留声机——同时配有“录制”（输入、编码）功能和“读取”（接收、解码）功能。随着网络的普及，这两种功能渐渐分开了：一边是输入机，另一边是接收仪，二者对应着网络的两端：一端是工业制造商，另一端是消费者。如果说持续不断的信息流能够引发记忆领域不折不扣的保护消费者主义，其原因有二：一是技术趋势导致了机器代管“会读”和“会写”，二是记忆的商品发展。没有机器代管，记忆就不可能成为商品；正因投资开发新型机器的前提是要有市场，所以没有向商品发展的记忆也就不可能让机器去代管。因为消费者只有借助于输出部件才能上网，所以要想阅读记忆的模拟或数字纹迹，读者必须拥有一台阅读机。至于书写纹迹，阅读机就是读者本人：他识文断字，掌握了从学校里学到的本领或者说确切意义上的**知识**，即解码，**同时也是编码**的技术。在文字综合中，**会读也是会写**，这种综合的**器具性**特征**意味着**读与写是相同的。在光速时间的技术中，“本领”变成了**购买力**，它远离了**政治**（拼写的知识一贯属于政治）而进入了**经济**范畴，文章的读者与作者之间那点起码的相互性——比如说他们必须拥有共同的技术（文字技术）本领——被中断了。正是在此意义上，模拟和数字技术悬置了共同体以种族形式参与的美学，并开启了**非共同体化**过程。

理性的知识是有关观念物体的知识——首先是几何知识，它离不开共同体化。从土地丈量过渡到几何，必须有观念性的生成。观念性不能没有经验，却又能与经验“脱节”，它可以脱离背景，在某时某地某几何学家之外进行交流。科学是在时间中（又超出当下）以积累的方式发展起来的，它可被再激活，因而具有历史性：如果不继承古今所有旧的几何论述，或者说如果不能把几何观念化运动的原初直觉“再激活”，今天的几何学家就不可能写出新的几何论述。所以说几何**知识**应当是几何学家们穿越时空构建的，它并不需要所有的几何学家都在场。观念的知识是无人称的、不依附于知者的知识，这也正是它能够也必须被写下来的原因。先前的几何思想欲得到所有人的认可，就必须在任何时刻、在任何几何学家面前都能重新证明，同时又丝毫不失前人思想的精髓。使之成为可能的便是拼写文字这种技术（我们可以证明，上述情形从“理念”上适用于所有知识）。文字在此不仅是构成几何知识所不可或缺的**传播**方式，从更深远的意义上讲，它也是**理解**即**接收**几何论述的可能性。文盲当然听不懂几何论述，因为几何论述中的所有术语都要求接收者有能力把握这些**词**的**准确含义**。这样的陈述即便是口头宣讲的，也只能被**写下来**，也只能以书面形式**存在**。要想接受几何论述，就必须事先用自己的记忆学会阅读——也是学会书写，就必须具备**基本的**技术知识，还必须先天（在后天的自相矛盾的先天中，在某种偶然的、技术的先天中或先天的偶然性中）就有能力或者可能有能力理解论述的内容（stoikheia）。

至于**再激活**，它是科学繁荣的条件，其前提是胡塞尔所言的“主动”阅读几何学的已经在此。正是这种阅读的**主动性**酝酿出新的几何文献，并把几何学推向其观念的未来。然而这对我们意味着：当阅读不等于解码时，真正的阅读能力离不开写作能力。“理解”一段文字——即感受布朗肖所说的奇特体验——永远是能够把正在读的东西写下来。我们永远也写不完，即读不完，因为文本是无终结的，正如未来因其不确定而不确实一样。这个文本的“什么”不是可从现实中构想出来的，一切现成在手的简单存在者①，但我们也从中看到文字器具性的实在性如何把“谁”**置于**其“什么”的这种特殊性之中。

每个语文老师都知道，学生的阅读刚开始都不着边际，都是阅读的缺陷；只有到了试着把所读内容写出来时，他们才真正理解读过的东

① 摘自《爱比米修斯的过失》。

西。同样，如果不先弄懂别人的想法，思考之人就不可能完全明白自己在思考什么——维特根斯坦在分析“我”的哲学—**语法**特权时揭示的正是这一点。读者应当写，并能**像别人一样**重读自己的文章，这样才能知道他读的究竟是什么。正因如此，从古代的学校起，学生们就学习、比较、背诵和模仿大师的作品；也正因如此，我们才对大师的作品作“诠释”、论述、概述等。这便是高级语文课，即古希腊语、拉丁语课或法文课，只有这样才能彻底掌握拼写文字。

反之，写作**无非**首先也是阅读。卡尔维诺在庆祝**文学机器**的诞生并展望它在控制领域的前景时写道：

> 文学创作过程一旦被拆卸和重组，文学的决定性时刻就成了阅读[①]。

塞尚让我们**阅读**自然，因为他知道只**着眼于**他有能力**描绘**的东西。只有当他**能够**画出来时，他的山野景象才是真实的。圣·维多利亚山[②]的**真实性**正是这种**可能性**：

> 让我们**阅读**自然，在个人的也是传统的美学中找到我们的感受。谁看得最深远，谁能像伟大的威尼斯画家们那样淋漓尽致地表现，谁的水平就最高。
>
> 风景写生并不是复制观察的对象，而是**表现**自己的感受。
>
> [……] 阅读自然就是用和谐有序的色块在画布上**表现**自然、观看自然。于是可以从色调的细微变化来分析这些大的色块。**绘画就是记录五彩缤纷的感受**。

---

① 卡尔维诺：《文学机器》，Seuil，1993 年版。

② 位于法国南部的圣维多利亚山（Sainte-Victoire）是印象派画家塞尚的钟爱之一，他的许多代表作均以此山为题材。——译注

[……]一言以蔽之:有所感和阅读自然。[①]

透彻的观看不**仅仅**是有所感,因为观看本身只是一个空想。透彻的观看是**表现**这些感受,就是说画家把感受**记录下来**,将其表现在**画面**上。这一切可归纳为:阅读自然、**有**所感**和记录所感**。**有**所感就是把感触**表现出来,让人们看到**。

真正的阅读是写作,或者说有写作能力的阅读;真正的观看是画出来,或者说有绘画能力的观看。

"参与性美学"把这样一种对知识的知识保留下来,"非共同体化"则将它遮蔽。然而,如果说我们一入学就通过**解析**来学习文学名著,或者通过阅读前人的作品来学习写作,再或是通过写下所读内容来学习阅读,那么这个道理也适用于文字之外的图像与声音:真正的模拟记录阅读机其实是容许我们通过演示,通过让人看而学习看的机器。只有在一幅接一幅地**展示**图像时——正如有拆有并地引用句子一样,我们才能从这个图像中看出些究竟。但我们永远不会从中看到同样的内容,因为图像显示给我们的东西是连贯的,是前后图像的过渡。

读,即看或听,就是理解时间,也是书写时间。不存在非技术性的阅读。时间是出离的,"谁"具有时间性,因为他外在于自身,也因为已经在此存在于他的"什么"中。"谁"只是他自身的过去,这个过去不在"谁"的记忆中,而是在"什么"中。这意味着他的过去不属于他,因为它尚未到来。这个尚未到来的过去通过"客观的"技术条件"传"给他,被记录在向他的不确定性敞开的载体上,并通过这些载体得以**传播**和延续。**什么是阅读**的问题因而就变成了**什么是时间**的问题,后一问题又意味着:**技术将带给我们什么**?

技术将带给我们各种发展"模式"间的纷争。这些模式包含着组织

① 《塞尚访谈录》,第36—37页,Macula,1986年版。

记忆过程中产生的各种相互矛盾的可能性。换言之,记忆问题——这里我们只揭示其紧迫性——同技术问题一样,是未来的政治问题。

12. 信息与知识

存档的“盈利性”是不可计算的,因为已经在此隐藏在存档中,也就是说作为**将要发生**但**尚未发生**之事,它**已**包含了不确定性。知识不是信息,因为从根本上讲,所有知识首先是知识的不确实性的知识,也是“谁”的不确定性的知识。应当记录的是不确实性和不确定性,应当**实现**的是相关差异。

胡塞尔指的再激活就是康德所说的对——与“历史”知识相对立的——理性知识的再激活。**理性**知识是唯一可能的**知识**,它不能简单地**被接受**。

> 同理,专门**学习**某一哲学体系,比如学习沃尔夫体系的人,尽管所有原则、定义、证明以及整个体系的微妙之处尽在他脑中,尽管从某种程度上讲,他可以对此体系的各个部分了如指掌,但他还是只具备有关沃尔夫哲学的全部**历史**知识,只了解他学过的内容,只能根据这些内容作出判断。[……]他以一种奇特的理性学到了这个体系,但模仿能力并非发明能力,也就是说,在他身上知识并不是**从**理性中来。尽管这个知识也许客观上是理性知识,但主观上它仍然仅仅是历史知识。[①]

所有阅读的目的在于写作,这也意味着作为真正知识的理性知识应当由懂得它的人重新构建。但知识的(重新)构建之所以可能,是因为

① 康德:《纯粹理性批判》,第560页,PUF,1944年版。

存在着一种原初的知识，即古希腊文的“求知(mathématique)”。

> 求知是对待事物的这样一种基本态度：我们对事物的掌握就是将它们置于我们眼前，就像它们已经给予我们而且应当给予我们一样。于是，求知便是了解事物的基本先决条件。[①]

知识要想被传播，必须原本就存在，**已经**存在。这也意味着各类知识本质上的不可传播性，仅仅接受知识是**不够**的。

当先验论分析变为存在性分析时，所有知识便成了有关（“孤单”的）死亡的知识的**呈现方式**。

存在性分析转化为文码学的解构时，就意味着几何知识成了有关死亡的知识——就像文字对知识的破坏。原初知识的不可传播性是原初缺陷的知识，它以滞留有限性或纹迹的相关差异之形式存在于所有在场之下或之外[②]，它是自相矛盾的传播，也是程序中自相矛盾的不确实性，因为知识**就是**技术。

这种“求知”的知识永远不会成为真正的知识，所以先验的想象高于理性。作为各类知识起点的总体知识是不确实的：它是有关走向终结的存在的知识，不能成为真正的知识，因为如果必死性是“知者”的“属性”，那么知者既走向又超前的死亡恰恰永远不会**发生**在他身上。我们不能**对**死亡妄加评论，正是**从**必死性和评论死亡的不可能性之角度，我们才无话可讲。有关死亡的知识是**基础**知识，而**作为基础知识**，它是不

---

① 海德格尔：《什么是物》，第 87 页，Gallimard，1971 年版。

② “印迹”是不可还原的。这也意味着言语本是被动的，但这种被动性是世上所有隐喻都必然显露的被动性。这种被动性也是与过去、与任何起源的再激活都无法主宰亦无法在场唤醒的永恒的已经在此的关系。于是，无法彻底恢复原初在场的明证性把我们指向一个绝对的过去，这样我们就有权把不能以简单的在场来概括的东西称为**纹迹**。摘自《论文字学》，第 97 页。

可传递的——这也是苏格拉底在《美诺篇》中得出美德无法传授之结论的原因。然而对于我们来说，这意味着原初知识——即原初缺陷的知识——的补余性是基础知识，因为这种补余性只能是**补余**知识的**呈现方式**。补余知识作为实际性来源于原初知识的补余性，它掩盖和遮蔽这个原初知识，又只能作为终结的非实现来实现这个原初知识。对于初到这个世界上的人来说，这个基础性是世界的**已经在此**中**已**有的程序性、可编程性及可预先记录性，是过去的滞留有限性的纹迹的积累。基础知识是不确实、不可编程的，它只能通过程序获得。有关死亡的知识永远是不确实的，在这种不确实性中，超前也就即刻成了可计算性和可编程性，其中基础知识只能在非实现中实现。**也正因如此**，不可传播的总体知识之真谛是各类知识的可传播性。总体知识的确隐匿在各类知识中，对它的体验是通过各类知识而得到的。**事实上**不可传播的总体知识已经是各类知识**切实的**传播，也是其不确实性的持续性，这种持续性出现在各类知识切实的体验、标记、见证、积累和**记录**中。各类知识是总体知识的已经在此的纹迹，即它的过去、它的感受性及本质上属于偶然性的有限性。

这就是说，尽管**可传播性**来自极端的不可传播性，它仍是知识的**本质**属性，因为不存在不能交流的知识。只有**通过**传播，知识才成其为知识，尽管，也正因为，有这样一种不可交流的知识，即时间，它**或许不能传播**，而只能体验，只能在分化、变异、变化中体验。**于是，可传播性**既是知识的**本质**属性又是其**偶然**属性。这意味着知识的可传播性**正是**知识本身，即传播那些总是隐退的、缺陷的、开启"谁"的未来不确定性之事物的不可传播性经验。

正因如此，总体知识便是各类知识的可变性。**可变性**是知识的本质属性与偶然属性的代名词：不存在不可变的知识，而且**普遍**知识——即尽善尽美的理性知识——必然是敞开的：各类知识的**传播**便是它们的**转化**，因而也是不可传播的总体知识之持续性通过各类知识的转化。各类知识经受现实的考验,而现实在占有它们的同时又受到它们的充实。各类知识的传播与再生产的条件也是它们自身整理与生产的条件。知识的各种表型来源于其可复制性,而知识的**可复制性**正是它的可制造性。

实时一词涉及的是**传播**。如果说各类知识的传播也是它们的整理,那么传播条件的改变便是整理条件的改变:滞留有限性的工业综合就是**知识的实时整理—传播**体系,它取代了以往那种**延迟**的知识传播。各类知识的传播总是对总体知识的遮蔽,但这种遮蔽又是各类知识和相关差异的效应,即对被遮蔽的总体知识的**经验**。那么实时的遮蔽中是否保留着仍向总体知识的不确定性敞开的各类知识之效应呢?

存档的成本核算也是被储存、被"信息化"的各类知识的成本核算,因而要受某种**价值**观的左右。抢在他人之前尽快获得尽可能多的信息便是信息的意义,也是信息的价值和把信息开发为商品的理由。只有在其利益不被所有人分享时,速度才有意义。速度因使部分人领先——这里指信息上领先——而造成差异。这种领先在交易所中会带来金融收益,它体现为一种能力。信息价值的持续性可长可短,从本质上取决于时间,它与知识和作品截然不同:若认为毕达哥拉斯的定律、柏拉图的对话集、牛顿的论著、歌德的诗歌和福楼拜的小说随着时间增值或贬值,就未免太荒唐了。作品赋予时间,而不是让人赢得时间。

信息能以几乎最快的速度被**处理**和**制造**。处理的结果无非是制造新的信息、增加可用的信息量,然后再处理这些派生的信息,依此类推。发生**在我们思维范围内**和统觉能力中的这一计算,其**速度**快得使信息无限膨胀,终将达到**"我们"处理不了**的地步。我们动作太慢,不再胜任信息接收人的角色;由于信息无需"我们"干预就能自行处理,我们也丧失了利用所有信息来解决问题的能力,于是,建立自动处理程序——比如股票买卖的自动操作——便势在必行了。

这种计算和交易之所以可能,是因为信息价值由"信息"理论来确定。如果从某符号的“不确实性”来确定其信息价值,那么这个价值本质上就是暂时性的,因而**原则上**也是可饱和的,因为符号“后天的信息性”正是其不确实性的**枯竭**,也是信息“事件”的事件性特征的**终结**。**信息原则上不可重复**,重复便是**降低**价值。这与知识相反:知识**原则上**一定要被重复,它绝不会在重复中贬值,而只能在重复中**分化**。知识的重复是**相关差异**的重复,它不断**唤起**对它的重复;但这个重复又是**非相关差异**的重复,因为它不断减少信息的差异。

知识不能超越时间,它不是永恒或不朽的,因为作品是对不确定性的体验,是开放的,是时间。知识的时间是延迟的时间,所以注定是“实时”的,非相关差异的信息不可能产生知识的意义。思维只能是对其过去的思维,而**通达**这个过去的**条件**对于思维的形式具有决定意义。在向实时发展的趋势中,信息—创造性结构**倾向于**消除这个思维的过去,并使之达到信息上的饱和。信息饱和就是抑制缺陷与过失(这当然是最大的缺陷与过失),抑制**爱比米修斯原则**,也是抑制知识。

然而,像**纹迹**一样,信息**仍**属于相关差异。

13. 速度、紧迫性及风险

超前的条件**如今**已完全改变了。由于新的综合被成本核算的经济强令所主导,把速度提到最高限便成了一个设施的主旨,其主要后果可以说是无处不在的紧急状态。工业超前似乎要以计算和程序的方式抹杀所有未期待的经验,也是抹杀所有的期待。这便是“当前的困境”。

不可计算本质上属于未期待之物。在此,它不仅仅是多米尼克·雅尼科[1]、让·拉德利尔[2]、帕特里克·拉伽代克[3]所理解的不可计算。计算速

① 多米尼克·雅尼科:《理性的力量》,Gallimard,1985年版。

② 让·拉德利尔:《理性的实质》,Aubier,1977年版。

③ 帕特里克·拉伽代克:《紧急状态》,Seuil,1988年版。

度的**矛盾**是风险和事故的不可计算性。但存在着另一种不可计算,它不是无力超前或缺乏远见,而是时间本身,其中**风险**亦是**机遇**。工业紧迫性试图消除的正是**这个**风险,这便导致了如今困扰公共舆论的很难计算且略带灾难性的种种风险。

紧迫性是时间的某种存在形式。当未来迫不及待地闯入当下,作为偶然的、出乎预料的事件的虽不确定却在迫近的可能性时,紧迫性便产生了,它会使人不加思考地说话或行事。从整体上看,当代技术的特征就是高速生产和管理高速生产的设施,它受制于控制这种管理的模拟与数字技术,符合一般意义上的时间性,于是实时在其中起主导作用。实时是自我遮蔽的计算时间,它使核武器领域中发射导弹的决策权理论上归计算机所有,**而不**归代表"我们"的国家元首掌握,因为我们动作太迟缓、不再合时宜。时事信息系统也以类似的原理运作,所以说报刊"制作"事件。此系统为达到实时而全力以赴,具有整合性却反而脆弱无比,所以极易受到严重干扰而得到适得其反的结果。紧迫性只是吉尔所说的持续革新的极端形式,它是潜在的动力也是使之削弱的因素,受到不同程度的抑制,但又更易突发式地出现。

适得其反的结果是由于混淆了事件、事件的输入与接收,也遮蔽了反思时间所构成的延迟:民主"在实时中"实施,而某种"相关差异"的延迟也是民主之本。这就导致了媒体的紧急状态,恐怖主义便是其主要表现形式。恐怖主义运用的完全是**耸人听闻**的逻辑,因为普通事件一般不会被媒体选中。也正因媒体的直播方式,恐怖主义才可能**得逞**。政治秀则更加隐蔽,但性质更严重,它让短期的管理——首先是对舆论的管理——**目标**取代政治**理念**,因而无力解决滋生恐怖主义的长期性**问题**。

作为"持续革新"的技术发展也是对投资—决策者的束缚。技术可能性的不断进化会带来不可计算的后果,这些后果的累积使事态复杂化,再加上各种因素在业已全球化的整个技术体系中又相互依赖,人们对此已无暇作真正的分析,结果是发展了遵循尽快盈利的最佳可能性的商机之标准。如此看来,工业发展是盲目的。但这种盲目性又完全有助于获得最大限度的发展,因为工业的发展终究是**速度**的发展。

如果说盲目的工业发展中仍然有计算的话,那也常常是赌博式的,毫无新意地用不可计算性作赌注。机器以无法预测的方式越来越紧急、越来越确实地超速运转。多米尼克·雅尼科发现了当代科技体系内部的这个矛盾:

> 已降临的灾难和潜在的风险把理性与理性的效力相对峙。理性告诉我们,彻底控制理性的效力比促生它们更不易。[……]理性的效力一旦超出正常范围,就会危机四伏:包括积蓄的力量突然失控的切实风险;更微妙的是,危机也包括思维的僵化或混乱。磁针在接近地极时会拼命摆动,同样,思维[……]也会因屈服于咄咄逼人的不可计算性而试图放弃统一性、和谐性和责任感。[①]

这里,降低风险的计算也几乎注定要引发另一种性质和另一种不可计算的风险。

紧急状态也是某报刊在 1988 年 5 月法国总统第二轮选举前的周末所说的"不停手的重击"[②],仿佛紧急状态变成了法令,而法令本来是为了遏制紧急状态的。

紧迫性是速度的悖论,它有两种表现形式:一是为了降低风险而快上加快;二是借着加快速度而把风险推至极限从而**转移**风险。

人们管理的已不再是多如牛毛的"小"风险,而是实际上越来越频

① 《理性的力量》,第 50 页和 52 页。

② 《解放报》对乌维阿(Ouvéa)大屠杀的报道。——原注。法属殖民地新喀里多尼亚的反殖民武装于 1988 年法国总统大选前袭击了当地的宪兵队,并把 27 名宪兵人质挟持到乌维阿溶洞中。当时,以希拉克为总理的法国政府下令镇压叛乱,交战中有 19 名叛党被政府军击毙。——译注

繁、越常见、越普通也越极端的数量较少的“大”风险。这是技术自我能动性的矛盾、自治与能动性的矛盾、出车祸与燃油耗尽的矛盾。具有优先权的车辆和特别法规靠速度来处理法规——这个法规**便是**速度——本身引发的紧迫性。欲排除车祸的影响,救急者必须超速行驶。但限速不正是防止车祸影响的基本措施吗?一辆救护车和一辆警车在前往出事现场的路上违规行驶而相撞,这反映了加速的结构性趋势所引发的**不足为奇**的情形。同样的结构亦可见于电讯对股市的影响以及对一般记忆超前的通达中。这里的**赢**是相对于速度而言,更广义地讲是赢得**时间**,是相对于未来的领先,其中技术的结构领先使技术处于危机和持续的紧急状态之中。

这似乎是技术的自主化与自我能动性问题,其法则只能是事故,即本质或存在——即时间——的故障(缺陷)。这是**另外**一种时间,赢得时间的结果反而是缺乏时间。然而我们知道,技术的**自动机制**从来就是“自主化”。这里指的当然不是掌控“更接近”人的技术之黄金时代的自主化,而是基于对**价值**时间的某种理解:经济主导一切的霸权式发展。如今已成为发展之**持续**动力的**现代化**一词当然会获得某种新意:它不是为找回和平而跨越的阶段,而是达到一种必须维持的、完全彻底且从不中断的能动状态。如果我们必须承认其中的某个阶段、需要完成的跃进、应当**跨越**的界限、告别一个时代且赢得另一个时代以及**风险的必要性**,那就不能把现代化贬低为仅仅适应新的生产条件。现代化的性质迥然不同:它是比希罗多德所描述的变化“大得多的变化”。

信息在网络中以光速流动,安装在这些网络界面上的信息处理系统也以光速运转,信息处理便是超前。在此条件下,通常的信息接收者——即有思维的“谁”——似乎因思维不够敏捷而被除名了,所以超前的过程必须自动化。为此,人们开始使用被称为“实时”的控制系统。

信用卡清楚地表明了信息实时的最终目的:把赢得时间即刻变为盈利。全球通用的一整套货币交易和兑换平准系统都遵循这个逻辑,实时是这类**投机**的新条件。新的综合支配当今的**全球经济**，后者服从于交易系统中以"毫微秒"为时间单位的波动。信息可在世界范围内即时传递，这是"时间逻辑"，也是经济的技术逻辑，不明白这一点就不可能理解经济学家们所说的"自我实现的预测"。由于宇宙程序和种族程序被悬置，背景解体的局面通过背景的均一化而使自我实现的预测成为可能。

对"被选中"内容的**存储**和超前的悖论也是**风险**的悖论：人们永远不可能知道**究竟应当**保留什么，因为"谁"是这个存储的未来接收者，他是**不确定的**。

速度悖论带来的风险或许建立在同一基础之上，但以其独特的方式。正是为了避免不确定的风险（**这个**风险**即**原初**缺陷**），计算和速度才带来如此多的风险。如今占上风的是对风险的某种理解，它原则上会遮掩**另一个**（另一种理解），**作为他人**的另一个。

> 正如美国汽车公司（American Motors）前总裁杰拉尔德·梅耶尔斯所言，在管理者所受的正统教育中，提出是否可能失败这个问题本身就是离谱的。管理者全力以赴追求成功，只能考虑成功并为成功制定计划，而不能有"消极"的想法；他应与"胜者"为盟，强调成功而不是失败。梅耶尔斯还引用了ITT总裁、传奇性人物哈罗德·吉尼恩的名言："目标一经确定，就无须再考虑达不到的可能。达不到目标的人不仅是不称职的管理者，而且根本就不是管理者。"①

此处被否定的是**爱比米修斯原则**，因为金钱作为"发展"的组成部分，已经是**与风险的关系**之模式——风险既是正在**到来**之物，**也是**

---

① 参照《紧急状态》。

时间。

> 控制一个过程的最佳方式是让现在隶属于(人们尚沿用的)将来。在此条件下,“将来”便被彻底地预先确定,现在也就不再向某种不确凿的、偶然的“以后”继续敞开。[……]
>
> 某人(X)于某时(t)把某物(a)交给某人(Y)。给予的条件是:Y将会于t'时把b物交给X。[……]只有在此交换的后项有充分保证,甚至可以认为已经实现的条件下,交换的前项才能发生。
>
> [……]根据这种时间处理方式,事成与否取决于信息的承诺,它保证在t'时不会违背t时的承诺。
>
> [……]时间间隔越长,发生意外的机会就越大,风险也就越大。风险的增加幅度可以用概率作计算,进而换算成金额。在此,金钱的实质似乎是以防不测的时间储存。[……]金钱不是别的,正是被储存起来的时间。所谓资本正是建立在这一原则之上。[①]

是思维的时间还是作为时间的思维?**相反**,只有在“某事已发生,原因尚不明了”的情况下才能问此问题。相关差异或德勒兹的游牧原则便属于这种意义上的思维。思维也是对文字的某种理解。利奥塔认为这种思维——**正如**文字——不属于也截然不同于他所说的“电报”。我们对此不敢苟同:我们认为文字始终是电报,不能简单地把它与电报这种直接体现其本意的形式相对立,因为文字的本质是重复,是在相关差异中重复。思维的时间并不与技术的时间或科学技术的时间相对立,因为它是技术的时间的最高体现。这并不是以另一种时间持续方式——即思维——的名义来抵制电报,也绝不是采取退避态度,认为仍可能存在着“另一种时间”,因为思维的时间与技术的时间相辅相成。没有分化的技

① 让—弗朗索瓦·利奥塔:“今天的时间”,《非人》,第77页,Galilée,1988年版。

术就没有“相关差异”，作为存储和计数技术的文字从来都是将二者并行发展。尽管文字对相关差异呈现敞开性，但总有向实时发展的趋势。技术本身非但不遮蔽文字的特性（Eigentlichkeit），而且还将其释放出来。技术也是文字特性的条件或“场所”（site，lieu，Ort）。

如果我们的世界不能为“什么”中的“谁？”的问题找到答案，那么混乱的命运就在所难免了，就只能等着灾难性的骚乱从其薄弱环节入手来击溃体系。但这样的话，超前只能是加快世界末日的到来。

我们不是要把真正的时间与技术或“实时”的实际性相对立，更不是要把文字与电报相对立。问题的实质是**价值的政治**。价值问题不可能继续被实时法则中单纯计算的理解方式长期支配，**时值今日**，政治经济只能是**记忆的政治经济**。

14. 记忆与政治

如今，“谁”与“什么”的关系问题以背景解体为特征。背景解体导致了滞留有限性的全新的工业综合，它在空间上的切实性体现为非领土化，即把“谁”与他的种族决定性脱离开来；它在时间上的切实性则是实时，文字上和历史上“延迟的时间”消失了，知识的价值同时也消失了。但更广义地讲，速度引起的领土向量化也是各式各样的**特有语言差异的消失**，其中包括方言和居住条件的地域特性的消失、艺术的末日以及为满足技术经济强令而实施的大学“理性化”。工业上的背景解体遮蔽了相关差异，于是我们不禁要问：“我们”的技术共同体是否还**可能**存在呢？

电讯网络正在非领土化，但又**只存在着电讯**网络——网络以其传递**内容**来区分。一般说来，不论其“材料”如何，网络都是在远距离连接、同步信号，既向远方敞开又把远方拉近：通道、插口和连接使领土结构化、概念化,领土的统一性本身因而受到影响,或者在某种程度上改变了用途。

没有网络就没有领土,始终存在的只有网络或网络结构,领土的统一性纯属虚构。只有在自身之外,存在才具“社会性”。这里说的自身之外具有既基本又主导的含义,它意味着领土和分享领土的共同体在网络化的同时也改变了其先前的用途,只有在“非实现”时才能完成。领土在网络化,地球上只会有网络的未来。这并不是说网络化的条件一成不变,因为存在着各种类型和一般历史的过程。

网络结构物质化或客观化也是其用途的改变或非实现过程,即外延过程。网络既赋予又改变,既组织又打乱节律与记忆。从这个意义上讲,一般的网络是**程序性的**。程序节律的传播来自别处或外部,它一面向他方敞开,一面悬置其他节律与程序;与此同时,网络结构的物质发展——即客观化或者说**在**非领土化**中**实现领土化的外延化——又顺从于技术趋势。我们可以根据输送内容将网络分门别类,今天的物质逻辑网络输送的是模拟和数字综合的记忆。语言的文字综合也曾有自己的更显而易见的网络,这便解释了为什么语言通过文字而位移,领土也随之移动了位置。网络技术的范型或许等同于记忆综合之程序形式的范型,因为它在不同程度上影响这些程序形式的目的场所。

工业计划的基本特征是领土整治,它对应着已过时的工业发展状态。综合以实时运作,支配整体发展,且被影响**所有**当地时间性的电讯网络传播到各处。于是全球性问题成了**非领土化整治**中的**领土整治**。

克劳德·马蒂南指出:网络

> 既是把系统**纳入**时空的优先形式,又是把空间变成**领土**的**组织形式**,因此网络与领土相互制约。某地的现实特性与这块领土的地理、历史相关,所以是**技术**现实与**社会**现实相交联的优先场所。①

① 《城市中的天才》,第35页,法国资料局,1986年。

在此，网络是通往真正领土化的途径。"领土的统一性以及从领土发展而来的团结精神［……］主要取决于在这块领土上普及的各种网络"。实现领土化就是**纳入**空间，就是物质化、组织化和器具化。领土是器官的空间。网络是一种组织形式，是交联着"什么"与"谁"的社会体系与技术体系相互较量的产物。在对《存在与时间》的解读中，我们已经通过对手的论述而触到这个主题；在前一章中，我们也提到了手的退缩：失去双手的"谁"如何能与"他的""什么"相关联呢？

> 开发新型网络使我们越过现有的疆界，并在将来对这些疆界彻底改造或解构，再以不同的方式重新建构。

网络如同有组织的节律流，总在运载某种东西。从这个意义上讲，网络总是程序化的，它把各种程序联成一体：网络就是综合。

记忆的文字网络的扩展产生了社会群体：当空间变为文化人——公民是**读者**亦是**作者**——的共同体之空间时，它就成了政治。政治记忆需要记忆的文字技术，城邦便是文章流通的网络。如果公民不能平等地通达记忆（包括阅读和撰写记忆，即政治记忆网络的"双向终端"），作为**自治**条件的公民**权利平等**也就无从谈起了。马卢在谈到古希腊公民性的构成时一再强调文字教育的重要地位，因为必须为新的共同体打造各种界面，这些界面便是这些"谁"。但与此同时，它们身上"谁"的性质已经改变，原因是它们已获得政治的已经在此所构成的**文献**技术性——即文字的"什么"的技术性——的**自动性**。胡塞尔从第一部《逻辑研究》起，就把这种自动性视为观念性条件。

现在和将来的记忆是否还能造就一个政治共同体呢？文字普及已历时二千五百多年，这期间，书写记忆的保留——即滞留有限性的组织——经历了不同的阶段。只要一涉及选择、整理客观记忆的载体，一涉及遗忘，就会关系到知识的构成和承载知识的文明力量。如果美索不达米亚人的黏土书版没有被分门别类地放入箩筐中，就不会有美索不达米亚文明。亚历山大城、弗朗索瓦一世于1537年颁布的蒙波利尔法令、法国大革命时期的记忆**国有化**、十九世纪的国民义务教育、1992年成立于法国的电台电视版本备案机构均为大事记，共同体从这些事件中明白了以下三点：第一，共同体只不过是共同体的记忆；第二，这种记忆是器具性记忆，可以成为决策对象；第三，记忆的政治终究会影响到共同体的未来。

然而记忆的工业综合以实时为特征：这会成为构成共同体的主要障碍吗？它是表现特有语言差异的唯一方式吗？

如前所述，阅读不仅是解码纹迹，而且也是**重复**纹迹，并利用这些纹迹来制作新的陈述，因为完成的阅读行为可导致写作，而所有的写作也都是重复、引用或者把预制材料重新整合。

> 我们不能用字母表以外的字母来遣词或者用辞典中不存在的词汇来造句，我们同样不能写一本不使用他人句子的书。然而，如果我描述的事物之间具有这样一种和谐，它们如此贴切地联在一起并前后呼应，这就说明我并没有从别人那里剽窃这些句子，也没有生搬硬套字典中的词汇。[①]

“因为不借助纹迹的沉思越来越少见”。模拟、数字的复制仪器如今已经普及，任何一个“谁”都会使用把文、图、声数据化的电脑周边工具。

换言之，已经在此的工业器具性正在改变。由于技术趋势给投资造成压力，最初的存储与组织记忆的模式被逐步废弃，于是出现了延迟的时间能够吸收实时**力量**的新局面。当工业记忆的接收仪器即消费仪器重新变为书写仪器时，实时就成了重复的力量。这种力量并未摆脱信息

① 笛卡儿语，让—吕克·玛里昂在《灰色的范型》(Vrin，1975年版)一书中引用。

逻辑,而是与之合而为一,正如不可计算性与计算的结合一样。程序工业和出版业攫取了巨额资产,它们把所有古希腊、古罗马文明的遗产都刻到光盘中。这些资产对信息领域本身意义甚微,因为它们虽然给知识带来了信息化力量,但最终目标仍在遗产范畴之内,而所有人都是这些遗产的接收者。厂家开发这些遗产的真正动机是推销新设备,这是给未来创造机会。这并不意味着精于计算的超前——即风险饱和的趋势——被置于理性中或者被“理性化”:电报**是**文字的**法则**。这意味着法则开辟了新的空间。这个法则如今表现为经济法则,这里指的是经济开辟了新的政治决策空间,也指(重新)建立了一套政治经济体系。我们不是要“走出危机”,而是要**投入批判**。技术通常造就**形式**,因而也造就**判断力**。当记忆的技术变为确正时,古希腊文明危机既产生了社会群体(法律,即正义的判断)又产生了逻格斯(知识,即正确的判断)。评判即决策(krinein),它来自工业的相关差异同一性。要像**发明**十字架那样发明决策[①]。

然而信息程序学也是一门语法,它以新的形式组织文章结构,于是出现了像SGML、HYTIME标准那样的结构化语言,我们亦可从中找到不合语法常规的能指单位。雅克·韦尔拜提出了文本数字化所必需的**用物质形式表达陈述**的概念。他用此概念证明意义可产生于笔录陈述时出现的排版印刷(拼写,也是排版)的结构化,他还证明做便是说。这里的做是指在载体上安排陈述的**空间**位置,进而预先规范阅读的节奏和**时间**。这种信息载体的逻辑揭示了另一种语言逻辑,更广义地讲,揭示了它所记录的所有能指因素的逻辑,甚至包括由文本而产生的阅读方式,于是也规范了读者的行为——这种现象是随超文字而来的。在其他

① 十字架是个假想,教会发明了它,并使人相信它是耶稣和真理的象征;同样,评判正误的标准也是人为制定的、为众人所接受的判断,所以作者把发明十字架与发明决策等同起来。——译注

领域,诸如人工智能、专家系统以及微观世界、**记忆组织文件包**、启发式规律、推理动力等概念,都描述了**具有地域色彩的语义学**。这类语义学是**指示性的**、是与人们的行为或文化相符的**文学**语言和地域**修辞学**语言的结构化,也是对应着操作行为的**逻辑句法**。这类语义学带来了与波特·罗雅尔的模式相去甚远的新逻辑。这期间,语言工业制造出各种电子辞典,每部辞典都是汇总不同个案的语法书。技术趋势把各种仪器推向**多媒体**,这类规范整合了图像、声音、动作系列,甚至包括**身体的无定向运动节律**。于是,**虚拟现实**和**远距离现身**就不再仅仅是在过去的已经在此中定向的设备,而成了在遥远的、甚至不存在的空间里定向的**身体**代具,它们**通过身体的复制**和**体细胞语法**的建立而使其自身的远距离现身成为可能。

先进的计算机辅助阅读系统便是在这种背景下发展起来的。这些系统所采用的超文字技术使阅读,进而也包括写作,得到了明显的改善。

新资本与新仪器的组合给已经在此带来了全新的能动性:现有遗产与信息资源提供材料,引用并组合这些材料可使新式的"光速"——另一种"延迟的时间"贯穿其中——读写产生质的飞跃。在文本的不可计算性中,信息处理的光速计算构成了不得不承受各种文本——这里泛指**纹迹**——之文本性的新条件。

无论如何,这涉及到工业选择系统。记忆的政策是优先发展适用于新的综合的器具性方法与文化,同时也对本质上只重视短期效益的超前所主导的标准进行调节。当今媒体中技术—军事—工业之间**错综复杂的关系**比以往任何时候都更加令人担忧,对媒体问题及媒体所面临危机的分析也应从此入手。这个复合体的演化拓展了几乎可以全部通达的巨大的记忆存储能力,这便是定向系统呈现的已经在此的"在场"。定向系统建立在不可被人类历史的过去估量的、**客观记忆的动态载体**之特性之上,它打乱了时间出离的三个决定因素间的关系。然而,最触目惊心的尚未到来，它将发生在体细胞和生殖细胞的工业投资领域。

15. 生物综合，做就是说

政治问题其实是工业记忆问题，**即特有语言问题**。

特有语言的意义就是 schibboleth[①]，是**通过身体**将某种关联性铭记在语言中的标记，也就是说，把某种关联性**用身体**铭记在缺陷（即一神论所言的原罪）[②]中。在明示性和暗示性**之前**，存在着关联性的**约定**：他人的 schibboleth 就是我**明知**自己说不清的东西，也是我不**能**用其他方式道出的东西。在**形成**共同体的躯体的伤口中或原初的不适宜性中，我与他人若没有一种**既是身体上的又是器具化的**关联性，我便不能深入也不能开启这种关联性。所以特有语言的问题也是技术的问题[③]。

---

① Schibboleth 指的是可识别某人的社会、地域来源的代表性词汇；更广义地讲，是标志着某人所从属的社会、文化群体的特殊行为。后面讲的爱弗拉依密特部落的人不会发"shi"音，他们把 schibboleth 说成 sibboleth，因而很容易被辨认出来 。——译注

② 摘自德里达：《致保罗·策兰的 Schibboleth》，Galilée，1986 年版。

③ 特有语言、特有语言差异和种族差异这个技术问题其实是个政治问题，德里达在《〈几何学起源〉导论》中从本源出发而作的所有分析都来源于此："当我们欲在一种（黑格尔所言的）回忆（Erinnerung）中承担和**内化**对文化的记忆时，我们有[……]两种选择：一种类似于乔伊斯的尝试，[……]并找回被动性的诗意价值；[……]另一种则是胡塞尔的尝试。"——摘自德里达的《〈几何学起源〉导论》，第 104—105 页。然而，在写《〈几何学起源〉导论》的年代，他指的是文字，即技术和来自技术整体——即活的在场的整体——的标志与起始。技术的起始恰恰意味着特有语言的完整性。正是在这一点上，海德格尔似乎因循守旧地把特有语言与技术对立起来。**因为**技术是完整的，所以特有语言也是完整的。政治问题是特有语言问题，而且**当前**的政治问题正是被作为技术的政治问题而提出，今天谁会对此视而不见呢？在《致保罗·策兰的 Schibboleth》一书中，此问题也是日历性的问题、已经在此的问题和位于其绝对实际性也是绝对（无休止的）必要性中的日期问题。日期具有特有语言的结构，即不自我重复又只能是重复的结构："淹没在其可读性中的日期[……]为了更久地延续而隐匿其自身的某种特异性标记。"问题是在这个既是特有语言的沟通又是对它的否定的**同时**中延续。这是记忆的问题，是"原则上没有记忆投射数量限制的载体问题"。

胡塞尔认为关联性是可还原的，这便是想象变异的意义所在。想象变异反映一个核心，它不承受任何本质的缺陷，或者只承受没有缺陷的本质。这就解释了为什么多义性并非逻格斯的未来，逻格斯也不是特有语言。逻格斯绝对的多义性意味着它的技术性。特有语言总是被某种缺陷开启的。

让—吕克·南希写道："从绝对意义上讲，'技术'也许是常用语中最不严谨的概念之一（人们对此也就喋喋不休）。"[①]闲谈是"走向死亡的存在"的一种模式，加之如今谈的**完全**是人的死亡，其内容就更不会枯竭，这仍是谈论上帝之死和最后一个人之死的方式。这种谈论方式来自技术的最新发展所构成的、当下切实感受到的且非常可行的**可能性**：即**人造人**——既不是最后一个人又不是超人——的可能性。

人的终结问题是人的"手段"即人的**发明**问题，也是人的终结的可能性。**最终**要问的是人的技术，首先是**人的**发明问题。我们问**这个终结**：人从哪里来？"最终"应如何把握？应当怎样理解**发明**？

至于"人**的**发明"这种说法，我们已指出其引人深思的意义十分含混。"人**的**发明"、"最终**的**问讯"、"技术**的**问题"（什么在提问？什么被提问？），所有这些模棱两可的涵义都会把我们引向特有语言、特有语言记忆和文本的概念，它们总在"对 / 有关 XX 的 XX"或"XX 做出 / 提出的 XX"之边界徘徊，正如我们在 schibboleth 中既可听出"si"又可听出"shi"一样；反之亦然。问题正是这个可颠倒的**可能性**及其效应。在这种模棱两可中，我们问这个终结：人这个发明从哪里来？变成了什么？如今怎样？此问题在双重背景下向我们提出，**强加**于我们。所谓双重背景，一方面是人的背景解体的**技术**现实，另一方面是既作为 schibboleth——即特有语言——问题**又**作为**技术**问题来烦扰**想象变异**之保险性的"解构"。

既然技术**实际**上已成为"客观的"解构，那么想象变异目前的**可能**

---

① 让—吕克·南希：《有限的思维》，第 43 页，Galilée，1990 年版。

性是什么呢?

想象变异一向是人类学内容。所有想象变异均以偶然与本质的差异为前提,因而暴露出本质的核心,也**势必**将自然(phusis)与技术对立起来。在哲学的现象学时代,自然属本质范畴,因而是先验主体的物质。这当然并不意味着从理论上用世界论题强行悬置人类可能性的人类学主体,于是本质的还原变成了先验论。然而,上述事实受到绝对的**本质—人类学视域**的**限制**。这是个**想象**的视域,它符合有关人类及人类地位的某种观念,也符合我们想象中有关人类的各种"可能性"、人类的起源及人类存在者(这个存在者定能在未来中证明自己的清白:若没有这个清白的可能性,任何同一性或本质的**不变性**都将无从谈起)的终结的某种观念。如果确实存在着某种本质嵌入,且这种嵌入又可以从充满幻想的想象中通达,那么在人类主题上变异的种种可能性以及相应的对人类本质的揭示会不会限制**一切**本质的可能性呢?**无论如何**,这不正是提出"我们就是我们自身"这一优越性的存在现象学之本意吗?

如果说人类学、想象、可能性和先验现象学之间的关系唤起了人们最大的谨慎,那么这些词的涵义则在这种谨慎中**偏移**了,以至于有必要从**人类学自明性被悬置**的角度重新提出问题,这种例子不胜枚举。技术效率与工业效率占领了迄今构成人类视域最深处给予物的各个层面以及存在性分析所言的"它的世界"的所有组成部分,其目的是把它们变为可重新组合或理性交易的物体。工业投资在生命科学中异乎寻常地触到了个体的最隐私处,即他们的躯体,无论是身体还是用于生殖的部位——卓越的现象学物体。这种如此极端的例子显然不可能与"最极端的可能性"无关。那么,这种看上去**新得不能再新,同时又旧得不能再旧**的东西究竟是什么呢?

"新"指的是**分子生物学在其运作中悬置了它自身的公理**。这门科学的科学性寓于弗朗索瓦·雅各布于1970年(克里克、沃森发现DNA

结构的十七年之后)提出的"(遗传)程序不受经验影响"[1]之公理中。分子生物学如今是**技术**与大规模工业生产的**切实性**，即**基因工程**的切实可能性。

1978年,韦尔内、史密斯和纳坦斯发现了能像**机械手**做手术那样精确切割DNA的限制性内切酶。这样一种发现之所以可能,显然是因为上述公理保证了分子生物学的科学性;然而这个公理同时又**从事实上,进而从理论上——至少从生物科学法规的角度来看——被悬置了,因为生物科学本应把真实生物的一切都实证性地阐述清楚。**

从分子生物学能够借助于手的干预而操纵生殖细胞以来，通过生物**图谱的绘制**,程序开始受经验的影响了,生命法则本身在此过程中确确实实地被悬置。这里有种客观的中断,**事实上**是由**世界主题**操纵的中断;同时,世界主题在此中断中变得不可还原了,即**不再可能**在想象变异和先验的还原中被悬置，也**不再可能**被简单地放在括号中并附属于纯粹的现象学研究,因为它直接影响了原型想象本身。**其实**这就导致了这种"客观悬置",而我们尚置身于作为**后进化理论**雏形的"世界主题"之中。有趣的是从一个艺术家的视角来比较这些问题。这位艺术家认为可以通过添加**第三只**手来放大其身体,他毫不迟疑地写道:

> 重要的不再是男女的交媾,而是人与机器的交欢。身体已被弃置了。[2]

如果我们继续承认雅各布的公理是最具综合性的论断，那么分子生物学的技术切实性则使摆脱进化法则成为可能。更确切地说,已成为

---

① 弗朗索瓦·雅各布:《生物的逻辑》,第11页,Gallimard,1970年版。

② 斯特拉瑞克:"代具、机器人和远距离存在：革命之后的策略",《莱昂纳多》,第24期(卷5),第591—595页。

基因工程的分子生物学的切实性使摆脱进化法则**看似**可能，因为我们也可以断定：**实际上**分子生物学首先表明，**“进化原则”至少从人的发明即技术的发明起就被悬置了**；我们也可以说：当这个悬置获得全新的切**实性**时，我们就不能再对它视而不见了。

雅各布认为环境对生殖细胞并无驯化作用，因为生殖细胞与体细胞之间没有直接联系。此机理也适用于**技术**环境吗？至少从南方古猿起，我们完全有理由对此理论表示怀疑，因为实际上四百万年前我们似乎就已摆脱了生物法则。这个“摆脱”并非一步到位，我们仍在不断地“摆脱”。无论如何，我们如今似乎是在一个入口、一个门槛前正准备起跳的时刻：确切地说，是基因工程强加给我们的一个跳跃。

如果说想象变异可使**本质稳步地同一化**，在人的本质这一点上它却行不通了。马文·明斯基让我们实践这样一种想象变异，其后果像基因工程展现给我们的结果那样层出不穷[①]。他让我们想象人体**可以撤换**，这种想象与另一种想象变异的可能性发生冲突。这里说的另一种想象变异关系到人的本质，它认为身体本身便是基本属性，所以实际上是不可撤换的。此处提出的正是**场所**的问题[②]。

当我们说有可能**远距离现身**时，其场所是什么？明斯基上述论述的前项提出**虚拟现实描述的是大脑与其它器官间的运作**。他先验地把二者分开：一个大脑可以指挥另一个或任意一个身体，于是就不再有真正的身体了。

虚拟现实的各种代具都是由“显像银幕眼镜”和“数据库手套”组成的。眼镜中呈现的虚拟空间要么根本不存在，而只是从其整体物理特征上模拟出来；要么存在于别处，但在眼镜与手套使用者的真实所在地被

---

① 马文·明斯基：“科学、艺术和心理学的下一次融合”，《艺术通讯》，1991 年 9 月。

② “如果我把某**场所**归为己有，这个场所便也是我身体所处的场所”。摘自胡塞尔：《论构成的现象学研究》，第 61 页（黑体系胡塞尔本人加注），PUF，1982 年版。

虚拟复制出来。比如说使用者可以遥控一个机器人,我们称其为远距离现身,使用者看到的也就是实际置身于这个空间的机器人所“看到”的。数据库手套与机器人的手同步,使用者的任何动作实际上只能由机器人来完成,但使用者能感到所有这些动作的效果。以指挥机器人用活络扳手拧紧螺丝为例,手套的使用者会感到、会在其虚拟空间中看到扳子的重量和螺丝钉的阻力。

如果我身体的属性是其**不可撤换性**,且只有在此意义上它才是**我的**,那就成了自我格的问题。真实身体的不在场又给“自我格”、自我性和特有语言留下了什么可能性呢?或者说“自我格”、自我性和特有语言的可能性不正是寓于远距离现身和虚拟现实的可能性中并与之有绝对**关联**吗?

明斯基认为,**虚拟现实**和**远距离现身**只是突出了精神的模式结构和大脑的组织形式。**正因如此**,我们才能够也必须准备好通过我们头颅**内部**的某种工业设备来继续开发人类的工具。与基因操作相似,这里的技术化已不再是外延,而是通过肌体重组而实现的内化。现将明斯基对变异的整段论述摘录如下:

> 试想某人在几十年后购买一片直通大脑的纳米界面。医生将一根极细的针刺入他头部一个充满脑浆的小腔,随后把一台小型、可动、薄膜状的高性能电脑注入脑内。然后,这根被遥控的细线慢慢展开,发送出数百万顶端配有探头的微纤维来监控脑内状态。植入的电脑在颅内耐心地巡游,运用人工智能的高技术来识别大脑活动结构所代表的意向。此人刚想动手指,植入物就立刻把此信息传送给虚拟现实电脑:“我的主人想动手指。”那时我们就不再需要二十世纪这种笨拙的“数据库手套”了。
>
> 然而这个几乎是心灵感应的体系仍不够直接。首先,他为何要动手指?一定是要完成某项明确的任务,比如启动开关、打结或爱

抚他的女友。于是动手指并非真正目的,而只是为达到另一目的的手段。他其实是想弹一个乐符、打一封信或爱抚那个女友。既然如此,为何不让植入的电脑更直接地,或许在此人弄清自己的动机之前就达到目的呢?这便给我们提出了协调性和同一性的种种怪问题。我们赋予界面的能力越来越多,于是精神与机器间的界限变得模糊了。谁是界面?是与什么的界面?主与仆之间的界限在哪里?然后,我们甚至还可以希冀这项技术导致大脑的扩充。**我们为何要把自己局限在进化带给我们的性状之内——为什么要满足于仅有两只手臂呢?**[……]

如此说来,我们可以着手探索人的其他局限,试着通过扩充和添加功能来**增强我们的生物能力**。①

暂且不论上述所有问题是否涉及到当今已真正施行的器官移植,人们甚至不想搞清这一切是不是严肃的问题:把严肃与异想天开、空想与现实相对立是不可取的,这一点在此比在其他任何地方都更明显。真正严肃的问题是:这个空想是**可能的**。因为从这个像本质—人类学那样因其空想的技术—人类学性质而变得难以想象的视域出发,从这个几十年来主导着美国军工研究的科幻出发,有关人类本质的想象变异活动显然变得问题重重了,因为从中产生的只能是纯粹的**可能性**,而不是别的不变量。对此,任何其他"核心"都无法抵御,且这种可能性不会仅仅是这样一个"核心",也就不再完全是人类**的**可能性。

问题不再是搞清明斯基的话是否属实。正如我们无权排斥基因工程或器官移植的假想,我们也无权排斥他的假想,因为二者均为假想的**可能性**,何况这个假想在基因工程上已有了切实性。如果我们把符合自然规律的事物称为真实,那么基因工程便是不真实,因为它已不再是自

① 马文·明斯基:《艺术通讯》。

然规律。切实性不再是**真正的**真实，因为世界论题已**被**世界论题悬置起来。如果把可能性看作对现实的参照，那么这个假想的能量已不再简单地指向可能性范畴，而是在本质上与“什么”的技术性部分相连，因而**也就**没有被包括在海德格尔对可能性的分析中。但在杰佛逊起草和签署的美国独立宣言的创造性中，这种能量对我们并不陌生。

> 如果说独立是被这个陈述**证实**或**制造**的，我们并不能决定——这正是全部意义之所在——发表这样一份宣言的力量和冲击力[……]。美国人民是否实际上已获得解放而且不过是从这份宣言中得到证实？还是说他们刚刚由于这份宣言的签署而获得自由？[……]若想达到预期的效果，就**需要**创造性结构与证实性结构之间的含混不清和不可判断性。这种含混和不可判断也是维护权力的基本手腕——有人说这是虚伪、暧昧、难以定夺或虚构，我甚至认为所有签署的意义都因此受到影响。①

“如果说独立”——但这里说的**又**是哪种独立呢？——“是被**证实**或**制造**的”，那么在分子生物学与技术学悖论中，**我们也不能**“决定发表这样一份宣言的力量和冲击力，这正是全部意义之所在”。我们**不能回避**这样一个事实：如果在**做**的时候尚能够**说**，那么生物技术行动不仅“创造性地”制造陈述，而且也“创造性地”制造生物体，同时这个创造性也带来一种与众不同的证实性——即证实某种可能性——如果我们可以说实验科学在要求对实验行为之描述的严谨性时也要求它自身纯粹的证实性，那么这里也指仅仅通过引入确认物来证实某种创造性。这便是生物记忆的生物综合结构，它与代表模拟或数字的事件化的事物性质相同：在此，生物事件的性质其实已被彻底打乱了。

① 雅克·德里达：《自传》，第20—21页，Galilée，1984年版。

而且是被**回溯性地**打乱的：证实可能性是什么呢？可能性应当位于其实现之前吗？我们需要回溯性地证实以前就有可能性吗？更广义地讲，这又成了现代科学——即技术科学，或者说成为技术的科学，成为科学的技术——中**事件**结构的问题。此问题贯穿着科学、哲学、人种学、政治学，**也**贯穿于媒体中。这是虚构的问题，它或许意味着今后要从这个问题出发来考量真理的**可能性**。

如果说"'虚构'是现象学及所有探寻本质的科学所不可或缺的成分"①，而且由此造成了想象的至尊地位，那么作为发明(inventio)能力的、其"结果"使想象变异活动变得**不可能**的想象究竟是什么呢？

想象变异进入了危机，因为虚构是其**负面**操作者：我从想象和虚构的可能性出发来变换它，然后又回到抵触我的虚构之物。它不具真实性，而是作为恒定性、作为"各种变异一贯吻合"的本质。然而虚构与现实的划分——它以本体论土壤的稳定性为前提——在此变成科幻现实的"现实"而被悬置，其结果也是本质的缺失或缺陷；更确切地说，既是**作为本质**的缺陷又是**作为缺陷的本质**。存留于"人类"本质中的各种变异，其唯一的一贯吻合便是"技术"本质，即虚构和(存在的)缺陷。《逻辑研究》第三卷证明存在着附属性物体，与之对应的是从想象变异中获得的本质的关联，《经验与判断》将它们视为嵌入。技术性的本质**附属**于人类的本质吗？或者说**此问题难道不悬置本质的本质吗**？技术的本质看上去不正像分子生物学公理那样，为了自己而把本质范畴悬置在其切实性之中吗？这个绝对的**非本质**，这个**否定式**的"本质"并非虚构的消极性，而是一种**积极的虚构性**。人的本质目标所带有的意向性通过把人的本质问题之相关性悬置在其技术切实性中而得到充实——这便是**充实**的问题。

如果说影响签署的结构也影响虚构的技术创造性，那么由全部标

① 胡塞尔：《现象学基本概念》，第 227 页，Gallimard，1950 年版。

记构成的 schibboleth、由 schibboleth 划分的界限、相关差异中的起始、起源及断裂的疑难——即**原本**可能性的涌现——亦影响着虚拟的技术创造性。如前所述,如果说文字学

> 不应作为人文科学的一员,(那是)因为它首先提出的真正问题是人的命名问题[①];

如果说“意向性意识”在人类**之前**找到其可能性的起源只不过是“显现**真正的**文码”,**那么确定这种文码之显现条件的问题其实是技术的问题**,也是 schibboleth 的问题,因为技术就是特有语言。这也意味着“真正的”问题并非最深奥的问题。

从遗传到非遗传的过渡是第一在场的疑难,也是过去第一时间出离的疑难,正如继续一个从未在场的,呈现一个不继续任何过去在场的在场——**即不在场的在场**——的过去。这便是被动综合的问题[②]。这个疑难使人奇怪地联想到杰佛逊的签署这一虚构行为。这是“属性”外延的悖论,因为这些属性在其外延**之前**并不存在。

相关差异既存在于人类学断裂之**前**也存在于其**后**,但**存在于**断裂之后的相关差异已不**同**于断裂之前的相关差异。“如同”意味着人或动物间**既**无差异**又**有差异的可能的理解。爱弗拉依密特人和杰夫塔的军队听不出 schibboleth 的异与同:他们共用这个词(否则他们的差异就无从说起),**同时**又因这个词的发音而相互有别[③],这便是他们的“如同”。

---

① 《论文字学》,第 124 页。

② 同上,第 97—98 页。

③ 这是《旧约》中的一个故事:杰夫塔率其军队挫败了某部落的入侵后,爱弗拉依密特人气势汹汹地前来指责他没有让自己参战从而共享胜利,并扬言要烧毁杰夫塔的村庄以示报复。事实是爱弗拉依密特人在杰夫塔求救时按兵不动,而在他打了胜仗后才来寻衅。后来杰夫塔的军队击溃了爱弗拉依密特部落,战败者想蒙混出逃时,把守关口的士兵让他们说 schibboleth,所有爱弗拉依密特人都把这一词说成“sibboleth”而被识别出来并被杀戮。——译注

他们听不出,因为他们做不到也说不出。如果他们听到了、做到了,他们本可以和平共处,即相互理解。但不再有需要听懂的东西了,因为特有语言已不复存在。人与动物之间也是如此:相关差异既是他们的同一性又是他们的差异性,但一方永远说不出另一方的相关差异。这种对双方都是只可意会不可言传的相关差异，我们可以在对动物的怜悯中感觉到,却又从来说不出,就像我们不能直呼上帝之名一样。但如果某种新的断裂果真像技术新生的 schibboleth 那样被预告和说出来的话，那么这里涉及的也是人的命名问题。有一种不容置疑又难以形容的**过渡**,正如总是有待思考或说出的东西。

当生命意味着把生物体纳入非生物体或者把非生物体纳入生物体时,当生命通过、来自或寓于逝去之物——即与死亡的某种关系——而成为空间化、时间化、差异化或延迟时,我们面临的便是生命的时间性特征问题。这种交联和分界便是技术。"分界从来不是自然形成的",所有的分界都是技术的。所有的分界便是所有的精神和所有的特有语言。这个断裂——即技术——是精神、特有语言和分界的总和,它始终是确定人类范围的属性。人性从来都要通过某种特有语言来表达,且来自普遍的但又总有区域性，被某一优先场所或地域的人所理解的特有语言性。人的命名问题反复出现在德里达的论著中,在"海德格尔之手"一文中则更为明显。与《论精神》相仿,文中谈的是动物、技术和问题,它们揭示了

> 在人性(与动物性相对)和人类问题上不可忽视的联系,可以说酷似名与"物"间的联系。人的名称与它所从属的语言的名词一样问题重重。当我们说 Menschheit, Humanitas, Humantität, mankind 等词或Geschlecht, Menschengeschlecht 时,我们指的是什么？我们说

的是同一回事吗？[1]

在这些不同语言的想象中变换“人”的本质或**缺陷**时，我们的目标在哪里？什么在聚合、在抵制？世上什么东西在以此方式抵制中断？这个难以改变之物是 schibboleth，它在开启世界——即精神——的同时，也留下了人类的烙印。但这条界线并不明确：如果说“石头没有世界(weltlos)，[……]动物有贫乏的世界(weltarm)”[2]，那么贫乏是何意？“[……]如果说动物有贫乏的世界，那么它仍旧拥有**一部分世界**，因而就拥有**一些精神**，也就有别于没有世界的石头”。然而海德格尔认为：“动物的世界”并不是“某种程度上的人类世界”，因为

> 只有按其存在意义存在的存在者，或者说只有生存着的、总是曾在的且在曾在的某种持续模式中生存的存在者才能被感动。感动在认识论中以当前化为前提，就是说此在能在当前化过程中被带回它作为曾在的本身。问题在于仅仅有生命之物的感官刺激与触动应该怎样从认识论上界定，再者，动物的存在一般说来是如何且在何处由某种“时间”构建的。[3]

德里达在《论精神》中评论一段类似的文字[4]时抨击道：

> 这种分析[……]仍旨在通过它假意回避的途径——比如欠缺或剥夺的意义——来重新引入人的尺度。这是人类中心论，至少它指的是被此在质疑的“我们”。这种分析不能作为分析而出现，而只

① “海德格尔之手”，《心灵，发明他者》，第 419 页，Galilée，1987 年版。

② 雅克·德里达：《论精神》，第 76 页，Galilée，1987 年版。

③ 海德格尔：《存在与时间》，德文版第 346 页，第 68 节。

④ 《海德格尔全集》，第 276 页，第 29—30 段。

能从非动物界、从“我们”的观点出发来获得一些意义。[1]

需要在此详细说明的是相关差异中的中断问题和**原本**的困难，这也正是上述评论中的困难和把schibboleth中的shi发成si的爱弗拉依密特人有能力与无能力的困难：

> 动物[……]没有世界，因为它们的世界被剥夺了。而被剥夺又意味着它们的不拥有是拥有的一种形式，甚至与拥有世界有某种关系。“没有世界”中的“没有”在意义上有别，这个否定词对动物、对石头是不同的：对动物来说是剥夺，对石头来说则是纯粹的不在场。
>
> [……]动物[……]**可以**拥有世界。海德格尔用“贫乏”（或被剥夺）来描述**能够拥有**中的**非拥有**形式（Armut [Entbehren] als Nichthaben im Habenkonnen）。这种能力、力量或潜力也许不具亚里士多德所言的**动力**意义，也不是由**终极目的**导向的虚拟性，但我们又怎样避免这种模式的回归呢？[……]动物**既**拥有世界又**没有**世界。[2]

这个**不在场的在场**正是“第一”在场的结构。同样，爱弗拉依密特人既**能**又**不能**区分这种结构。他们在说到——说他们自己的语言，说sibboleth——时也能做到；但在发不出schibboleth的时候，他又做不到了。这已经是“如同”，但**还不是**海德格尔所说的**原本**。

> [……]世界的概念[……]无非是**精神的**概念。海德格尔强调精神性，这是一个缺之便不成其为世界的名词。[……]石头不能通达存在者，因为它没有体验；动物可以通达存在者，但与人不同的是，它不能通达**原本**的存在者。

① 《论精神》，第79页。

② 同上，第81页。

原本的问题即相关差异的问题,也是作为**技术**问题的、中断前后的相关差异之间的差异问题:动物**能够**拥有世界但它们偏偏不这样**做**,它们明知自己可以在某种程度上拥有世界却又做不到,这首先是因为它们说不出来,做出来其实就是说出来。“缺乏命名能力首先不是或不仅仅是语言问题”,而是缺乏找到本质或本质缺陷的能力。这需要**做**和体验,需要从想象出发体验变异。与某一 schibboleth 相关的语言与特有语言的差异之谜或许也是动物之谜或做之谜——这里指的是手的问题,因而也是技术的问题。海德格尔的人文主义及其“政治冒险”的暧昧态度都与这种差异有关。我们必须学会理解这种差异,**且**像 shi 和 si 之间那样,在“做”此动词时**做**出这个差异。需要**做**的正是对这个本体差异的暧昧态度。我们必须以当代生物—技术—人类学背景和潜在的优生学为尺度来衡量这种暧昧中不可低估的严重性,因为

> “很少的世界”或“没有世界”的说法——正如赞同它的现象学——涵括了一种价值哲学,后者不仅受本体论支配,而且也受真正的**本体—逻辑**可能性和本体差异的支配;它通达存在者的存在,然后对篡改做篡改,比如向世界——首先是向作为宇宙生成的(weltbildend)人类世界——敞开。**这个人文主义的目的论**[……]**迄今**仍是[……]从伦理—政治上废除诸如生物主义、种族主义、自然主义时所需付出的代价。①

这是技术的问题,它与分子生物学今天以最独特也最古老的方式带给我们的问题相同。**的确**,断裂本身已违反了分子生物学公理,因为出现了后种系生成的记忆,即超出个体生命来传播个体经验的可能性,也是存活的可能性,而“人”**只能是**存活的“结果”。

---

① 《论精神》,第 87 页。

通过**无机物的有机化**，通过出现在新石器时期且加深了“选择压力”之条件而改变的养殖，最终通过**今天的有机物的非有机化和重新有机化**，记忆被留存在身体之外。结果是分子生物学的公理被**悬置了**。所谓人与技术只不过是从原初缺陷的超悬置中产生的一些悬置物。

这种超越身体(这里说的是真正的躯体)的保存已经意味着这个真正的躯体本身——即某种形式的“自我格”——可能会消失。这种技术保存全方位地影响了海德格尔的已经在此问题。但由于存在性分析从未被看作“后种系生成”的问题，它必然从人类中心论的角度来探讨已经在此。然而在哲学生物主义的直接威胁下，也许别无它策。我们要从生物主义中拯救人的哪些东西？抵制什么？换言之，我们在想象变异中寻求什么呢？无论如何，我们应当珍惜人的哪些品质？新生事物是柏格森给不确实之物的名称，我们寻求它也珍惜它。然而在珍惜这个“我们是我们自身的存在者”的同时，我们又试图排除它。从其难以分辨的起源开始，技术就一直在非凡地加快新生事物的产生速度。在我们珍惜的这个新生事物中，什么又使我们担忧呢？我们担忧的是人的消亡和**随之而来的**新生事物的消亡。

此类新生事物——这种不能再简单地用基因漂移来解释生物体分化的加速生产——究竟是与人同时形成的还是始于人之前？搞清这个问题并不重要，因为我们看到，它已不再纯粹是人的问题了，而是在遗传和后生成从**某种存在的缺陷或本质的缺陷**出发构成的条件中所获得的经验以及这些经验的传播。令人生畏的优生学是**消除缺陷，即消除终结的可能性——实际上是不可能的可能性**：如果说新生事物来自某种先天不足，那么尽善尽美将意味着新生事物之所有可能性的**枯竭**。

对缺陷的体验和缺陷的特性在人类之前——不仅在猴子的社会中，而且可能在很早的动物性中——就存在，这丝毫不改变问题出在那里的事实。**那里**指的是在缺陷和**当今**的技术中，人的问题只是对这一事实的狭隘观念而已。无论如何，人的出现与突现于当时的分化过程中的后种系生成的支配权在时间上巧合。“人”充其量是这个支配权，其终结（我们在此特意保留该词模棱两可的含义）正是此支配权的延伸。特有语言的差异及其对 schibboleth 的从属则完全属于刻印在身体中及别处的技术记忆范畴。

在此，政治的紧迫性不正是揭露**人寿保险**的真相——正如相关差异已经提出的问题——同时也提出探讨生命与存活问题的必要性吗？我们必须驳斥这种目的论（同时又必须事先道出其确定的必然性），因为生命的技术化势在必行。当问题、动物和技术——也指死亡——都混杂在生命的技术化中，也就是说，当对《存在与时间》一书、“此书的研究领域、其论述的展开及概念的设置”构成解构之威胁的有关动物性和生命的问题缠杂在一起时，便又回到了**原本**的问题：

> 但即便是以超前的形式，此在对死亡有**真正**的体验吗？上述问句的意义是什么？走向死亡的存在又是什么？对于**本质上**从未被定义为生者的此在来说，死亡意味着什么呢？我们在此并不是要把生与死对立起来，而是在作出与死亡的关系或对死亡的体验与生者的生命无关之论断时反问自己：我们能赋予死亡什么样的语义学内涵呢？①

可怕的是：人类存在着，但又不存在，并不比语言更多地存在。存在着**各种各样**的人，所有语言也从来都是**各式各样**的语言——然而又是全部的 schibboleth，且这个词的所有**发音方式**到头来总能成为真正的 schibboleth，即标志着某人的地理、文化来源的发音方式。况且也别无选择，因为如果没有（被共用、被共用来抵制其他 schibboleth 的）真正的 schibboleth，也就没有**这个坚持不懈、顽强不屈、不存在**却又**包罗万象的**

① 《论精神》，第 88 页，注解 2。

“schibboleth”。

Schibboleth 就是技术，特有语言则是补余性，因为它变成了“谁”的（重新）构成性动力。特有语言是“什么”的**个例**。那么“谁”的哪种构成性有待考虑也**必须**考虑呢？

16. “认识”科学

随着“认识”科学的产生，技术在西方思想史上首次成为启发性载体，一种新型的解释范例从机器的认识概念中找到了统一性：

> 这里谈的不是科幻，而是名副其实的科学，它建立在一种既深刻又大胆的理论概念之上，那便是：我们自己说到底就是计算机。[1]

于是“谁”与“什么”之间的差异便不复存在，因为**阐明**“谁”就是将他理解为“什么”。一个特殊的“什么”**引导**“谁”去理解他自己。研究这种认识需要汇聚心理学、语言学、语言心理学、人类学、劳动经济学、神经科学、逻辑学、哲学和人工智能的机器人学。这些学科均受到“计算机模型能力”的影响，即“在研究中将自然物与人造物一视同仁”[2]。认识科学初期的“正统”模式认为，推理只不过是计算，即“执行一组选自某既定范围的基本运算”。正是**从**图灵测试[3]和万能机器的概念**出发**，被称为认识的现象首先指技术的功能和动物或人的行为。结果是抽象机器的概

① 海于格兰：《机器中的精神》，Odile Jacob，1989 年版。

② 丹尼尔·安德勒：“不确定形势中的进步”，《争鸣》，第 47 期，第 5页。

③ 图灵：“电脑与智能”，《思维与机器》，Champ-Vallon，1983 年版。——原注。阿兰·图灵在十九世纪四十年代就提出了理性的智能机器“图灵机”，因而被誉为计算机理论之父。——译注

念(它产生于数学领域,又被输出到技术领域重新使用)构成了有助于我们理解一般认识现象的既独特又丰富的启发性载体。通过同时延伸信息与抽象机器的概念，汇聚这些科学的计划试图缔造一种有关不同层次认识的遗传学从而搞清下列过程：物理化学层次如何引发生物化学层次,生物化学层次如何表现神经生理功能,神经生理又如何造就神经心理,最后,神经心理又如何产生语言层次和社会层次。这样一来,认识科学的观点便被用来解释目前通行的所有进化理论，而且这种新生的动力终将成为普遍的进化理论。奇怪的是,尽管其聚合模式以技术为属性,认识科学却没有把技术事件作为记忆的外延,作为生命以生命之外的其他方式的延续——**即知识**的**后种系生成**之本质特性——而归入其模型中。

在使之成为可能的工业领域中，认识科学最终研究的是知识而不是一般的认识。如果说绝不可能把汇总各类认识科学的认识概念从人类学或动物学角度先验地阐明,那么从真正的技术科学角度上看,其终极目标仍是要以机械的方式把**人类**认识模型化。因此,认识科学无法既共时性地(指不同层次的、潜认识的、认识的、象征的和社会的嵌入)又历时性地(指生物进化和生物体对非生物体的违反进化规律的制造)回避一般认识现象中人类知识之特性的问题。即便认识科学通过调整抽象机器的数学概念而把技术的人为性放在其启发性方法的中心，它们似乎仍不能从理论上解释生命历史中的**技术事实**。如此说来,与工具同时出现的大脑皮层化过程开启了生物体与环境的新型关系，其媒介是人为的层面,也是人类生存者不可或缺的人为记忆。认识科学并未理解此过程的特性,它们力图消除动物、人、技术之间形而上学的传统对立,这反而削弱了它们自身,同时也抹杀了由此而来的**动力特性**,即此过程的**时间性**。

这种做法忽视了下列事实:首先,人类知识的本质是技术;其次,没有记忆的人工记录表面就没有知识的可能性;第三,作为有机化的无机质料,这些载体的具体特征**构成**了人类认识行为的实在性。认识模式先验地提出,用机器像生产思维代具那样模仿思维是可能的,但它忘记了代具在思维中的原初角色:被忽视的是“谁”与“什么”的**偶合**,它比“谁”和“什么”本身**更古老**。

对于认识科学来说,技术在人类认识中无足轻重。把抽象的万能机器之概念纳入技术背景的图灵亦持这种观点。他似乎道出了这样两层意思:

第一,从理论上讲,可以先天地体现在任何载体上的万能模式之功能并不取决于该载体的量化性能,尤其与该载体的处理速度无关:

> 巴比奇[1]机器不是电动的,所有的数字电脑从某种意义上讲也都与之相仿,由此可见,电的使用不可能有什么理论意义。[2]

第二,为了评价某先天模式的后天性能,我们又必须重视电的使用。“当然,一般说来哪里需要快速处理信号哪里就会有电”。但快速没有任何理论效应,且速度只是一个“无关紧要的因素”。“只要数字电脑的运行速度足够快,它便可以模仿任何处于含蓄状态的机器行为”[3]。“足够快”是何意?尚无人问此问题,然而**它正是全部问题之所在**。于是,**载体**是否有中立性的问题即便不是从实践上也是从理论上被提出了[4]。

知识最基本的技术性问题,尤其是作为一切认识活动之前提的记

---

① 英国数学家、哲学家、工程师、可编程计算机的创始人。——译注

② “电脑与智能”,《思维与机器》,第45页。

③ 同上,第48页。

④ 速度(和载体本身)的这种理论上的中立性问题已在别处有过探讨。比如亨利·阿特朗说过:“在系统研究中彻底改变计算能力的时间比例并不是一件无足轻重之事,因为这种改变亦会动摇决定论与新生事物之间传统的对立。”摘自“新生事物与意义的出现”《自我调节》,Seuil,1983,第117页。

忆问题，**都**被图灵束之高阁。图灵提出了技术记忆——比如书、纸或计算机中央记忆体——理论上的中立性，并将其置于认识模式中。为了描述数字电脑的运作功能，图灵把它们比作“人性化计算器”。人性化计算器“是用来执行写在手册上的[……]固定规则的仪器，(而且)它备有取之不尽的计算纸”①。然而，电脑的记忆体

> 是信息存储器，它相当于人性化计算器上用的纸——用来作计算或印刷其规则手册的纸。

图灵认为纸和手册只不过是人性化计算器的**辅助工具**，人性化计算器完全可以不需要它们：

> 人性化计算器用头脑作计算，(而手册只不过是)一个方便的虚构。其实真正的人性化计算器知道自己该做什么。

记忆不是原初就需要辅助。我们自然可以理解，**辅助**并非作为辅助来考量，而且载体**在此背景中**并不重要，因为需要阐明的是形式的、抽象的模型可以有不同的表现方式，且原则上又不受载体的影响：具体载体相对于普遍的、抽象的模型来说是无关紧要的。然而这又意味着机器纸带所构成的记忆在理论模型中是无穷尽的：形式模型考虑不到的正是**滞留有限性**，因为这种数学模型无法看到摆脱了质料和形式构成事物论之传统模式的动力。另外，“真正的人性化计算器”在计算中并不是可以不需要记录载体的。

于是，输出到认识科学领域的抽象机器的概念看起来有些自相矛盾：既然抽象机器的性质推翻了传统的知识理论所共有的质料和形式

① “电脑与智能”，《思维与机器》，第 43 页。

构成事物论的划分（因为批判精神与物质的对立只能是批判形式与物质的对立），那么它自己就不能再声称这种划分是有效的：机器**本质**上是“具体的”，也就是说**物质上是明确规定**的，其载体之性能也是有用的。然而，正因哲学已从传统上排除了人类认识载体的特性(虽然一贯模棱两可，当然还是有例外，莱布尼斯便是最好的例证)，所以一般来说，它也把技术从总是建立在形式与物质之对立基础上的知识理论中剔除出去了。

由于未把电脑这一具体的数字机器看作**知识**记忆的特例（因为知识记忆本质上是**后种系生成的**，且总是寓于与“谁”的活着的、正在死去的、记忆相**偶合**的“什么”的代具性中），**认识科学把局部当成了整体**。整体是有机物与无机物的**偶合**，从中产生了后种系生成的记忆之复合体；而局部要么是有机物，要么是无机物。抬高其中一方而使之与另一方脱节的做法便是陷入了“谁”或“什么”的形而上学中，二者性质相同。把局部当作整体也是**忘记**了有限性，因为欲成为万能的模式，机器的记忆**必须是无限的**。

如今，万能模式尤其受到**多因子系统**理论的反对。这个理论发现，图灵试验因来自个体的局限而对知识的理解有欠全面[①]：知识应当从集体的角度出发且作为社会事件来理解。受到动物生态学研究的启发，多因子系统模式证明**动物群体的组构已经需要无机的记忆载体**。霍夫斯塔特从来自神经的自主网络模式即**自我调节**理论的模式出发，在他对作为**发生**现象的认识的研究中，对蚁穴的例子作了细致入微的分析。霍夫斯塔特的主体思想取自《昆虫社会》：

> “群体交流可被定义为在群组间传递某种不能由个体传给个体的信息”。有些信息、知识或想法很可能存在于集体活动的层次，

① 让·埃尔索、雅克·费尔贝：“分散的人工智能”，《研究》，1992年。

而绝对不会存在于最低的层次。任何信息都无法在这个最低层次上存在。此观点推翻了那种认为思维完全等同于控制论类型的“符号操纵”的理论。①

“最低层次”指的是**潜认识**过程的层次。由于潜认识过程产生更高层次的发生现象，所以应把它们作为研究的重点。与正统的认识论观点相反，大脑的“中心程序”似乎并不比蚁群的多：

> 蚂蚁的行动并不是把某种“蚁穴水平上的程序”“翻译成机器语言”。唯一重要的是统计：通过统计，信息在一个远高于蚂蚁层次的层次上流通。这也适用于大脑中的神经冲动。

动物社会的确造就了某些群体行为。不能把这些行为简化为编码在遗传程序中的个体行为的总和，因为本质的东西应当发生在整体层次上，况且也不存在群体行为的遗传程序，遗传学**似乎已不再**是本质内容了。霍夫斯塔特认为，昆虫的集体行为或记忆与其说是**程序学**现象，不如说是**统计学**现象，且智力似乎是一种类似的发生现象：

> 出现在这个认识高层次上的行为既不能被编程也不能被预见。这便是我称为“智力统计发生”的现象的本质。

我们可以把蚁穴的例子说成是“知识共享”吗？如果可以，那么蚁穴又是以什么“工具”来实现这一“共享”的呢？多米尼克·弗莱斯诺和让—皮埃尔·拉绍用数十只蚂蚁组成的蚁群所做的实验②颇具启发性。蚁穴

① 道格拉斯·霍夫斯塔特：“认识与潜认识”，《争鸣》，第47期，第38页。

② 多米尼克·弗莱斯诺：“蚂蚁的社会：调节与学习”，摘自他的讲稿《多因子系统》。此讲座由勒内（Ch. Lenay）主办于宫片涅大学。

由不同的个体阶层组成,这些阶层决定于“所执行任务”的行为,比如繁殖、照看幼虫、觅食及“非活化”阶层[……]。每一阶层的个体所占的比例是恒定的。如果我们做一个“社会摘除”①,即从蚁穴的某一阶层中除去一部分个体,我们会看到,平衡将重新建立,比如一些“猎手”会变成“保育员”。然而解释此现象的假设是:每个因子均释放出被称为外激素的化学信息,而环境会对这些因子的特异性起强化或抑制作用。从多因子系统模型发展而来的蚁穴信息模组化也证实了这一假设。我们格外重视这种纹迹的释放,因为信息模型把这些因子作为“重新活化”的因子即对自身行为不具记忆的因子来处理。多因子系统实际上有两种模型:第一种假设这些因子是“有认识力的”,它们对自己的行为以及过去的行为经验有明显的再现;第二种假设这些因子“重新活化”,这里既没有再现也没有记忆,而是受刺激/反应模式的控制。第二种模型适用于蚁穴成员的模组化。然而,如果这些因子没有对原先行为的记忆,而且它们的特性又由其他因子的行为来决定,那么对集体行为的记忆就必然至少是暂时地铭记在某处。外激素便是印在作为载体也作为该群体版图的领土——即蚁穴以及捕食个体在周围标出的路线——上的化学纹迹。这里确实存在着已经外延的记忆层次:已经存在着无机载体和来自领土的有机化,即蚁穴。

我们可以称之为后种系生成吗?当然不行。因为这不是个体或集体经验的**传播**问题②,所以也就没有**技术趋势**所导致的无机物的有机化,而只有动物群体与其环境之间的结构偶合。

在力图模仿执行更复杂任务的行为(机器人领域)的**认识**多因子系

---

① 多米尼克·莱斯泰尔:“控制论的蚂蚁和昆虫机器人:位于机器人与实验动物行为学交界的社会性与认识”,《社会科学通讯》,第31期(第2册),1992年,第179—211页。

② 相反,我们知道,猿猴的部落中已有了经验传播和文化适应,而且越来越明确的是:我们在此描述为后种系生成的过程在人类之前便产生了。这就证明了问题不在于人类,而在于人作为其传播者的过程。

统中，使“知识共享”成为可能的部件被称为黑板[1]，它能把数种因子的知识记录在所有因子共享却又不属于任一因子的载体上，这已是后种系生成之载体的模组化了。

对“重新活化的因子”和“有认识力的因子”的划分与勒鲁瓦—古兰对不同类型记忆的划分从根本上并不矛盾。在勒鲁瓦—古兰的记忆类型中，所有“高”层次的记忆都能调动比它层次低的记忆；同样，“重新活化”的层次亦可促生“有认识力”的层次。如此说来，我们必须**把握住程序的概念**，尽管它受到了发生模式的质疑。我们不是不需要程序，而是要**以其他方式**构想程序，将它看作不确实性因素。

认识论者无法考量程序、器官和记忆。为捍卫其“精神模式性”假说和重建伽尔的理论，福多尔对乔姆斯基的观点做了评论，其词不达意和概念混乱可谓登峰造极：

> 笛卡儿天赋思想理论的复苏是大家有目共睹的。特别是在乔姆斯基的倡导下，在心理或“器官”领域中，它被明确地誉为最早的（内在的、遗传的）精神结构化理论。[……]乔姆斯基喜欢把心脏、手臂、腿、翅膀等与精神结构相提并论。

遗憾的是，勒鲁瓦—古兰在动物学之外定义器官**分类**的**切实**条件以及这些条件引起的概念中断时所做的**严谨**的类比在此被忽略了。福多尔引用了乔姆斯基的话：

> 把语言能力、数字运算能力等看作类似于心脏、视觉系统或协调及运动预测系统的“精神器官”是有益的。在我们看来，实体器官、运动与感觉系统和认识能力之间似乎并没有明确的界限。

① 布鲁诺·巴希蒙：《知识系统的控制》，Hermès，1992 年版。

这里的“精神器官”完全忽视了无机物有机化的必要性以及与此相关的作为记忆外延的滞留有限性。这在福多尔的评论中显而易见：

> “毋庸置疑，人体无须学习如何拥有双臂或如何长到发育期。[……]当我们转向精神及其产物时，情形与我们身体的例子并无本质的不同”。[……]如果我们假设有天赋能力，那么记忆一定是个合理的候选者。然而，从这种观念的新笛卡儿主义意义上讲，记忆并不是一种能力。拥有记忆并非拥有某种信仰，且即便记忆是一种天赋能力，它也不是人类与生俱来的某种命题认识的后果。简而言之，我们绝对无意把记忆的结构与整个命题的演绎结构相提并论，倒不如说记忆是类似于手、肝脏或心脏的某种机制。至少从实体上看，记忆确实像某种精神器官；但即便是从实体上看，它也与语言能力无关。[①]

福多尔正是通过对“器官”之涵义的这种“区分”来建立他的精神模式性理论：似乎存在着像语言能力那样的命题天赋以及由类似配有“周边设备”的电脑的结构模式组成的精神结构。明斯基通过更改远距离现身和虚拟现实的词义而使这种对“精神”的理解合法化，但他忘记了勒鲁瓦—古兰如何在1965年就预见到这种作为外延过程之继续的进化的可能性。

让—皮埃尔·尚热提出了文化烙印和选择稳定性的概念。在描述神经元的人类学起源时，他并未忽视文字的重要性，他似乎把神经生理学纳入了经验的“后种系生成的”传播问题：

> 随着文字的发展，脑外记忆把图像和概念固定在比神经元和

① 杰里·福多尔：《精神模式》，第13—21页，Minuit，1986年版。

> 神经突触更加稳定的材料上。这种脑外记忆巩固和完善了已包含大量事件与“文化物体”及象征符号的、每一代人都要重新学习的、没有被刻印在基因里却得以延续的全部习惯与传统。精神图像或概念由此获得的寿命远高于在某一天、在几秒钟之内制造了它们的大脑。这种文化记忆是如何实现的呢?回答这个问题[……]需要触及一个让人着迷却对神经科学、社会人类学和人种学的交汇点极少问津的领域。①

概念的“寿命远高于大脑的寿命”是指概念可在其“发明者”及发明者的(后生成的)神经记忆之外保存、传播、转化和**延续**,且不依赖通过生殖细胞留传给种系的遗传记忆。一种**新型的记忆**应当同人的肌体一道出现在生命的历史中:问题是要知晓“概念”或“精神图像”**在何处**且**如何**保存、复制与分化。这自然意味着探讨神经科学、人类学和人种学之间的关联,但它首先意味着了解技术事件在生命历史中的影响。于是我们不禁要问:真是大脑“在某一天[……]制造了”概念和精神图像吗?换言之,这是纯粹的“神经元”的问题吗?或者说难道神经元不是记忆载体的个例吗?在“神经元的人”的神经元中,这种载体只能以总是既有机又无机的**记忆原初复合体**形式运作②。生产者与产品之间的关系是什么?与其说是行动,不如说是互动。这是一个**复杂**而**矛盾**的过程:与表象相反,生产者不一定在产品之前。我们正是在这个意义上提出“如何实现这种文化记忆”的问题。对文字的认识从某种意义上也适用于最古老的工具,所以,与其问询文字出现的意义,不如探讨作为脑外记忆之发展的工具出现的意义。

---

① 让—皮埃尔·尚热:《神经元的人》,第 341 页,Fayard,1983 年版。

② 令人诧异的是,他对维果茨基和卢里亚的论述视而不见。

今天由有限性综合的新形式——准确地说，它们是由吸引着认识科学，其发展又受益于认识科学的代具制造出来的——构成的脑外记忆的问题其实是发明的问题[①]。

如果这意味着不仅把知识理解为共享，而且也将其理解为生成、演变以及在积累过程中产生新事物的效应，那么知识的**社会生成**就应当是其**技术生成**。这就**产生了行为中的**知识，它不仅被调动、作为预制数据被应用，而且也是其自身转化过程。仅仅集合规则但无法生成新规则的“知识”不能算知识，

> 其结果[……]并不是完全切实的整体，因为整体只能在它的未来中构成；其目的本身是没有生命的普遍概念，正如趋势只是尚缺乏切实的实在性的冲动，赤裸的结果是趋势留在身后的残骸。[②]
>
> 只是外在地知道(可背诵)欧几里得定律却不会证明它们，也就是不懂得这些定律，无法内在地以对比方式表达它们的人，我们不会将他看作几何学家。同样，我们也不满足于直角三角形三边之关系这种通过测量大量的直角三角形而获得的、众所周知的知识。[③]

因为这个可证明的知识是矛盾的，所以存在着概念的**效应**。知识是一种效应，而效应是通过器具、劳动工具和技术来实现的；“真理并不像不留下工具痕迹的产品”，真理保存了对“概念效应”的记忆和对由此产

---

① 这是人的问题，也是发明的问题，或者依布朗肖之见，亦是作品的问题。第一个人的工具本质上已是记忆，即在他身后遗留给其继承人的动作的记忆。这就超越了他的生命(即他的生物记忆)，也就是说进入了死亡：人第一次便是这样死去的。正因如此(由于他把作品和文字**看作效应**)，布朗肖在《拉斯科岩洞中的动物图案》(Fata Morgana，第13页)中写道：书中无人称的知识“关联着各式各样的技术发展”。

② 黑格尔：《精神现象学》，第7页，Montaigne，1941年版。

③ 同上，第36页。

生的工具的记忆。黑格尔当然没有把工具看作技术，而是将它归属于重新审视命题性质的**逻辑科学**。把知识的本质纳入器具和偶然性中也许意味着对这个引起重重矛盾与思辨的概念的另一种解释。

本质上从个体角度定义知识显然会忽视知识是由技术载体构成的，因为这种定义方法无须考虑知识是在个体之间、一代代人之间传播的，也无须考虑对于**连接**已经在此的“知者”而言，知识从来是已具有外延性的记忆。相反，质疑知识的社会生成就是在定义所有的认识之前质疑受认识调动的记忆之性质。

这种做法更具合法性，因为它符合认识论的要求，比如应在动物、人、机器的划分**之前**理解**认识**，这是我们在动物的社会行为模式化部分看到的。

认识的本质是把无机物有机化或把有机物重新有机化（对选择压力的干预），问题在于无机器官——即滞留有限性——的有机化。如此说来，认识科学的根本问题是有限性。若埃勒·普鲁斯特在一篇文章中无懈可击地解释了为什么有限性是问题之所在，也说明了此问题为何**没有**被认识科学正确地理解（即作为滞留来理解）：这意味着通过揭示康德理论与纽厄尔理论之间的相似性来用哲学语言分析人工智能所引发的问题。为了驳斥丹内特的观点，若埃勒·普鲁斯特重申：“经验生成中不可见的所有纯粹的先验概念范畴”都与心理无关。她指出，纽厄尔的信息模式化

> 以承认“心理”因素与“形式上的”认识成分相对立的合理性为前提。心理因素与认识成分的对立是从福莱尔提出的“判断内容”与“判断行为的合法性”之对立中派生出来的，[……]目的是把康德思想中知识的事实生成与先验生成之对立绝对化[1]，

---

[1] 若埃勒·普鲁斯特：“人工智能与哲学”，《争鸣》，第47期，第92—93页。

即把(康德所言的)历史知识与理性知识(这里指的正是胡塞尔提出的共同体化问题,同时也是滞留有限性问题,然而这段分析恰恰忽视了后一点)之间的对立绝对化。纽厄尔**和**康德都提出了普遍概念的观点,而且纽厄尔认为

> 人工智能的技术极限是次要问题,因为它们是事实的极限。**但这些极限恰恰表现了构成认识过程之特征的有限性。**

我们看到图灵的关于载体的无关紧要的观点是如何被合法化的。然而我们在此应怎样理解**有限性**呢?与纽厄尔相同,若埃勒·普鲁斯特没有看到这里说的是康德理论中的时间、内在意义和作为主体**无法修复**的裂痕的先验想象之问题。这个问题**本身**又引发了属于终结范畴的重复、习惯、自动性和**机器的**问题。

既受到马图拉纳有关说话行为的理论的影响,又受到海德格尔的启发,特里·维诺格拉德和费尔南多·弗洛雷斯[①]似乎反过来把知识看作是对工具构成的有限性的共享。在这种有限性中,"谁"与"什么"本应有根本的关连性。我们本可以期待这种有限性既被理解为由走向终结的存在构成的时间性出离,又被理解为始终是技术性的对已经在此的通达,然而事实并非如此。已经在此甚至没有被作为问题提出来。

维诺格拉德和弗洛雷斯在解读《存在与时间》时混淆了烦忙和计划。于是这种解释方式不仅误入歧途,而且在很大程度上与海德格尔的本意背道而驰,结果最终成了对海德格尔的非批判性阅读:若要对海德格尔的烦忙与计划之**对立提出质疑**并**批判性地接受**这种对立在《存在与时间》中的内在必然性,就必须**从**已经在此的代具性**出发**来理解有限性。

显而易见的是,烦忙和计划被混为一谈了:

---

① 特里·维诺格拉德、费尔南多·弗洛雷斯:《有疑问的人工智能》,PUF,1989年版。

> 我们与别人、与我们周围世界的互动把我们抛在计划中[……]。
>
> 作为观察者,我们可以[……]谈论斧头并琢磨它的属性;但对于被抛在使用斧头这一计划中的人来说,斧头并不作为单独的物体而存在。[①]

混淆烦忙与计划的原因是:语言的本质被看成了**行为的环境**。

> 不能把语言理解为信息传播。
>
> 语言是人类社会行为的一种形式,它朝着马图拉纳所说的“相互导向”发展。这种导向并不是建立在语言与世界的联系之上,而是作为交感领域,即作为交织着各种行为的模式而存在。[②]

维诺格拉德和弗洛雷斯大胆地综合了海德格尔、马图拉纳、瑟尔和哈贝马斯的观点,并称之为“投入(engagement)”:

> 从描述语言到行为语言的过渡是言语行为理论的基石。此理论关注的是语言行为,而不是其表意功能。
>
> [……]言语行为造成一种投入。当我们把这种投入看作语言的基石时,我们便将它置于某种社会结构而不是个体的精神活动之中了。

如此说来,所有言语都是投入,比如投入到讲话人或听讲人的行动中。然而理性主义把语言作为不能体现这一语言本质的表意系统来分

---

① 《有疑问的人工智能》,第69—70页。

② 同上,第128页。

析,对这种做法的指责是有道理的。在世存在中的讲话受制于这个由计划构成的在世存在的结构,讲话是世界与"讲话人"之间的"结构偶合",正是在这一点上,马图拉纳的观点被引用。可计划与烦忙混为一谈了。瑟尔汇总的非词组类型其实是投入的类型。

这种混淆抹杀了作为终极结构的走向死亡的存在的本质意义,所以工具衰退所构成的器具性中的意义性中断被曲解了:

> 理性主义从传统上重视分析性理解以及与世界——包括与工具——互动过程中的推理所扮演的角色。海德格尔和马图拉纳都独具匠心地指出了"手下"之物(结构性偶合)的重要性,也指出了在达不到这一偶合时,物体及其属性得以存在的途径。[……]
>
> 海德格尔认为,当"事物"的不在场把"事物"显示为"忧虑"的对象时,它们似乎不能被支配。[1]

我们**在此**期望的是原初时间性问题被提出来。正相反,中断只通达对作为手下之物的现成在手的存在者的理解。海德格尔

> 把再现看作只发生在我们投入活动中断之时的派生现象[2]。

于是**数字**技术被纳入很大程度上与计划混为一谈的用具作用性范畴,与此同时,"原初"时间性即**有限性**的**问题**消失了。令人费解的是"什么"的**创造性**,即构成"谁"的已经在此的不可支配性。"什么"的创造性体现在语言中,但又仅限于语言:

---

① 《有疑问的人工智能》,第122—123页。

② 同上,第124页。

> 电脑归根结底是人类活动的工具，它们作为语言行为工具的能力派生于它们把构成语言基本要素的形式元素组合在一起的能力。但电脑没有能力作投入,也不能进入到语言中。

什么是“作投入”和“进入到语言中”?“作投入”的是**语言**还是“使用”语言的**讲话人**?维诺格拉德和弗洛雷斯明白,讲话人**并不是在使用**语言,因为从某种意义上说,讲话人**就是**语言,是与他的世界结构性偶合的一种模式。但从某种意义上讲,他不也正**是**这个世界吗?或者说这不正意味着在区分讲话人与语言、语言与世界——也是在区分“谁”与“什么”——**之前**思考吗?倘若如此,这也将意味着把自己置身于语言与文字、**电脑**与语言的区分之前,因为电脑是特殊的文字机器模式。思考“谁”与“什么”之间另一种关系的必要性在此虽有触及,但未能深入探讨,尤其没能达到理解数字机器本质的愿望:

> 软件虽然可能是专家之间十分复杂的交流手段，但它毕竟不是专家。①

由于这种论断毫无实际意义，对我们来说它只是说明了**真正的**问题尚未被提出，维诺格拉德和弗洛雷斯终究还是没能摆脱图灵和图灵之后的“正统认识论者”以及先于他们又远在柏拉图之后的海德格尔都持有的偏见,那就是:在信息机器的运作中

> 必然有投入。但这是编程人的投入,而不是程序的投入。如果我写个东西寄给你们,你们自然不会把纸看作语言行为的体现。纸是可使您与我互动的载体。②

① 《有疑问的人工智能》,第 129 页。

② 同上,第 193 页。

这便是纸的永恒的庸常性，也是在从《斐德罗斯篇》起总是把**记载记忆**看作**记忆缺失**、忘记了本质和“不留痕迹的沉思会逐渐消逝”的这些思维中对纸的永恒的**遗忘**。尽管如此，胡塞尔最终还是提出了滞留有限性的问题，这是一个了不起的贡献。

我们对“光速时间”和事件化的所有分析表明创造性比比皆是，而且在综合了滞留有限性的所有代具中——在**任何微不足道**的载体上，纸当然不是其中之最——都存在着行动和投入。语言是“什么”的十分特殊的个例，其创造性动力是“什么”的一般创造性的特殊化。把语言说成是“什么”的特例显然会招来非议，因为“语言不是简单的反射，而是构成性的中介”，然而这正是一般的“什么”之真相。作为自身之外的存在的时间出离结构，语言已属于“谁”与“什么”的偶合；更深入地讲，在语言的这种或那种规范之前，这个“什么”就已是所有时间性——比如通达已经在此，也是通达未来——的构成物。语言固然是已经在此的优**先传播体**，但**依笔者之见**，它**仍然**只是**众多传播体中**的一员而已。语言绝不可能削减其他传播体的多样性、独特性和特有性，同样也不能削减其自身的特性，即它的特有语言性。更重要的是，只有作为总被归入滞留有限性时代的“什么”或从“什么”出发才能通达已经在此。这在维诺格拉德和弗洛雷斯的分析中丝毫没有被触及，尽管他们在揭示“谁”与“什么” 的关联上有着虽不突出却仍值得褒扬的贡献。他们这样写道：“海德格尔所言的我们的‘计划’使我们忘记了理解的社会涵义和计划所引起的投入。”然而由于他们忘记了计划与繁忙的差别，也由于这个差别因开启了本体差异和存在的不同时期而忽略了海德格尔理论中作为遗忘因素的原初代具性，维诺格拉德和弗洛雷斯忘记了**爱比米修斯原则**，即构成与“什么”的关系的遗忘。爱比米修斯原则重复它所承载的**普罗米修斯原则**，并由此构成那个**在对经验的**一遍遍重新记忆中沉思其“过失”和遗忘的“谁”。

从图灵到维诺格拉德，无论是正统还是非正统，认识模式**无法**想到的是“谁”与“什么”在其**助产过程**中形成的原初复合体、作为时间性的思维以及把滞留有限性纳入服从于技术趋势之外延原则的时间。这个演变不是遗传的，而是后生成的，也就是说创造性的：没有一种单一的解释原理能够彻底阐明生成问题，于是它便带有**占卜性**的预言色彩，因为对于欲在无思和思维对象中摒弃其复杂性和公共关联性的思维，难道还有别的**解释**吗？只有不确定原则，而且有限性的未来是不确实的。“谁”与“什么”的**复合体**不断变换时间化条件，如果西蒙栋所说的机器个体化的继续是把“谁”的器具能力交给“什么”来代管，那么只有在“谁”与“什么”的**关系**发生转化时，这个代管才可行。试想有生命的、会死去的因而也是超前的机器代具被制造出来，这在今天至少是一种可能性，对于“先于”或“制造”它们，并在其“组合环境”中**继续存在**的、“谁”的后生成的已经在此来说，这些机器代具将是超前的。

维诺格拉德和弗洛雷斯的批评并不是贬低马图拉纳的研究，也不能证明把这种思维方式与解释学[①]相提并论是徒劳的。事实恰恰相反。结构偶合的概念——尤其是弗朗西斯科·瓦雷拉所拓展的结构偶合概念——有种种理由引起我们的兴趣，首先是此概念给燧石岩层与大脑皮层提出的**助产术**问题，更广义地讲，给被普遍视为助产术的“谁”与“什么”之关系问题提供了要素。然而，瓦雷拉也像别人一贯做的那样，把质料、纸及其他诸多材料都忘之于脑后：

> 一台机器的决定因素是各种关系。机器的组成与其质料性——即决定机器物理实体的各个成分之属性——无关。机器的组成涉及到材料，但材料**本身**并不进入机器中。由此看来，图灵机器便是某种组织结构，但其设计方式和整体实现过程（电、机械等）

① 让—米歇尔·萨兰斯基和韦罗·阿维兰热已在这一领域作出了令人鼓舞的研究。

之间似乎又有一道不可逾越的鸿沟。[①]

的确有“不可逾越的鸿沟”,因为图灵机器**并不存在**,因为不存在拥有无限记忆的机器。这样的机器当然与质料性无关,但这样的话,它与**现实**,或者说与切实性也毫无关系了。至于质料在机器的切实动力中的作用,西蒙栋已告诫我们:它完全不是无关紧要的,尤其在具体化过程中。然而我们看到,生物研究卓有成效,且上面的论述旨在说明**它生**机器与**自生**机器(即有生命的存在者)的差异,前者不具备自身转化原则,而后者是封闭的、自主的运作系统。自生机器自己制造自己,因而不必听从外来指挥,也无法被编程。用编程的眼光看这台机器,这种做法则是从外部观察时产生的(必要的)幻想。把两类机器区别开来是非常合理的,然而,这些有关机器和质料的论断固然迎合了雅各布把活细胞比作化工厂的说法,却贬低了瓦雷拉对**认识**的研究。

“谁”与“什么”的复合性是通过作为载体的这个“什么”而**从根本上质料化**的。这是无机物的也是有机化的质料性,也就是说被技术趋势所渗透。忽略**这个**“谁”与“什么”的复合性,在我们知道的所有“认识”科学中已司空见惯,唯一的例外是尚处于萌芽阶段的多因子系统理论[②]。我们将会在本书最后一章看到,此理论也混淆了意向性的涵义,更有甚者,它没能考虑到**时间物体**构成于其中的意向性之**纵向性**。

17. 相关差异同一性的问题:谁编程什么?

虽然海德格尔在其晚期著作中把考察技术——这一词的涵义完全不同于“海德格尔派”和“海德格尔反对派”在“技术问题”上喋喋不休的

① 弗朗西斯科·瓦雷拉:《自动化与知识》,第 42 页,Seuil,1989 年版。

② 还有布鲁诺·巴希蒙尚未发表的精彩论文:《伪迹的哲学》。

陈词滥调——的任务交给了思维，但他似乎从未想到技术有可能带来差异或“拯救”。他总是重申他的基本论点：“技术的本质不在于技术。”

《传统语言与技术语言》使技术、知识和现代技术的关系综合发展，也构成了语言信息处理这一主题。

如果说现代技术已成为可能，那是因为技术

> 从古希腊语刚刚诞生时起就与知识同义。[……]
>
> 技术的概念不是做而是知识。[……]然而，由于在技术中知识原则主导一切，一旦出现并发展了与其相对应的科学，技术自身便提供以特殊形式建立其知识的可能性和要求，这便是一个事件。在人类历史的长河中，在西欧历史中，在所谓现代的初期，应该说作为现代的初期，这种事件只能发生一次。[①]
>
> 如果说光速时间的技术信息这一范例可能像控制论那样成为当代技术的知识，那是因为技术原本就是知识，这便使现代自然科学同技术结合起来，成为独一无二的事件。
>
> 结果产生了对认识的科学与技术的双重定义[②]，其中，一切事物都不再是一目了然的现象了。当有认识潜力的技术与科学相结合，并因此与科学一道具有实际的认识能力时，掌控与主宰的计划便得以实现，自然界就被迫在可计算的客观性（康德语）中呈现。
>
> 然而，这种具有挑衅性的强迫（herausforderndes Stellen）同时也构成了现代技术的根基，它强迫自然界提供能源。

这里我们又回到《技术的问题》之主题，即作为**能源储备**的自然理

---

① 海德格尔：《传统语言与技术语言》，第22—23页，Lebeer-Hossmann，1990年版。

② “如今我们认为自然科学与技术的关系是‘相互支撑’（海森堡语）。[……]**技术在认识中起共同决定的作用**”。同上，第24—25页。黑体系本书作者加注。

性化的主题。然而这种说法又经不起推敲。如今固然有作为现代技术基本特征的储存,但滞留有限性的理性化比能源储备和对“自然”所施的暴力更野蛮、更具打击性和吞并性。首先——或者说原初——要有滞留,才会有**储存**(海德格尔显然没有忽视这一点,且将它说成是Bestand,但并未视其**为**滞留有限性)。囤积草秸或木柴这个始于新石器时期的储存行为只不过是记忆、蓄积和超前的特例,它引发了真正的记忆、计数技术以及从中产生了数字运算、土地丈量及最终的几何理性的电报术、精确性和一整套度量过程:如果说技术与认识相关联,而且二者能与科学相结合,那是因为认识的本质及更深层意义的**知识**均为**滞留**有限性,即电报术。我们在此不能简单地把计算与不确定性对立起来,况且“知识”就是对**这种**有限性的知识。

在强调当代技术的信息特征时,海德格尔谈的正是这种电报术。“发生”在人身上最严重的事(再没有别的事会“发生”了)是语言的技术化[①]。如果语言能够变为信息,它先前一定已拥有这种可能性。如此说来,用电报发送语言陈述是可能的,也就是说可以把话语的多义性转换为符号的单义性,后者能“保险与快捷”地传播[②]。“语言的模式决定于技术”。真正的话语使人听到多种声音,而当单义、精确、可快速传播的信息语言把多种声音扭曲成单一化的声音时,便是在破坏语言。“所以诗歌原则上不能被编程”。用莫尔斯电码写出的任何内容都是对一般文字,尤其是对拼写这种精确的文字的破坏。所有这些针对**信息**的论述也

① “语言不是简单的交换或交流工具。然而,恰恰是这种流行的语言概念因现代技术的主导地位而得到复苏和强化,且一反常态地被推到极端。可以把语言的定义缩减为:语言就是信息”。《传统语言与技术语言》,第35页。

② “让我们设想一下只限于点与横,且点与横的次数及顺序与口语发音相关的莫尔斯电报信号[……]。这类信息的先决条件是每个信号只能有一种意义,而且每个信号组也只能表达一段单义的陈述。语言在信息中保留下来的唯一特征是文字的抽象形式,它被转译到逻辑代数公式中,其中必不可少的信号和公式的单义性使保险与快捷的交流成为可能”。同上,第37—39页。

适用于作为**知识**之器具中介的文字。这就提出了信息与知识的关系，知识的信息储存（即滞留有限性的储备）这些当代的实质问题。尽管海德格尔说过**速度**问题值得在《存在与时间》中作特别研究，但他仍未重视此问题的性质。在对“传统语言”的定义上，他的这一弱点便暴露无遗：

> 这里说的“自然”语言，即未技术化的日常语言，是我们在会议标题中所说的传统语言（uberlieferte Sprache）。传统不是单纯的约定，而是保留起始物，为已经开始说的语言保留新的可能性。①

什么是“未技术化”的日常语言？这显然是对语言的粗陋之见，常常出现在被海德格尔鄙视的对传统的分析中。传统和语言只能在已经在此、实际性及技术性的视域中开启。当代技术与其说是“说”和“恰当”的反义，不如说是已经在此的或来自其滞留精确性的、**不自然**且**暧昧**的新形式。毫无疑问，**土壤**和**血缘**的**种族**传统不见了。在这一点上，我们赞同海德格尔的观点。我们并不否认由此产生的**痛苦**，也深知传统消失所带来的巨大困境，但我们仍需自问：“**有必要为此惋惜吗？**”

当代技术的特征正是记忆的人为保存，这种保存也是记忆的制造及运作规则的更新方式，从中产生的是**规律**，而不仅仅是规则：这种记忆的有限性也是它**绝对的无规则性**，其构成性规则作为补余并以中断的形式从某种缺陷、特有性和本质上的不规则即**本质的例外**中产生出来。

综合从来是这些规则的创造性（语法的本质是创造性，所以**构成规则的是不可确定的例外，同时规则又确定例外**），一旦成为记忆的工业开发，它便消除了具有种族—领土特征的特有语言的差别。结果是彻底改变了时间的效应，首先是各类思维程序的效应，因为思维从根本上具

---

① 《传统语言与技术语言》，第 43 页。

有特有语言性;更广义地讲,也改变了受新型网络影响的各类知识的效应。新型网络具有极端多态的编辑功能,构成了一个相互依赖的复合体,其中每个网络都能决定其他的网络①。

这也使新型网络变成了把知识、本领和教养普遍表现为信息、培训、外表及“生活方式”的网络。它一方面引起歇斯底里的纵欲,另一方面又带来难以估量的失落。**一般的过渡问题作为**越来越技术制度化、越来越非种族化的共同体——这里说的共同体也包括经国际组织磋商而形成的政治地理划分——之间的表达与界面问题被提出来:种族愿望是狂想、行凶、没有未来且完全受发展的驱使;而“人民”并不要求任何遗产,他们要的是生存权利,因为他们需要生存,他们只要求重新分配“发展的利益”。这个过渡、表达和界面的问题受制于信息与知识的分歧,它涉及到各类知识,也使分歧的所有个例以及各式各样的**利益**——比如大家熟知的红利——纠纷结构化。这种分歧受到信息交易特征的左右,也受到由此产生的与风险无关的机遇的左右。然而,因此便认为“金钱”是我们社会的罪恶就未免**眼光太短浅**,因为**原则上**使货币以易变和投机方式流通的脱离背景的资本化在解放技术趋势的发展中是必要的,信息正是因此而发展起来,并反过来影响知识及包括知识在内的各种形式的资本化或遗产化。虽然从变穷的风险这种逻辑来讲资本可能是种罪恶,虽然资本化和当今的各种投机行为使人备受折磨——少数特权人士所遭受的以精神为主的折磨和地球上几十亿人口的绝大多数所遭受的身心折磨,但资本本身并不是罪恶。诋毁货币恰恰是让这个风险逻辑负面实现,并彻底曲解应采取的决策之性质②。相反,对计算的专制和纯粹的“资本规律”听之任之又等于在思维这一政治任务面前临阵脱逃。

---

① 还有某些电视节目承办的书籍、报纸、周刊与期刊的销售。

② 这种诋毁总在制造可诋毁之物,却不能抹杀金钱的逻辑。

在批评与决策领域的这种危机中，“什么”似乎比“谁”更勇于批评。“谁”在各方面都太迟缓了，于是出现了**新型的技术反思模式**。这里指的是对共同记忆的诠释规则，它们仅通过**阐明**[①]记忆的运作规则而转化记忆，这便是有限性的构成性的创造性的**一般**意义。如今这个意义受到邻近极限的速度即所谓光速时间的制约。光速时间是争取能动性的继续，也是技术趋势的实施，但又释放出一种惊人的不确定性——就像可怕的不可避免的可能性——的能量[②]。这种能量导致了“无所不在”、“非自然日”和对时空性的毁坏，它们影响到人体的结构，使之变得像工具那样“可拆卸”，因而必然中止身体的**本性**及其“所有权”，比如身体、遗体、墓地的不可侵犯性；与此同时，遗体冻存生意兴隆——远距离现身、远距离生存甚至远距离死亡(冻存活人或垂死之人正属此类)把有机体投向业已完成的非领土化之外的**非地球化**的可能性。于是，在这个模拟、数字、生物技术的复合体中表现出记忆的印记的统一性，由此产生了大规模的、急剧发展的**有限性的印记**，即对陈述、信息及各类遗产物的铭记、保存、处理、转化及扩散(销售和出版发行)。

---

① 这是认识论的惯用词。阐明(élicitation)是把知道怎么做(know how)的规则变为知道做什么(know what)的规则，是“单纯描述系统便能改变系统的动力。观察者在每一阶段都能通过可以改变他与系统之关系的理解来与系统发生关系”。摘自《自动化与知识》，第88页。

② 这个记忆工业的复合体也支撑着对分子或器官的供求，而这些分子或器官又成为(1)合理利用动植物遗产，特别是热带动植物遗产，从而产生南北遗产之崭新关系的农业生物技术的原材料(摘自 M.A.赫尔密特,《外交世界》,1992 年 4 月)；(2)通过捐献、变卖、“回收”和更换标准零件而对身体施行的预防或修复性手术的原材料。某些器官，尤其是儿童器官的长期缺乏或者说供不应求造成了从南到北的器官倒卖，形成了一个复杂的技术犯罪地下网络(引自 M.皮内罗，“儿童器官的摘除与倒卖”,《外交世界》)。如果此处没有像模拟、数字技术那样由输入器官所作的真正的信息铭记，而仅有通过捐献、索取、变卖或捕获以及外科手术或基因工程而作的器官提取和摘除，那就确实有保存、处理、移植之后重新进入生命循环和对整块记忆的移植了。

界面**调动**各类记忆并使它们相互联系，并在这些记忆之间进行移植、转移、表达和再植。由载体、网络、程序和界面构成的种类繁多的器具则采集、处理和传播各式各样的一般记忆。对录像或电影、唱片、存档的照片、书写并保存于纸上的文件的存储构成了数据库。这些数据库与各个物种的分子序列一样,可以转移到计算机载体上。信息处理程序对记忆数据的处理方式作出规范,以便从中得出新的数据。不论这些新数据的形式如何,它们都可被其他记忆再处理。信息处理程序负责安排信息流程,并通过确正的规范来**记录记忆的运作方式**。正如言语因其自身具有器具性才可能被器具化，亦如对语言构成因素的阐述会改变这种器具性的切实性乃至改变整个语言，对记忆的任何阐明性规范都能回溯性地揭示其普遍的运作方式,并因此而改变这种运作方式:**描述**从来不是纯粹的描述,而总是对描述对象的**铭记**和更改。具有反思功能的记忆在无穷尽的器具助产术中**自视**与反思，而这些自视又难免会影响记忆本身。不付代价、不作努力就不可能通达滞留有限性。

电视节目(或电视节目表)与信息档案操作程序虽然看似迥异,却都是信息处理程序。对电影、报纸、畅销书、新光盘的简介或说明均属同类性质。记忆处理程序是记忆的理解与制作方式,具有或多或少的普遍性。它所遵循的逻辑很难立刻找到可比性,但这些逻辑无论异同都必须符合经济规律。由于它们在庞大的技术复合体中相互交织,我们更有必要抓住经济规律之特征。程序概念应扩展到诸如教学大纲、政治纲领、工作计划的各类活动中,它适用于以最复杂的形式来规范节奏、重复和习惯的各种活动。

工业化、理性化的记忆生产过程似乎是自动的,就像一条代具自动生产线在运作,它超越了国家、种族和伦理的疆界与屏障,是个体记忆望尘莫及的。虽然“**媒体**危机”、操纵、控制欲、战略、掩盖以及毫无远见的政治计算每天都在滋生索然无味的国际舆论,但施加控制、影响舆论和操纵意识形态的幕后力量已威望大损：程序化带来的后果似乎越来越难以控制，仿佛在预测与监控的庞大体系中酝酿着不可预见的事物，仿佛程序化只能是疯狂的程序化。

> 提出问题便是探求，即彻底探求、深入发掘、刻苦钻研、追寻本质，最终揭开真相。通过抓住问题之本而揭开真相便是提问的效应，或者说时间的效应[①]。

皮埃尔·诺拉也会使用“时间的效应”一词。这个问题如今成了一切事物的问题：

> 当我们针对我们的时间提问时，无论是在时间内还是通过时间提问，我们自始就感到不可能停留在某个个别问题上。目前，全部问题即一切事物的问题[②]，

对有限性的印记就是问题，而问题又是恐慌：

> 在掌控、真理和权力的世界中，整体问题便是空间深处的恐慌问题。[③]

舆论的疯狂是作为计算的掌控、作为控制的计算和作为程序化的控制的背面、副本或重复：

> 我们可以在“各类”报刊而不是在某种特定的报刊中读到的舆

① 莫里斯·布朗肖：《未完成的采访》，第12页，Gallimard，1969年版。

② 同上，第19页。

③ 同上，第25页。

论——即没有载体的舆论——更接近于问题的恐慌特征。舆论用不决定也不明说的话来解决问题或作出决策。舆论是专制的,因为无人能强加于它,无人能对它作出回应。[……]

诚然,舆论只是某种类似的或夸张的本质关系,因为舆论是由可动用的器具、新闻与施压器官、广播仪器及宣传中心所构成的有组织的体系。这些构成物把舆论本质上的消极性转化为行动能力,将其中立性转化为认可能力,也把舆论与其自身关系的软弱无能与优柔寡断转化成决策能力。舆论不判断却表态。舆论原本是不能随意使用的,因为它不带有任何立场;但也正因如此,它又可供人使用。这说明所有批评都有其合理性。然而,舆论的恐慌却没有受到那些推崇舆论的、既诱人又使人镇静的异化的批评。这种恐慌状态总是重新使这个异化一切的能力丧失殆尽或使之转化为不可异化的不确定性。谁要想利用流言蜚语,谁就会立即被流言蜚语吞没。舆论中总有某种无人称的东西在破坏所有的舆论。[……]

因此舆论从来就不仅仅是舆论(这正是舆论的特征)。

与“人们”一词相仿,“谁”不能被随意用于所有的确定性和程序化,这是因为它们像《理想国》[①]的“乌托邦”那样被用在了所有的情形和程序化中,这便超越了悬置。对于“谁”来说,这种近乎恐慌的问题之不确定性似乎是种疯狂,是不能成为“我们”的“人们”。此问题

把我们同无终结之物联系起来,其中的某些东西一定已超出了我们的问询能力。[……]当存在者不再有问题且一切都将在社会上、体制上实现时,提问者将以不堪忍受的方式感觉到对问询能力的问询——即问询的不可能性问题——有多么过分。在这个深刻的问题中,不可能性在问询。

绝对的知识(全部问题都是辩证的问题)似乎是一种完全陌生的知识的实现,而这种陌生的知识又“非实现”各类知识,并把“知者”抛到知识之外,于是引起无名的恐慌、意义双关的精神错乱、对某一决定性时刻的无穷无尽且使人精疲力竭的等待。每个人都有过时的危险,仿佛上述情形会扫除一切合法性——无论是智慧的、道德的还是职业的——并剥夺一切资源一样。被剥夺的首先是整个地区、整个国家、整个大陆、整个南半球的物质资源:正相反,这个可能性乍看却像是终结即将来临的可能性,这便是雅尼科所说的“危机**四伏**”,**也是没有人承担责任**。

在这个程序与计算的视域中,在原先总是作为理性化,且首先作为对理性的征服来描述和理解的工业化业已完成之时,受到损害的是最广义的**逻辑**因素——它来自“谁”对自治的追求,无论通过自由途径还是通过社会途径。而“谁”的自治似乎又仅仅导致了“什么”的自治,即“技术体系的自主化”。然而并没有真正意义上的记忆的“外延”(因为严格地讲,外延必须有某种先前的内在性),所以也没有技术体系的“自主化”;有的是记忆的**实现**,即“谁”在不同时代的连续的非实现(悬置)。它们一般不易被察觉或感受,但从十九世纪起,尤其到了二十世纪,就像气体骤然液化一样顿时备受瞩目,成了敏感的问题。这种实现完成于技术的复杂化过程,所以只有到了今天,个体才成为只能从复合体出发——而不是相反——来思考的对象。于是,在技术发展中,技术中介似乎成了使精神变物质的巨型珊瑚骨。通过精神向物质的倒转,精神的实现与发生只能像一只翻转且露手的手套,一只手从来就是(或仅仅是)手套,即工具、衣着、住所和技术习性。

新的技术时代的人类正在也必将加入到网络和各类群组中,建立在共同领土上的集体性先前保存的、给人安全感的自然性已从这些网络和群组中丧失殆尽。人们已无须走出既定的种族环境来肯定自己的个体性,因为这种环境已不复存在。正在发展的已不是种族记忆,而是各式各样的记忆。随着种族的**分化**和领土的时空差异化,令人担忧的是特有语言的消失。此问题的**哲学**意义是:在这个新的视域即不发光的光速时间中,特有语言是什么?特有语言的分化又是什么?**特有语言**问题是“谁”与“什么”的关系问题,后者又成了**不确实性**与作为脱离所有**既定**背景的**程序**之关系问题。

当霍夫斯塔特借用源于联结模式的潜认识论观点来批评信息概念时,他忽视了程序的概念。瓦雷拉也是如此。蚁穴中没有行为程序的事实并不意味着其中也没有印迹(各种外激素的作用清楚地表明了印迹的存在)。不存在受某种外部行为支配的信息意味着无须把与程序——如果存在着程序的话——的关系理解为确定性关系,也无须认为“程序”只能制造可编程之物而不制造不确实之物。

程序**存在**着。不存在并非总是人工的、后种系生成的生物体的“自然”记忆,因为自然记忆是由程序,同时也是由各类记忆代具制作的。但又**只**存在这种记忆。“谁”在其不确定性中编程自己。是“谁”编程“什么”,还是“什么”编程“谁”?“谁”在编程“什么”的同时也在自我编程吗?在读书、看电影或听唱片时,人是否在通过代具自我编程呢?或者说从他所归属的一个或数个程序出发来处理储存在载体上的数据之人正是这个阅读者、观看者或聆听者吗?相反,这些记忆技术的数据不正构成了能让他“处理”他“自身”记忆数据的种种程序,而他只不过编写了其中的执行程序吗?唱片启动的是什么器官(器具)呢?是电唱机,是听者的听觉,是二者兼而有之,还是完全不同的东西?在读者与构成庞大的群体记忆的文学之间,书籍是表达(同时也是制造)的界面吗?有个“软件”在使这个装置运转吗?

我们很清楚,上述问题应当以不同的方式提出。我们将考察意向性的问题,从中我们又会遇到时间物体的时间性中的被动综合的疑难,其结构完全类似于“‘谁’编程‘什么’还是‘什么’编程‘谁’”的疑难。通过考察意向性的问题,我们将看到,程序便是现象学意义上的**时间物体**,但程序迫使我们超越对时间的现象学分析。当我们说“**媒体**每天都在提前叙述生活，其口气之肯定，就像对生活的叙述必然先于生活似的"，我们是想说这些程序大量制造公共生活，各种界面进入到每一生命的**时间的内在意识**中，结果是公与私之间的区分成了问题，同时又**似乎**使"人们"获得了过分优先的地位。

随着模拟、数字及生物确正性而来的是**所有**物体向**时间物体的演变**：从媒体系列到生物基因序列，再到对复制过程的分析和对移植与杂交时间的掌控，当然还有由转化为工业技术的生物创造性所构成的**生物进化**的加速和**调控**。二十世纪末的发现是所有事物（事物的综合演变及系列演变）的**综合**的**切实性**，它把所有**分析**都变成了对某一过程的**时间性**分析。正因如此，本书最后一章将考察对时间物体的现象学分析，此外，也将展开对胡塞尔思想的疑难以及"**我们**"在先验历史中的构成性问题的研究。

也许文字的确正性已经又一次在语言中制造了时间物体的系列性，并为语言开启了它自身的另一种效应——由此产生了逻辑。语言中广泛存在的系列特征和命题特征或许只是近来才有的。即便在西方，几个世纪以前，农民对陈述的概念与其说是系列的和直线型的，不如说是环型的。有些话天天都说，有些话只是周日说，另外一些话则一年说一次，甚至一生说一次：比如在出生、婚庆或临终时。那时，事件是个**点**，是圆环的中心，尚未被纳入**流程**中。对流程的意识虽然不在睡眠中，却没被彻底唤醒。

第四章
时间物体和滞留有限性

> 内在体验的时间性必然是时间出现的绝对开端，而这个时间性正是借助于“滞留”且作为绝对开端而出现。它只能在传统中开启；它之所以创造，是因为它继承了历史遗产。——雅克·德里达

1. 意向性、图像意识和“认识”有限性

意向性是个核心概念，认识科学不经意地试图借此概念把**时间物体演变**的**技术**过程提升到理论层次。鉴于认识科学提出的问题是用以实现技术趋势从而实现知识**切实性**的，认识技术复合体中最尖锐的问题，鉴于这些问题也是**当今**所有问题的焦点，我们必须**经验**和体验它们。

所有“发生之事”的时间物体演变也是随计算机的**计算**而来的至关重要的现象，构成其运作方式的是媒体，尤其是标出空间—时间—光速之节律，并与之水乳交融的、无所不能的新型程序。在构成所有事件化的崭新形态中，模拟和数字的相关差异同一性系统地使所有（**被选中的**）**存留内容**具有时间性。综合认识是把执行指令或运算的算法序列化，其中的调节环决定反馈式的循环。在大量串联(相互联接)的程序结

构中和最常见的非线性模式中都可以找到这种连续性。显而易见,产生于神经自主网络的所有物体的结构都具有(内在)时间性,因为网络的任何**状态变化**都会像整体变化那样被固定在由钟摆的摆动决定的"当即"之上。

"正统的"认识科学从信息模式和执行计算指令的计算程序模式出发来理解认识。但将此模式应用到对一般认识的研究时,遇到了意向性这个难题,即现象学家在所有时间物体中发现的"大当即"的**纵向**结构,也是由此产生的质料与形式构成事物论的种种疑难。认识科学不能解决(尽管发现了)意向性的难题,也就无法将连续性概念化,亦无法理解数字物体的时间特性。

现象学的困难在于:意向性一旦变为纵向,滞留就**必然**成为滞留有限性,因而也成为被动综合。由于胡塞尔不能接受被动综合(否则就会与《内在时间意识的现象学讲座》的主题相抵触),他不得不像图灵那样把记忆有限性观念化——这种记忆在时间的图解中具有无限性。

认识科学想不到意向性,这意味着它们无法对胡塞尔的现象学及其意向性概念中**排除滞留有限性**的做法提出批评。它们应当为使用抽象机器的概念而自责。令人诧异的是,正是图像意识或我们所说的第三记忆的问题不承认意向性的**认识主义**概念属于**胡塞尔思想**。胡塞尔的意向性与机器的意向性相去甚远,因为后者对胡塞尔来说只能是"图像"流、数字流或无意识的文码流、记录流(不然的话,就意味着考察有生命的机器,但这并不是我们在此谈论的认识科学的情形),也就是说某种本质上非意向性的被动综合,它既没有在场的生命也没有生命的在场,亦没有呈现时间物体之大当即的活的在场。换言之,选择不可能是胡塞尔所言的滞留,但这里可以有如下两层意思:

要么计算机模式因其有限性而无法**把握**人类认识,而且扭曲"人类认识",正如所有在时性器具均遮蔽"本体差异"。用来作**选择**的计算机模式是各类**图像意识制造方式**中的一种;

要么滞留**本质上**受图像意识之偶然性的影响，于是**当下**便受到被动工业综合的选择的影响。认识技术使我们看到(不管它们是否有意)，时间性是生物体与非生物体的原初偶合,其中,生物体(作为活的在场的生物体)离开了无生命物就不成其为生物体,但后来在《现象学观念》中变为**自我**先验范畴的观点又无法接受这种说法，因为如果说第三记忆影响滞留，那么它的变异也是只能作为起源缺陷的相关差异而呈现的原初同一性的变异。同理,遗传序列本身像图像意识那样受到影响,并会破坏已经在此中看似永恒不变的东西,即身体本身的结构,所以认识科学的首要问题便是**人造生命**。于是,现象学分析——比如提出本质核心的可能性以及通过初级记忆与第二、第三记忆的对立把意识的时间性植根于不受任何滞留有限性影响的活的在场的做法——就会受到这种人造生命观念的质疑。

与胡塞尔一样,认识科学也忽视了滞留有限性,因而在引用乔姆斯基的语言学时抹杀了语言的特有性。但正因认识科学另一方面只从命题分析理论来理解胡塞尔的意向性(这仅与《逻辑研究》[1]中阐述的意向性的某个层面完全一致),所以它们无法承受先验性在其中不可还原的时间性疑难。现象学也避不开这个疑难,无法摆脱它的影响并在其中不断变化直至终结。

2.《内在时间意识的现象学讲座》源于《逻辑研究》

随着滞留有限性的工业综合，所有事件的时间物体演变问题被提出来。胡塞尔当时考虑的是悬置,且遇到了从意向性观点出发——离开了这一观点，作为流程的意识的时间性就不可能以**现象学**方式构

① 《逻辑研究》第五卷,第十章:“作为‘意向’体验的行为”。

成——阐述像乐曲那样的物体的时间结构之困难。我们将说明这种现象学是不能成立的，它只能草草地提出切实**有限的**滞留概念，使得由此变成先验历史的时间综合带有被动性。这样一来，构成总是真正的**已经**构成，而且只是一种（重新）构成。

首先让我们回忆一下，我们在《爱比米修斯的过失》中把先验问题的起源置于美诺两难中：寻找我们原先不认识的东西是不可能的，因为我们要么与它邂逅却不认识它，要么认识它，**已经**拥有它，所以宣称找到它便是自欺欺人，这便是美诺两难。

苏格拉底是这样回答的：事实上我们应当**已经**认识它，因为所有的认识都只是重新认识，即回忆。知识就是记忆。**灵魂**不死，所以能够回忆起**本质**。

《美诺篇》是**先验**思想的最早版本。对苏格拉底提出的"什么是美德"的问题，雅典的年轻人有各式各样的回答。欲把**这些答案**系列地纳入同一性中，即把这些源于经验的观点统一在同一概念之下，必须**事先**了解什么是美德，即美德的本质。所有对具体美德的经验均取决于对抽象美德之本质的看法。抽象的美德并不存在，只存在着具体的美德。然而，如若没有抽象美德的**非实在性**，任何具体的美德都不会出现。通过已存在的所有具体美德的系列，抽象的美德虽不存在却又存在着、反复出现着，并回到系列中：它是一种精神。

继《斐多篇》之后，柏拉图建立了**他自己的**哲学，即传统上称为**理念实在论**的哲学。灵魂与肉体、知性与感性、回忆过去与记载记忆都完全**对立**，正如更有涵括性的存在与变化之间的对立。

有关这些对立物起源的对话集的意义正在于判断的可能性。困扰全部哲学的疑难占据了胡塞尔意向性概念的中心地位。胡塞尔在《逻辑研究》（1901 年）中断言，所有意识都是相对于某个意识对象的意识。现象学家不能事先自我给予构成物，因而必须杜绝有关其对象之存在的一切论题。现象在**体验**中构成，体验的意向目标总是艾多斯的目标。这个希腊词汇通常被译成“本质”，但我们在此不需翻译它，因为翻译会降低自苏格拉底以来该词所含的疑难意义，1901 年的现象学只不过是这个疑难的再激活。我们在此欲指出，这个疑难在现象学中作为时间问题而重新构成。

对象不会事先**已经**给予，但艾多斯却通过对象被**事先针对**。艾多斯是观念物体，它不存在于世界中，但也不存在于意识中，因为倘若艾多斯**已经**存在于意识中，意识就不会在总可能失败也可能总是失败的充实程序中针对它了。这个作为意识**流**而实现的充实便是时间性本身，这一点在《逻辑研究》第五卷的第六节中被以程序的方式作了介绍。

问题是既然除了构成性意识和被构成的世界之外**别无它物**，那么**艾多斯**究竟在**何处**呢[1]？

《内在时间意识的现象学讲座》中的问题源于《逻辑研究》第五卷，题为《意向体验及其“内容”》。

这些**讲座**提出了现象学的核心问题，即针对非时间的观念性本身的“体验”之时间性。现象学是一种先验的本质，因为它从客体的观念性即**统一性**出发来考察客体。这个统一性并不存在于世界中（就像几何学的点不存在于世界中那样），但针对统一性是为了意识且由意识构成的真实存在的构成条件。现象学有别于诸如康德哲学的先验哲学，胡塞尔认为后者只是在**形式上**提出所有经验的可能性条件之问题，而现象学家是**在体验中**观察现象，使体验与实在的关系中立化（不允许对欲阐明的构成物作任何参照），以便通达纯本质的（先验的）明证性。仅通过其**内在性**来抓住体验就是在参照某种存在之前找到支配着体验构成的**观念规定性**的唯一方法。这种中立化的做法使我们**看清与非实在的关系**，即与所针对的观念性的关系。这种关系总是自然而然地躲避意识，而意

① 雅克·德里达在《马克思的幽灵·卷二》（第 215 页，巴黎，Galilée，1994 年版）一书中提出了这个问题。

识又总是针对观念性。正如亚里士多德所言:水是鱼看不到的东西,而鱼只有透过水才能看到。

考察**现象**就是区分显现和显现之物,区分对客体的体验和客体本身:“我们体验的**现象属于意识范畴**,向我们显现之**物**则属于现象范畴。**现象本身并不向我们显现,而只能被我们体验**。”[①]这里有主体与客体的关系,即现象关系,也有当下体验“的意识内容与意识**内容统一性**意义上的**意识**”之关系,切不可把这两种关系相混淆,因为“前者指的是两种现象事物之间的关系,后者指的是特殊体验与”由现象学观念中的意识构成的“**体验复合**之间的关系”。现象学家用**现象**和构成现象的**意识流**来取代客体与主体——意识流也构成这种意识的统一性,即**统一各种体验的能力**。

胡塞尔在第四节中断言,现象学家完全没有必要通过将**自我**构成实体化来把握意识的统一性。正是意识的**流程**特性[……]构成意识的统一性。**自我**似乎是物化流程之方式,它排除流程自有的**流动**特性,使之成为独立于其内容的形式:我们可以把种种体验放入一只箱子中,再把箱子和置于其中的体验分开考察。然而,从体验**着手**并且从未放弃体验的现象学不应将意识视为先于其内容的框架,而应在内容中找到意识。流程的物化必然使意识即**体验**的**活的**在场丧失其优先权。

上面讲的现象学的中立化把自我还原为意识的统一性,即体验**复合**。显然,我们每个人都被给予了这个体验**复合**的一部分,而且“有充分的理由接受其**剩余部分**”[②]。《内在时间意识的现象学讲座》中的所有问题都与这个剩余部分有关。这个剩余部分便是时间问题,即现象的**连续性**问题:体验需要的不是意识的统一原则,而是它置身其中的各种体验

---

① 胡塞尔:《逻辑研究·第二卷》,第二部分,第149页,巴黎,PUF,1972年版。黑体系本书作者加注。

② 同上,第153页。

的**连续性**，于是，“被现象学还原的自我并非凌驾于诸多体验之上的特殊事物，而仅仅等同于这些体验之关联的统一性”。这种连续性法则是观念的规定性，它们满足体验的**充实条件**。

问题在于搞清什么造就或给予了统一性。各种体验在统一性中且通过统一性而前后连续，即从一个活在场给予的体验**过渡**到另一个活在场——前面的体验在其中已变为过去——的体验：

> 在这些内容的本性中和规范这些内容的法则中形成了某些关联形式，它们以多种方式发展，从一项内容到另一项内容，从一个内容复合到另一个内容复合，最终构成一个统一的内容整体——它无非是从现象学上还原了的自我。各种内容自有[……]其被法则决定的方式，它们汇集起来，形成更广泛的统一体。由于这些内容以这种方式统一起来并融为一体，这就构成了现象学的自我——或者说意识的统一体，它并不需要某种自我逻辑原则(Ichprinzip)去承载所有的内容或者把它们再次统一起来。

规定性有两种范畴：本质范畴和像体验之连续性那样的流程范畴。存在着两种嵌入结构：一种是**全部时间的**本质，即这类本质中的种属**本质**；另一种是**时间**的流程，即关联中的内容或内容整体。上述嵌入的内在关联构成现象的材料本身(其统一性的充实)，作为世界的理想可能性构成世界。这便是这个**实际存在的**世界从时空上决定的世界的**可能性**。

透过(使其成为经验体验的)所有观念目标而确保体验之间**在流程上的**协调性就是构成世界的表象，**因而**也是构成现象学意识的统一性。意识的统一性就是世界在其可能性中的统一性。

然而人们会问：自我岂不成了观念**目标**？它是在**像**《内在时间意识的现象学讲座》中谈到的**乐曲那样的**目标中既不断变化又永远相同的

交汇点,它将调动所有体验的所有目标,以根据聚合所有体验的法则来保证体验间的谐调性。

我们应当用下列关系来取代主体／客体的关系:

流程／(实在内容→观念内容)

这个客体指的是对客体的体验,它所**针对的观念内容**实际上不同于**包含实在内容**的流程。流程是个自我封闭的统一体,然而自身又具有**置统一性于身外**的"本质视域"。**本质既不**存在于针对它们的**意识中,又不**存在于由这个针对所**构成的世界中**,那么**它究竟在哪里呢**?这是个空洞且缺陷的问题,它位于这么一种流程中,像即将到来的观念统一性那样既自我分离又自我抛置。将本质置于自身之外并非先验,它是**流程内部的不相应性**。如果统一的流程本身是个目标,即透过所有体验的连续性而追求自我统一性的**充实超程序**的话,那么此流程便在某种程度上与自身**不相应**。所以我们应当这样表达它们的周全关系:

[**流程／(实在内容→观念内容)**]→**流程的观念统一体**

仿佛流程统一观念性的非充实将赋予流程真正的流动特性,即它的运动性,也就是作为其动力之源的**未完成性**。**但在此情形下,"意识流"便成了海德格尔存在性分析中的此在,即走向死亡的存在。**

对于这个不相应性即**充实**的问题,《逻辑研究》第五卷的第五节作了精确的阐述。所有相应性感知都是内感知,但内感知不都是相应性感知。不相应的内感知与相应的内感知之间有着(总可能失败的)充实之趋势。内感知即对我自身体验的感知,而相应的内感知则是对我的体验**中**明证性的感知,即对我**作为**明证性体验之体验的感知:任何体验都具有明证性,但并非所有的体验都是明证性的体验。心理学家看不到这一点,因为他们混淆了内感知与相应性。然而,将二者区别开来又把**外感知从现象学视域中**彻底**剔除**了。外感知不再有存在的理由:**心理学家在外感知中所关注的是主体与客体的不相应性**,即客体的某种东西在所有外感知中总是逃离主体。**需要研究的不是主体与客体的不相应性,而是一贯内在的感知(即体验,它构成外在客体,因而也构成外感知)与追求体验内部的观念性之间的不相应性**。作为内感知范畴的主体与作为外感知来源的客体之间的不相应性因此变成了体验的(本质上是内感知的)**实在内容**与该体验的**观念内容**之间的不相应性。体验的观念内容既不内在又不外在:那么**它在何处呢**?

您所读的**我**写的东西并不是我**写**的东西,而是您**读**的我写的东西:您的"外感知"的实在性——即您在我的文字中感知的实在性——并不是我的文字,而是您的意识流的产物,是您从我的文字中制造的、纯粹内在于您的意识流的意义。如果说我们的内感知可以相互吻合从而排除外在性(由此构成观念的科学共同体,胡塞尔后来称之为**先验的我们**),那是因为我写的语句针对一种观念意义(您读到的**也**是这个观念意义),也因为我们试着通过"明察(livisibilisant)"[①]观念意义而**一同充实**。问题是我们在什么条件下能够一同充实某种意向性?

我们坚信这些条件具有时间性和技术性。

胡塞尔指出,问题不在于内在与外在的对立,而在于相应性与不相应性的差异,因此他把不相应性置于意识的核心。这个**不相应性不是别的,正是时间性**。

《逻辑研究》第五卷的第六节涉及到真正意义上的**意识流之时间性**问题,因而也涉及到时间与所有时间之观念性的关系——无论如何都**维持**它们的同一性。这亦是**充实**的问题,即**不相应性与相应性之关系**。这种关系处于**内在时间性**中,而不处于证实、体验与承受**存在**的世界在

① 这是米歇尔·塞尔维叶创造的词。

变化、太阳西斜及日日相随这些事实的外在时间性中。

内感知的明证性或相应性内感知首先是**我**——正如**我在**的我——的明证性。尽管这个**我**“不可言传”,它仍以明证的方式自我给予在所有的体验中,即总是**我的**体验中。**体验的明证性与明证性的体验**之差异自我给予在**我预先的明证性视域**即统一性视域中。统一性视域通过体验流而**形成**,并像**当即**那样通过体验自我**维持**,且似乎总是与体验一道被**共同针对**。这种统一性视域伴随着所有形式的判断(诸如**我感知**)或所有的确认(诸如**我希望**)等等。“**我思**伴随着我所有的表象”,只是其中略有差别,那就是:胡塞尔在任何情况下都没有把作为主体的**我思**与客体相对立,也没有把我实体化,而是——正相反——把我还原到流程的统一性。这种做法与其说与《纯粹理性批判》相仿,不如说更接近于尼采。

意识可以像所有个别体验的交汇点那样试着为其自身而针对**我**,我就会变为意向内容,即实在内容与观念内容之间的**张力**。这个**我**难道不是我的**观念性**吗?在所有的体验中,这种观念性不是被共同针对吗?其“实在内容”是什么?**这个实在与观念之间的张力**及其**充实的可能性之实质**是什么?海德格尔的答复是:死亡是充实的完结,是在生活中被针对的意识的终结,即延迟终结,通过延迟终结来实现的终结。延迟又是差异,作为他者的差异。但这将会**放弃体验的优先权**并引入历史的**非体验**之概念。

同所有“显现之物”一样,**我**的核心指向一种本质的相关性(它有一种本质,这个本质又是其综合之条件)。我由**我的历史**构成,是变化的,只不过是其连续的体验流;我同时也应当是观念的,因为它指向这个相关性。那么这个观念性会由什么**组成**呢?这个纯粹的我是被追求的观念的同一性,它把统一性赋予所有同一性目标。在此意义上,它把这些同一性目标“先验化”。但它**既不是真正的也不是形式的**先验,而是**本身构成于流程统一性中**的先验,一种“内在的先验”。

体验是流程的**颗粒状**统一体,而流程则是**各种体验**的**综合**统一体。

如此说来,体验是充实,是时间性的,是个**展开**的统一体;而且在展开的**同时**,它**延续**到另一个体验,并让位于一个继它之后的体验。展开的时间就是作为**流程超充实状态**的充实的时间。这种超充实状态是相互**连接**的体验,亦是镶嵌在超统一圆环上的活在场之体验。

我在是以相应方式感知的但又"**不可言传的**"明证性,它构成"从把经验现象的我还原到[……]可以用纯现象学方式领会的内容而来的,基本的且绝对肯定的范畴"。所以"在**我在**的判断中,**我**指的是以相应的方式被感知,这就构成了唯一使明证性成为可能的且奠定了明证性的核心"。然而,这个明证性之所以"不可言传",不正是因为它**不能**以相应的方式被感知吗?正如自相矛盾地不相应的明证性,又如把意向性(intensio)看作不可还原的**膨胀性**——即时间性——的自相矛盾的**不相应性的明证性**,这个核心不正是**不相应性的成因**吗?

因为在明证性即**相应性**感知的范畴中,尚需加上"另一个范畴",它涉及下列内容:

——**滞留**:这里指的是在**当下**的体验中**仍**具有某种**初级过去**或最近的过去——这种过去本身使充实(即以**流动**为前提的程序)的动态特性成为可能——之事物的滞留。

——**重新记忆**:即对可从记忆通达的、先前的且关联着现在的体验之体验的重新记忆。把某个体验中未完成的充实延续到另一个体验的可能性显然以存在着这种**第二**滞留的可能性为前提,这就构成了作为"**我的现象学内容**"的体验流的结构和统一体。

存在着滞留的最近的过去,它与作为体验的活的在场息息相关;也存在着先前体验的又与当下体验相续的过去,它是完成的、实现的。此外,当下的体验与过去的体验之间也有着难以分割的联系,即"总在逐步合并"的统一体,这些联系被纳入既不断变化又顺从于其先天恒定性的流程之动力。这个先天的恒定性无非是作为"总是同一的形式"的时间。时间是体验流的统一性,也是我的现象学还原。**于是体验的概念被**

“扩展了”。我是自我维持之物,正如所有体验(这个我的体验,它总是我的)中的同一性。但这样它就与所有体验的时间性混为一谈了,正如它把共存关系和回忆纳入滞留中。这种共存关系和回忆迫使我们考虑处于总是同一的时间流中的相互衔接的体验之**连续性**,与此同时,体验的内容又是不断变化的。被现象学还原的我变成了体验的时间,**而不是别的**。体验的概念扩展了,因为只有被纳入决定一切现象的同一性的时间流中,它才能被理解。

3. 时间物体的现象学分析和向内在时间意识过渡的内在性的发现

1905 年,**现象的时间性**问题变成了**时间现象**的问题,即变成了内在时间意识的现象学。

所有意识都是对某种东西的意识。这个意向结构坚决反对没经验过物体的显现就对意识高谈阔论。如何**通过物体**来通达流程呢?答案是通过**时间**物体:意向性因关系到时间物体(Zeitobjekt)而与本身就是流程的意识的时间流动性相**吻合**。

客观的时间被悬置,

> 对声音过程的意识与对我正在聆听的乐曲的意识之间有一种接替性,对我们来说,它是自明性对象,它使任何形式的疑惑与否定都显得空洞无物。[①]

在对时间物体的感知中,对持续的感知和感知的持续以某种方式相互“粘合”在一起:

① 胡塞尔:《内在时间意识的现象学讲座》,第 7 页,PUF,1964 年版。

> 显然,对时间物体的感知本身具有时间性,对持续的感知首先意味着感知的持续,对任何一种时间形式的感知本身都具有时间形式。如果我们撇开所有的先验不谈,感知在所有的现象学构成物中保留其现象学的时间性,这种时间性属于它的不可还原的本质。[……]对时间的现象学分析不可能[……]在忽视时间物体之构成的情况下清晰地阐明时间的构成。我们所说的时间物体具有特别意义,它们不仅是时间中的统一性,而且本身也含有时间的延伸性。

对时间意识的分析是**真正的过渡**问题。胡塞尔事实上发现了当即是**过渡**之物,它总是且即刻是**正在过去和已经过去**之物:虽然**尚在**当下,但**已经**过去(滞留),因而也已经是未来(前摄)。这便是明证性,即在时间物体的现象性中分析时间时提出的现象学素材。

这个当下时间物体的——目前正在流逝且被如实地感知的——刚刚过去的当下或者说滞留,胡塞尔也称其为初级记忆,并把它与第二记忆对立起来。第二记忆是对已经消失的,但我能够回想起来的时间物体的重新记忆。这种重新记忆的第二性与重要的滞留内容之间的根本差别使胡塞尔更有理由认为滞留与已经在此毫不相干。已经在此属于第三记忆或客观记忆,胡塞尔称之为图像意识。然而,德里达与利科的所有批评,比如被动综合的先前性,都动摇了这一对立的绝对性。我们欲指出的是,如果他们的批评成立的话,初级记忆与第三记忆的**对立**就不可能超过初级记忆与第二记忆的对立:作为"什么"的已经在此——历史世界的第三性——应当**构成**时间性,这个时间性一贯来源于其严格的内在性。

《内在时间意识的现象学讲座》的第一节阐述了还原客观时间的必要性,以便在全部心理学和全部历史学之外,同时又在内感知的范畴之内把握时间意识的内在性——后者可以与其对象**完全**相应。我们应当从世界的时间和事物的持续中挖掘“真正显现的时间和真正显现的持续,[……]即意识流的内在时间”。在时间物体的现象学中以此方式揭示的时间意识之内在性就是“没有间隔”:

> 即“内在”(inneres)。这个形容词包含所有时间意识现象学的发现和疑难[……](德语用 Zeitbewufstsein,即时间意识这一复合名词恰如其分地表达了意识与时间没有间隔的意思)。[①]

如果我们“看一根粉笔”,然后“闭上再睁开眼睛,我们就有两种感知”,我们应当看到,“对象是延续的,现象是转换的”。相反,在时间物体中,比如听一段乐曲,意识中的变化只能**是**发生在该物体中的变化。对于非时间物体,我们“主观地感觉到时间的接替性,我们在其中客观地观察到的应当是某种共在”[②];而对于时间物体来说,意识的**过渡就是物体**的过渡。对时间的心理学分析看不到

> 由于(外在)刺激的持续,人们的感觉没有持续性,而仅仅是感觉本身在持续。感觉的持续与持续的感觉截然不同。这个道理也适用于接替性:感觉的接替性和接替性的感觉不是一回事。

时间物体意识的初级内容作为接替性与这个接替性的客观性相**吻合**。正是从这种内在关系出发,胡塞尔把先验的时间性与经验的时间区

① 保罗·利科:《时间与叙事·第三卷》,第 38 页, Seuil,1985 年版。

② 《内在时间意识的现象学讲座》,第 13 页。

别开来。布伦塔诺——我们后面谈到有关**改变**与**滞留**的论题时[1]还会重新回到他的理论——没有理解到这种内在关系需要作先验的分析，所以他“把经验与原初混为一谈了”。

明证性就是改变。问题是怎么改变。胡塞尔后来排除了这个怎么改变的**复杂性**。在谈乐曲时，他想的实际上是声音，因为乐曲**同**奥古斯丁的诗歌一样**过于复杂**。然而，诗歌与乐曲所共有的复杂性不正揭示了时间物体**本质的复杂性**吗？这个复杂性不正来源于诗歌与乐曲所共有的、总是**程序化**的特性吗？

4. 原初联想、助产术与爱比米修斯原则

布伦塔诺试图通过原初联想的概念来解释**想象**如何把当下的声音（原本与声音**表象**相关联的，即正在**流动**的声音）变成过去的声音。胡塞尔对这一概念做了更改，从而提出了滞留现象或初级记忆的概念：滞留时间确实与当即相关联，但不可能是想象的产物，因为它**属于**当即，作为时间物体的当即**构成**当即。“纵向的意向性”便是这样产生的。对时间物体的先验分析所揭示的确实是一种完全特殊的意向性，这种意向性赋予直观的原初特征就是其纵向性，它与“在感知中强调物体统一性的先验意向性相对立”[2]。当即的“刚刚过去”在**被**当即留住时才会有延续

① “[……]当一个新的声音响起来的时候，前面的声音并未完全消失，否则我们就不可能注意到这些声音前后相继的关系，也就是说，我们在每一刻只能听到一个声音或两个声音之间的间隔，但从来不是乐曲的表象。另一方面，声音的表象也不可能停留在意识中。如果它们真的不变地停留在意识中的话，我们就不会听到一支乐曲，而只能听到同时的声音的和声或不和谐的杂音，正如各种声音同时响起时我们所听到的那样。只有在这种渐变出现时，也只有在有关刺激消失后，每一种声音感觉又产生一种与时间的规定性相应的、与自己相类似的表象，并且这种渐变在时间中不断进行的条件下，才会产生乐曲的表象，因为乐曲中每个单音都有其自身的确定位置，都有其确定的时间的度。”同上，第 19 页。

② 《时间与叙事·第三卷》，第 43 页。

的感觉,而不仅是感觉的延续。这种联想不可能靠想象来达到,因为来自这个在延续中变化的物体的时间性**感觉**的明证性只能作为**感知**而获得。若认为联想靠想象完成,就是抹杀想象与感知间的所有差别:

> 布伦塔诺的理论得出的结论是:不存在对接替和变更的感知。我们相信自己听到一支乐曲,这意味着我们还听到了刚刚过去的声音,但(按照布伦塔诺的观点)这只是一种从原初联想的生动性而来的假象(Schein)。①

相反,胡塞尔认为"囊括现在与过去的意识统一性是现象学素材",而且感知与想象之间理应有差别,否则便是无稽之谈。然而,这就会把感知像在场那样加以隔离和纯化,虽然感知是对**扩展的**当即的感知,即对所有(总是以某种形式想象出来的)第二记忆的感知;这也就更有理由把依赖已经在此的所有可能性都排除出去。但我们看到,胡塞尔因此也不得不排斥对时间流的**动态**理解。欲把想象与感知、第二记忆与初级记忆**区别**开来,同时又不把在场与不在场相**对立**,就必须放弃感知的优先地位。这势必给对实在与虚构的绝对区分,即对实证性与创造性的绝对区分造成危机——在滞留有限性被工业合理化之时,在**所有事物**及所有事件的**时间物体演变使创造性四处普及之时,骤然产生的正是这种危机**。换言之,如果说

> 布伦塔诺[……]对这个不可回避也不可能视而不见的对时间的感知与想象间的区别置之不理是令人吃惊的,

那么**在工业中**把这种区别**横加抹杀**不是**更令人诧异**吗?

为了克服时间物体固有的困难(通过想象而达到的原初联想不是

① 《内在时间意识的现象学讲座》,第 21 页。

一个真正的解决方法），胡塞尔赋予意向性**双重含义**，“一种指意识与‘以意识形式显现之物’的关系，另一种指意识与以普通形式显现之物——即先验的被感知之物——的关系”[1]。但我们将看到，胡塞尔**事实上**如何且为何只能考虑到这个二元性中的一个侧面，这是一种过分的简化。

> 事实上原初联想的整个领域都是当下的和实在的体验。原初联想所产生的一系列原初时间环节以及属于时间物体的其他环节都属于这个领域。[2]

感知与想象之间似乎存在着一种**本质上的非持续性**，与此相反的是**“大当即”的持续性**。乐曲中的每个音之所以是乐符而不仅仅是声音，正因为它把前一个音留在自身之内，这就把乐符之特性赋予了这两个音。前一个乐符中又留有更前面的所有乐符，乐曲正是以此方式**呈现**在其统一性中。乐曲这样产生的原因是：物体具有时间性，当即把刚刚过去的一切留在它自身之内。于是，这个后来被胡塞尔称为“原初印象”的当即就成了刚刚过去的、持续的、持续在场也持续过渡的变化。原初印象构成接替的印象，是物体的时间性，在其过渡期间改变它留住的、在它内部流动且通过它而流动的滞留。

然而我们将指出，必须从**动态**上重新考察有关时间物体的所有问题。从动态上看，即刻呈现的声音已经是对初级记忆中刚刚过去的所有声音的**重新阅读**，因而也是对过去的声音的改变。但这样一来，这种改变又**反过来影响**在作为原初印象的当下听到的声音的**过渡**。所以原初印象只是以**环绕**的方式从某个已构成物（即某个初级滞留印象的，本身

① 《时间与叙事·第三卷》，第 46 页。

② 《内在时间意识的现象学讲座》，第 29 页。

又在不断变化的已经在此)的**事后**构成“原初”。

况且胡塞尔**似乎**是这么说的,但他言下之意**并非**如此:如果在作为当即的原初印象之后**累积的滞留**被这个当即及其印象的**过渡不断改变**——即时间流动现象本身,那么这个印象的过渡势必**先于**这种改变并制约它,而且本身并**不受这种改变的制约**,因为这种说法如若成立,印象便不再是**纯原初**的,也不再是**纯感知**的了。把事后纳入原初印象中势必打破初级记忆(滞留、制造)与第二记忆(再回忆、再制造)之间的对立,因为倘若想象与感知间的持续性要求初级记忆与第二记忆间的**绝对**对立,那么出于同理,这种持续性就不会允许滞留的改变**回到**由当即的过渡构成的印象的条件中,也就必须把总是由第二记忆构成的**重复**在初级记忆的构成中可能起到的作用排除出去。然而,假如这种情形在声音(但**声音**并非**乐符**)中尚可成立的话,在**乐曲**与**诗歌**中它就站不住脚了。

的确,诗歌中的诗句只有在它本身构成时间物体时才可能构成诗句,只有从各诗句间接替性内部呈**个体化**的**趋势**中才能产生诗意效果;然而**与此同时**,是否只有在与**前一句并(通过前一句)与所有更前面的**(与其韵律格律**相对应**的)**诗句的时间统一性相互衔接**时,这个诗句才能进入时间物体统一性的构成中,也**进入唯一的时间物体即诗歌之内**?我们是否可以说给予其**时间统一性**的**某个**诗句的**诗意**特性来自于前面的诗句,而前面的诗句在其滞留统一性中所获的“诗意特性”又有**更原初**的来源?我们是否可以说诗歌的意境恰恰是这么一种**张力**?但**诗句与诗歌关系中的意义不也正是诗歌与整个诗集关系中的意义吗**?这种假设倘若成立,初级记忆与第二记忆之间的对立就将难以存在(但我们不妨保留这种区分),因为我**可以暂停**阅读诗集,同时又不破坏诗集给我的统一性,也不因此排除下列事实:我过去对同一诗集中我正在读的诗之前的诗的阅读**构成**我正在读的诗的呈现,使它的过渡成为**可能**,并**进入**过渡(《几何学起源》中有关几何直观的论述正是此意)。最为重要的是，倘若诗歌在背诵中才**传达出**诗意，倘若诗歌的韵律已全部由重复构成，那么时间物体便在阅读诗歌的重复中**构成**。对于意识来说，它们**每次都是新颖的**，同时又与其诗歌性的开启**密不可分**。倘若上述一切都成立的话，**第二记忆**就会**开启初级记忆的可能性**，因而**第三**记忆可能性的存在对第二记忆来说也就同样具有本质意义了：诗歌**文学**正是这种本质可能性的确正模式（同理，没有界定就没有几何）之**重复的精确性**，其中以文字方式保留的书写特性对于通达诗歌文学性的可能性是必不可少的。文学的本质是**技术**。

对一首新诗的阅读在此被纳入超出体验流的环形动力中，它改变了对所有已读过的诗歌的通达性，并从中释放新的通达之可能性，但**这个已经在此的改变**又**反过来**以奇特的**助产术**方式构成新诗本身的过渡。这种助产术只有在事后才成为可能——事后来自原初的**爱比米修斯原则**，而后者又由这个滞留有限性即**普罗米修斯原则**构成。

阅读的诗歌当然不像听到的诗歌那样具有时间性。但如果我们可以揭示——正如我们在此试图做的——**这一切**适用于**所有时间物体**的构成，那么自我呈现之物的已经在此就会在其滞留的整体中被自我呈现之物改变，而这种改变又会反过来影响当下的**呈现**。当下就是新的当即，它落后于对其自身的已经在此的通达。这种**循环**和动态加入到与之**相续**的流程中，通过流程**以不复存在的第二种方式与已经在此的其他时间物体相续**，进而达到**自我连续**。我们在此谈的是乐曲，而不是胡塞尔实际谈的某个声音。乐曲由乐符组成，只有在与别的**声音—乐符**构成一种类似于诗句构成诗歌的关系之关系时，**声音**才变成**乐符**。但胡塞尔只**局限于**对**某个**声音的意识，这无疑是一种模棱两可的词义偏移，存在于纯质料层次的愿望使其合法化。然而声音仍是个组合因素，不仅因为它在意识中持续，而且因为它是作为音谱且最终作为一贯是某种东西的声音。这就意味着从来不可能有纯粹的**质料与形式**的划分。

于是问题就成了搞清纵向的意向性如何成为可能。胡塞尔试图在其纯质料的内在性中理解纵向的意向性，后者不会动摇把意向性视为首要问题的立场。但我们将指出，倘若声音总是某种东西的声音，那么胡塞尔在抹削这个现象视域必然造成的复杂性的时候，就不得不排除如下观点：现在的过去是刚刚过去的代价，这个代价只有脱离了滞留、第二记忆和图像意识——或作为对过去的记录（第三记忆）的“什么”——之间的划分才能成立。

对声音的纯质料分析拉平了听的现象，并且事先遮蔽了“能听到”的问题。“能听到”的“失音”后来是存在性分析的最深层次——这样的分析让人很难看到它如何把握听到与听的区别。当我听到一段乐曲时，我的意向并不比我听到某种“响动”时更集中到声音上。这里说的不是一种**纯粹**的响动，而总是某种东西的响动。

> 现象学中的听比人们在心理学中“首先”规定为“听”的东西——即对声音的感知——更原始。听也是理解地听到的存在方式。我们永远不会“首先”听到很多响动或一串声音，而总是听到汽车或摩托车的刺耳声响。我们听到的是行进的军队、呼啸的北风、笃笃的啄木鸟、劈啪作响的火焰。[①]

听到某个声音总是向着作为某种东西**的**声音的“意识”蔓延。这种听到是听的**条件**，包括听**某个**真正的声音、有意听到的声音，它**脱离使**其**首先**听到的意向性，它的来源在意向性中被悬置但仍能以原初状态显现。然而涉及到乐曲时，声音的乐符性便丧失了。

> 我们听到乐曲就是感知到乐曲，因为听到就是感知到。第一个乐符刚一响起，第二个乐符就接踵而至，然后是第三个，依此类推。

---

① 《存在与时间》，第34节。

> 我们是否应该说：第二个乐符响起时，听到它我就听不到第一个乐符了（并依此类推）呢？事实上我听不到乐曲，而只听到当下的单音。如果流淌而过的乐曲片断对我来说客观地存在着，（可以说）那是多亏了记忆。但不是一有声音响起，我就假设它来自一个整体，这是因为存在着预设的期待。但我们不能满足于这种解释[……]。

胡塞尔不满足于缺乏当即——其中滞留属于声音的时间性呈现——延伸的解释。我们更有理由认为，胡塞尔想表明他指的不仅仅是声音，而且也是乐曲的声音，因而也**已经**是乐曲本身，同时乐曲只有在已超出**某个**声音的基本统一性——总有某个声音**呈现**在其中的补余性——的延伸中才能构成其统一性。然而胡塞尔排除的恰恰是这一点：

> [……]但我们不能满足于这种解释，因为上述一切都涉及到单音。单音响起时，它作为当下被我听到；但当单音持续时，它便有一个总是全新的当下，永远是之前的当下就变成了过去，于是我每次听到的都只是声音的现状。持续音整体的客观性在某个行为（这种行为一部分是记忆，极小的一部分是感知，另一大部分是期待）的连续统一体中构成。这种说法似乎回到了布伦塔诺的理论。我们应当在此作更深入的分析。①

胡塞尔声称在**乐曲**中分析听到的现象，但由于受到**声音**统一性的影响，他仅仅关注由滞留构成的改变这一侧面，即滞留的积累，也是滞留的逐渐消失，而没有注意到听乐曲时对滞留和滞留之滞留的重新阅读总是随着新的声音出现而产生的原初印象反过来对当即的影响。

困难的是，**对意向性的绝对忠诚这一现象学原则似乎使时间物体**

---

① 《内在时间意识的现象学讲座》，第 35 页。

不能作先验还原。

5. 流体力学和流程动力学，声音个体化及空间比喻

“我们应当作更深入的分析”，但这个更深入的分析不会对改变的概念作变更，而只停留在其表面上。由于注重单音，一切都步入歧途，因为**单**音在乐曲中**毫无意义**，它总是在其前或在其后的**其他的**音。正因为单音不是点状的，或者说是非点状的，它**仅仅是个体**尚未**给予**的**个体化过程**中的**过渡点**：按伯格森的说法，这种过渡点**数不胜数**；按西蒙栋的补充说法，这些过渡点具有前个体性，构成的个体只不过是其结果。个体只有在**有益于乐曲**(而非**声音**)的个体化的总体过程中继续分化，才能构成自身的统一性——正如语言的声音因为音素组成的系统才能成为音素，亦如语言音素的存在不能先于语言“系统”，只能由音素构成这个事实。语言音素构成丰富多彩的特有语言之特性。孤立地理解乐曲的声音和语言的音素就像通过研究质料来理解听到劈啪作响的火焰那样徒劳无功。无论这个质料研究属于感知心理学还是属于感知现象学，它都像《内在时间意识的现象学讲座》一样植根于对物质与形式的严格区分，提倡把“声音作为纯质料”来分析，从而揭示《现象学概论》中的深层内涵并恢复作为原初区域的**自我**——尽管胡塞尔在《逻辑研究》中批评康德的先验形式主义时已经摒弃了这种原初区域。

胡塞尔放弃了乐曲（乐曲只是到了分析重新记忆的第二性时才重新出现），所以浪费了时间物体的现象性所构成之问题的绝大部分资源。由于放弃乐曲而关注**纵向的意向性**，胡塞尔丢掉了**物体的意向性**。

> [……]让我们把声音看作纯质料[……]。在这个意识流的“期

> 间内”,我意识到唯一的也是同样的一个持续的、现在正在持续的声音。“以前”(假如这个声音没有被听到)我对它没有意识;“此后”,在作为过去的“滞留”中的“一段时间”内,我对它“仍”有意识。在固定它的目光下,它可以被滞留、自我保留或自我维持。可以说声音持续时间的所有延伸或者说在其延伸中的声音像逝去之物那样维持着,不会再生动地自我制造。这是当下的制造点不再赋予其活力的形式,但这种形式仍继续改变,并回落到“虚空”中。

对声音的意识有始有终。但若说“我意识到唯一的也是同样的一个声音”是否有些言过其实?当统一性——正相反——从多点状流程中**事后**产生出来时,它是否被引入**尚未**构成之处?难道反而存在着统一于声音的总是产生于其中的**前个体**时间性**基础**吗?这个道理同样也适用于主体间性的问题。在主体间性中,由于个体**事先**自我给予,以贯穿个体的方式、从前个体本质中产生的**个体化**便被抹消或丢失了[①]。在此情形下,质料与形式构成事物论总是徘徊于殊途同归的两种可能性之间:有时像《内在时间意识的现象学讲座》那样事先偏重**质料**,有时像《现象学概论》那样事先偏重**形式**。

声音在其持续时间内像河水一样流淌和远去,流淌即是远去。这种机械的流动性来源于一开始就干扰所有分析的空间的恒定参照性。在这个显然不能与**时间视域的非决定性**相提并论的**空间视域的不定性**中,丢失的是时间流的动力。对时间体验的理解是极其困难的,而空间比喻似乎有助于这个理解:

> 这些持续的点远离我的意识而去,其方式与“我远离物体时”

---

① 我们将在本丛书第三卷中评述西蒙栋的《精神的个体化与集体的个体化》时讨论这一点。

> 空间中静止物体上各个点远离我的意识而去的方式相仿。物体保持其位置,声音则保持其时间。任何瞬间都没有位移,它却逃逸到意识的远处,与当下的制造者总保持越来越远的距离。声音本身是同一的,然而“在其(显现)方式中”的声音(der Ton “in der Weise wie”)却不断显现为别的声音。

但人们在此**为何需要借助于**空间比喻呢?如果不是因为时间走出自身,被置于自身之外,出离,受到一种**最初辅助状态**的要求——它本身又是滞留有限性所要求的——而**膨胀**,为什么一定要借助于时间来呼唤空间呢?只要空间比喻在胡塞尔眼中不**构成**问题,它就与**某个**声音的优先地位一道构成这些分析的诱因:过去变成了前景,在此前景中——如同在物体构成的世界之空间性中——存在着**内**与**外**、**始**与**终**、**远**与**近**。如果说不能把滞留与记忆混为一谈,那是因为在时间物体流程的末端,

> 一切都消失在影子里,消失在空洞的滞留意识中,而且滞留一旦停止,便**最终彻底消失(如果可以确认这一点的话)**(注解1)。[①]

是否可以确认这一点呢?这里有个注解。胡塞尔在此注解中指出,空间事物自我给予于其中的时间前景自身也在空间前景中自我给予。时间前景表明,空间前景也是时间物体,但它使我们走出内在范畴,因为空间前景本身并不是**像**声音或乐曲那样的时间物体。何以言此呢?不正是因为与意识流相**吻合**的时间物体流之特性**不容许**乐曲**像属于非内在范畴的空间**物体那样**有始亦有终**吗?海德格尔则把整个问题颠倒过来,他把空间性作为植根于烦忙中的各种存在,即作为忧虑或时间性来

---

① 第9节,第40页。黑体系本书作者加注。

分析。

此外，胡塞尔**同时也提出了**(尽管放在了括弧中)一种切实的、实现的、纯粹的和绝对的消失之可能性，且正如我们将要看到的，他也**假设滞留性和更广义的记忆从理论上讲都是无限的**。

把过去作为"某种时间前景"来分析便提出了双重意向性的主题，同时又把两种目标隔离开来。

> 我们显然应当承认"意向性"一词的双重涵义，根据我们的观察，它要么指显现与显现之物的关系，要么指意识与"以意识方式显现之物"或者意识与以普通方式显现之物的关系。

声音**的**对象是其纵向性的对象。但我们是否能把声音**的**对象与**构成声音的**对象分开，但又不丢掉声音之时间性的**整体性**呢?

> 我们从流淌现象中得知，正是不断变动的持续性形成了不可分割的统一体:不可被分割为本身，又可能变成持续点的片断或阶段。[1]

适用于片断与阶段的原则是否也适用于**作为乐曲之音**的乐曲的声音呢?

> 我们在抽象中发现的碎片只能存在于流淌的整体中，流淌的持续阶段与持续点也是如此。[……]这个持续性[……]从形式上是不变的。[……]同理，每个瞬间(以及每个微小的时间段)与每个其他瞬间可以说有"个体的"不同。任何瞬间都不能发生两次，同样，任何流淌方式也不能发生两次。

---

① 《内在时间意识的现象学讲座》，第 41 页。

对时间的意识确实只发生一次,而难题恰恰是:**同一个声音**的重复每次都造成**不同的声音意识**。但这个**重复**的难题没能困住胡塞尔,难题对他**恰恰**不成其为**难题**,原因是即便把“个体性”放在括弧中,也无法容纳上面讲的推理的“刚刚过去”。似乎只有事先自我给予“个体性”,才能构成作为个体化过程的时间性。西蒙栋后来正是用这种方式来评判个体的质料与形式构成事物论的概念。

6. 过渡、漩涡与调转方向

在对声音的质料分析中,乐符的音乐性丢失了。**由于胡塞尔排除逻格斯的特有语言性,他把所有听到内容的音乐性都取消了**,因为所有的声音都在前个体的音乐性背景中被个体化,所有的语言都“歌唱”,任何微小的声响都会从世界的交响乐中传出。耳朵本来就有乐感,**这正是它的时间性**。所有的时间物体都在这种无休止的音乐性背景中显现,从这一背景中脱颖而出并以“迭化”的方式与之相续。

然而只要一作任何流淌方式都不能发生两次——因为时间物体有头(或者说核心)、有尾(或者说滞留的滞留)、有界定现象**纯粹统一性**的**始**与**终**——之断言,上述观点就被胡塞尔排除了。在此,本源问题被重新提出:

> 内在时间物体的流淌方式有一个开端,可以说有一个源点。它是内在物体能够开始存在的流淌方式,以当下为特征。[……]流淌的每一后续阶段本身都是一种连续性,一种持续增长的连续性,一种过去事物的连续性。让我们把持续中每个点的流淌方式之连续性——当然包括在最初流淌方式的连续性之中——置于物体持续的流淌方式之连续性面前,这样一来,持续物体流淌的连续性便是

> 连续统一体，它的各个阶段便是物体持续性中各个瞬间流淌方式的连续统一体。

我们需要把解释这个分析的图表同《质料与记忆》中的锥形表作个比较。后者更具动态特征，因为其中不存在当下与记忆的划分(但缺乏对**初级**滞留的理解)：伯格森认为“记忆所回应的召唤始于当下”，**反之亦然**——这里谈的是第二记忆，因为感知与记忆之间存在着一种原初的“**摇摆**”。《内在时间意识的现象学讲座》中的图表描述了时间物体的个体化过程，它以作为流淌方式的**源点**(O)为中心，内在物体通过这个点**开始**存在即开始**过渡**，也就是说开始**消失**。这里的开始即开始终结，开始要终结。

但如果开端自始便是终结的开端，那么如何把开端与终结区分开来呢？我们能够肯定并严格区分开端与终结吗？如果作为流程的时间物体是在意识流中延续的体验，那么这个体验是否在某种程度上来自先前的体验(正如伯格森的例子)呢？**然而**，如果说这个流动的意识只有在其新内容中**偏离**——由作为流淌的已经在此的第二记忆本身构成的——所有过去的流程时才在意识流中开始，那么这个偏离不正是河水(在意识流**即时间**中流动的**时间**物体)中**漩涡流**的偏离吗？这个偏离从河水中翻卷而出，而河水又形成偏离。**我们不能说偏离的本源在河水中**，因为**河水不是本源**，而是**漩涡**，是河水无论如何都无法与之分开或对立的漩涡。然而，要分析这个作为大当即的偏离就必须把与偏离相续的流程搁置一旁，因为与布伦塔诺相反，胡塞尔认为有必要**让感知的开端绝对偏离想象**，从而还原所有声音的音乐性，**即所有声音的时间性**。

毋庸置疑，伯格森的锥形表中没有区分下列三项内容：(1)在时间物体的在场中作为初级记忆的“过去事物的连续性”；(2)“有可能被其它物体充实的当下的直线”“E→”所代表的第二记忆；(3)与第二个图表中下行的对角线所代表的 OE 相关联的消失[①]。但胡塞尔宣称的初级记忆与第二记忆之间的**隔绝性**真有必要吗？倘若时间物体于现在这个当下的在场**确实**有绝对的特性，那么需要澄清的问题是：这个在场是否从本质上落后于记忆的**原初第二性**，且从**本源上**落后于起源的缺陷，在场是这个起源缺陷作为**回应**的后果。

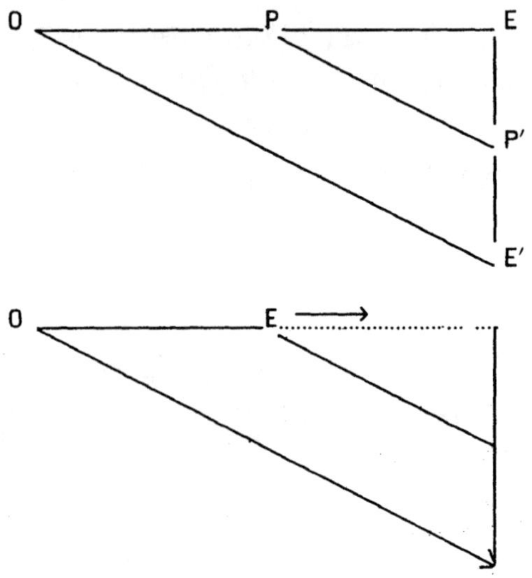

OE　当下瞬间序列

OE'　下行线

EE'　各个阶段的连续统一体(具有过去视域的当下瞬间)

E→　有可能被其他物体充实的当下的直线

---

① "我们图表中的纵向直线代表持续中的物体的流淌方式，它们从O(点)延伸到一条确定的延长线，后者具有终点之前的最后一个当下。此时，不包括任何(属于这个持续的)当下之后续的流淌方式才真正开始。持续便不再属于现在，而属于过去，它不停地滑向过去的深处。这个图表由此勾勒出流淌方式双重连续性的完整图形。"

图表的目的在于揭示大当即中初级记忆的连续性（与之相对立的是第二记忆的非连续性），也进一步揭示第三记忆的超级非连续性，因为它构成代表**非体验**的可能性。但这种揭示方法的代价是冻结了个体化的时间过程，正如对现象过分重视、谨小甚微就反而抓不住现象，亦如试图从乐曲中听出每个音就**无法听到乐曲**。

垂直线 EE’

在各个时间环节上都把当下瞬间系列与下行线相连。这条垂直线代表着当下与其过去的视域在各阶段的连续中合而为一。任何一条单独的直线都不能代表滞留，只有三条线组成的整体能够把滞留体现出来。[①]

利科遗憾的是两种连续性(OE’与 EE’)的静态分离所构成的现象物化。这种静态分离与初级记忆、第二记忆和第三记忆的分离息息相关，时间性在其中分解并完全消失：

这个图表展现了一连串临界点，但未能表现源点的滞留蕴涵，简而言之，未能表现远与深的同一性，这个同一性使已成为其他瞬间的瞬间以独特的方式被纳入当下瞬间的厚度中。其实，能够正确表现滞留与(滞留在瞬间与持续之间的)中介之关系的图表并不存在。[②]

然而，把**改变**视为我们后面说的**循环**——即视为滞留的改变向表象构成的回归——显然是个失败，且尤其是个失败。

到了第十一节，一切都有了定论。问题的实质显而易见：正是作为**印象**开端的**绝对性**将其绝对性**传给**了滞留，同时又划定了滞留的界限。

① 《时间与叙事·第三卷》，第 43 页。

② 同上，第 48 页。

> 与持续物体的“制造”一同开始的源点是一种原初**印象**。这种意识在连续的变化中被抓住:“有血有肉”的声音之当下不断变为过去,总是新声音的当下不断与在变化中过去的当下相续。然而,当声音的当下——即原初印象——过渡到**滞留**中时,这个滞留本身就成了当下,即某个当下之物。在它作为当下之物(并非当下的声音)期间,它便是过去的声音**的**滞留。①

真正的**过渡**在此被描述为植根于持续、展开、过渡、**边**展开**边**过渡的印象之开端中的不断改变:这正是对纵向意向性的切实描述。但作为**绝对**开端的**源点**观念妨碍了我们探索这个被称为**变更**(即作为**循环**的改变)的本质现象,因为这个观念把时间物体仅局限于原初印象即在场的领域中,从而掉转了方向。时间物体在此转向中变得支离破碎了。

我们的观点像原初的明证性一样明了:由于这是(先于听到一切或倾听一切的)“传统的”和“历史的”预先听到的结果,所以改变反而来源于某个**已经在此**。**正如很久以后胡塞尔对待几何的(变成历史的)大当即一样**,滞留的**循环**应当作为(重新)构成初级记忆的第二记忆的“原初”循环来理解:只有这样一种对“沉淀滞留”的循环才能使作为回溯性探问的相关差异的再激活现象成为可能。

开端自有其**后果**,即新的开端。人们当然可以反驳道:这种把所有开端都植根于已经在此之重复视域中的做法会破坏这个当即的特殊性——**这**首诗而不是那首诗,**这**段乐曲而不是其他任何一段乐曲,**这唯一一次听到的**诗歌或乐曲而不是同一首诗或同一段曲的其他任何一次重复。然而,这正是特属或特有语言的问题,此问题总是被**共同的**特有语言性所引导、所贯穿。共同的特有语言性与另一个永远更具“合并性”但更乏“特属性”的特有语言**有关**,同时也与其他更具“被合并性”和“特

---

① 《内在时间意识的现象学讲座》,第 43 页。

属性”的特有语言有关,所以我们应当像承受时间问题那样承受特属性或特有语言的问题,因为它**既是**计算**又是**非确定性,既是特有语言平庸的共有性又是特有的绝对特殊性。

> 意识的每个现在的当下都服从于改变法则,它持续地从滞留变为滞留。滞留的连续统一体便不断从中产生出来,以至于每个后面的点都是前面的点的滞留。

然而循环圈必须改变滞留的滞留,不仅把它当作消失的现象,而且已经当作位于**正在过渡**的原初印象内部的某种再激活,也当作改变并丰富声音的**回应现象**。回应现象使我们拥有大量和谐、合并、和弦、切分音、音色、音色与不协和音等形成物,它们**组成**乐曲的时间性即**音乐性**。**简单的**“滞留突变的连续性”无法描述这种现象。这里的全部诱因是声音相对于乐曲的每况愈下的优先地位,其中的描述只能流于形式且内容空洞。的确存在着一种循环形式,一个循环圈,正如利科指出的,它没有被图表中任何直线表示出来,但原因并不仅仅是受到图像表达形式即空间性的限制。胡塞尔之所以能在这个空间图表中重新找到所关注现象的时间性的表达模式,是因为他所针对的循环受到开端和**能够达到**、**能被确定的终结**的局限和抑制。从这个角度上看,这个终结不是后来说的走向终结的存在之意义上的真正的终结,**事实上**也不能产生循环,而只能产生某种反馈。名副其实的循环似乎是不确定游戏的非疑难实质,它来自一个我没有经历的过去,既是我的又是非真实的,把我切实经历的过去的已经在此与这另一个没有经历但我需要它存在的已经在此相关联;它是被强加的循环,强加来自滞留有限性,也来自——总是对“在已经在此中定向”(也在自身经历的过去中定向)的必要性作出回应的——地图绘制术**必将**带走之物,**即对真实领土的想象,也就是说一种超前**。

然而,这里引入了一个新的比喻,即**遗产**,海德格尔正是运用这个比喻把此在的可能性和此在的决定解释为可能性财富——即作为**非体验**的已经在此——传播的切实性。

7. 遗　产

> 每个滞留都已经是一个连续统一体。声音先开始,然后"它"持续地延伸。声音的当下变成了声音的过去,印象意识一边持续流淌,一边过渡到总是更新的滞留意识中。我们顺流而行或随波逐流就会拥有属于起点的一连串滞留。然而除此之外,在这个作为"当即"的连续点上,前面的每一点也以滞留减弱的方式自我给予。这样一来,滞留变化的持续性便抓住每一滞留,且这个持续性本身也是以滞留减弱的方式自我给予的当前的一个点。这种现象并不会导致无穷尽的单纯退化过程,因为每个滞留都是自身持续的变化,可以说滞留在一连串减弱的形式中都承载着过去的**遗产**。

胡塞尔的确在谈遗产,然而他想的不可能是遗产。我们或许可以认为他说的是再现,因为他补充道:

> 但并不是说前面的每个滞留都沿着流程的方向被一个新的滞留——哪怕是以连续的方式——简单地代替。每个来自原初印象的后面的滞留都不是单纯的持续改变,而是同一起点的持续改变。

但这就意味着在滞留的**初级**连续性中,印象的当下总是透过每个作为"同一起点的持续改变"的滞留而自我展开。区分初级滞留与第二滞留的正是这一点。需要证实的是:

> 滞留是**扩展了的当下**，它不仅保证时间的连续性，而且也保证**源点的直观性以递减的方式传播给一切当下瞬间在其内或在其下保留之物**（黑体系本书作者加注）。[……]滞留的效应不仅是把新的过去与当下衔接在一起，而且是将其直观性传达给这个过去。

然而，如果说"原初印象本身过渡到滞留中"[①]，那么它**在其中**既过渡又不**过渡**，因为原初印象无法从滞留那里**回归**，或者说它从滞留处回归时没有受自身过去的**影响**，却反而**影响**了自身的过去。的确，作为遗产的过去应在**其通达条件中**受到原初印象过渡的**影响**：一个新声音的过渡应当为已切实过去的声音创造新的通达条件，并揭示其**不确定性**。这些滞留的滞留应当反过来因其改变而影响过渡的切实性，于是滞留的回归便成了过渡即印象的（重新）建构。所有滞留的滞留都受到起点改变的影响，所以滞留也应当反过来影响这个起点的改变，且"起点的改变"中的所有格应当**保持**其双向：大当即的当即应当是这两个方向的保持。

胡塞尔似乎是这么说的，但这并非他的本意，因为果真如此的话，他就应当像在一切再激活过程中那样去听乐曲。正如几何的例子，被保留物在来自回溯性探问的给予中自我改变。回溯性探问是"回归的问题"，其中被保留物在**回归时确实在事后**（作为回归的结果）构成此问题。**但这似乎涉及到初级记忆与第二、第三记忆之间的事后渗透性问题**。

遗产之主题完全内在于原初印象，不能从已经在此出发来理解它。与海德格尔作了比较之后，利科当然可以说："这个次极意向性表明，最老的滞留不断受到最新滞留的改变，由此构成时间的去远化。"但什么受到改变？什么引起改变？海德格尔认为，受到改变的是最老的滞留，引起改变的则是最新（最直观）的滞留。

① 《时间与叙事·第三卷》，第 48 页。

遗产——即遗产的改变——始于何处又“源”于何处？漩涡的**力量**从何而来？让我们再回到阅读诗歌的问题。我先读第一句，读到句尾时，起始的滞留已被继续引向第二音步、第三音步……的原初印象重新贯穿。所有音步都带有充满音乐性的迭韵、韵律和诗律，而音乐性本身又包含着音色、和音、切分音等等，它们给滞留的过去**和**正在过渡的原初印象同时赋予充分的内容，给第一句的过渡**赋予诗意**。然后，第二句重读第一句，为的是与之重新呼应。但这个(不)确定阅读的重新阅读确实**与阅读相吻合**。假如我能背诵这首诗，或者我只是从前读过它，这个已经做过却属于“真正过去”——**即属于第二记忆**——的阅读便寓于第二次阅读中，**正如**对第一句诗的阅读寓于第二句诗中一样。我们的确说记住一首诗，但这里的记住意味着把它**留住**，把它作为与初级记忆相**黏合**、相交融的“第二”记忆**保留**在自身之内。

第二滞留已经存在于原初印象中，它传递原初印象并从中传递其不确定性的切实性。非体验的滞留寓于第二滞留中，对于第二滞留来说，非体验滞留是本质的，**且正是它的世界，而不是别的**。使第二滞留成为**可能**的是本质上由非体验回忆构成的，作为图像意识保留的已经在此。

正是**体验**妨碍了胡塞尔以这种方式思考，海德格尔后来说：体验是现象学的形而上学概念。

引入遗产之比喻时，胡塞尔

> 排除了滞留过程无限萎缩的假设[……]，(而且) 他似乎因此把遗产的观念与时间场的限制之观念连在一起，他在第十一节的第二部分又回到这一论题[①]。

① 《时间与叙事·第三卷》，第 48 页。

然而,这个时间场的限制性并非滞留有限性。那么它的性质是什么呢? 换言之,扩展的真实属性是什么?须扩展的内容**实际上**是什么?

在展开先验历史的问题时,胡塞尔把原初几何直观的可能性植根于累积式科学的可能性中,作为发明当下的再激活之可能性。他不会再把第三记忆置于构建之外,因为大当即将会变成特大的当即或者说超级当即,建构也将变成(重新)建构。《几何学起源》一书把第三记忆(即由文字的确正代具化给予的世界历史的图像意识)变成**第二记忆进入初级记忆的条件**和作为复苏或继续存在的再激活之条件。由于**活的**滞留的限制,没有文字(没有活的在场的改变)就既不会有发明也不会有几何传统。但**在此**不区分体验与非体验、初级记忆与第二记忆、第二记忆与第三记忆就意味着对现象学本身的原则提出质疑。遗产**始于**感知,且仅仅始于感知,亦终于感知:正是作为最高原则提出的感知的直观性不允许把第二性纳入到遗产中。

8. 图灵机器关联物的回声

然而,正如开端的主题限制了分析的内涵,我们必须在胡塞尔后面的章节中推迟**消失**的主题。

> 如果在乐曲演奏中出现了停顿,那就没有任何新的感知阶段而只有新近记忆的单纯阶段与上一感知阶段相连接,然后某种类似的记忆又与这个新近记忆相连,依此类推。在过去中的推迟便这样不断产生了,这一属性不断被改变直至消失。事实上衰退与改变相辅相成,最终导致非感知性。[①]

---

① 《内在时间意识的现象学讲座》,第 45 页。

终结在何处终结？上面说的消失何时完成？既然属于感知的滞留**比感觉持续更久**，那么**感知**何时停止？

对于**初级记忆**，已不可能再谈论严格意义上的单纯感知，因为滞留总是寓于"大当即"中：**感知的在场延伸到滞留的不在场之中**，且某种**非感知性**像其自身改变那样已经作用于时间物体被感知的存在。开端从来只是开端的**改变**，因而它永远不会是真正的开端，而已经是**消失**。我们看不出是什么容许人们谈论终级的非感知性。显而易见，当感觉本身终止时，非感知性仍会改变性质。但此时此刻，与其刻意提出一种似乎无法描述的终极界线，我们是否应当越过表面上的非连续性来探寻无声的持续、深层的不停歇以及构成曾经存在之物的**未完成**呢？这就成了**回声**的问题。

然而这全然不是胡塞尔在此提出的问题，他的问题之关键在于把初级记忆与第二记忆间的对立**绝对化**。他认为，假如开端与产生开端的已经在此之间，终结与终结回归到的流程之间没有明显界限的话，时间物体的此在与其不复此在之间，感知与想象之间也就不存在着界限。

但令人诧异的是，这种推理使胡塞尔得出了如下结论：第一，事实上**时间场**受到**绝对限制**；第二，理论上**记忆没有限制**。

"显而易见，正如在感知中那样，原初时间场受到了限制"。

首先，它受到绝对的限制。对这个原初时间场的**有限延伸**无论在事实上还是理论上都没有任何填补的可能性，这个受限制的延伸具有与开端同等的绝对性。时间场**同眼睛"在客观空间中"的视野一样**，本质上从来都以相同的方式被局限：

> 总体上我们可以大胆地认为，时间场总有同样的延伸。可以说正如视野随着客观空间而移动，时间场随着近期被感知且被重新记住的运动及其客观时间而移动(注解)。

再者,初级记忆理论上是无限的、观念化的,正如第十一节这个注解中审慎地指出的那样:

> 我们在此图解中没有考虑到时间场的有限特性,没有从中预见到任何滞留的终结,因而把一切以滞留方式保留在其中的意识观念化也是完全可能的。

也就是说,他认为事物的正反两面都有道理:欲构成绝对开端的可能性,需要有绝对的终结、完结与消失。然而,为了确实能把这么一种绝对性描述为某种现象的绝对**持续性**,必须在现象过程中将滞留的绝对效力观念化,也必须悬置对初级记忆的**所有事实上的限制**,使之回到其自身的庸常性,并排除填补时间场限制的所有可能性。简而言之,这意味着把代具排除在外。但观念化**在此**意味着什么呢?这种做法与图灵的做法如出一辙,即先建立一个描述机器的公理,然后把该机器的机器特性置于括弧中,也就是说把机器抽象化、非具体化。于是机器就不复存在了,所有机器的关联物也不复存在了。

然而,问题正是机器关联物的回声问题。这个回声像"什么"的回声那样构成时间性,即以**不可还原的先验性**而不以**质料给予的方式**构成时间性。

9. 可见的时钟之时刻

胡塞尔使用空间视野这一比喻,是因为他严格运用"原初时间场"的先验概念来推理,似乎某种时间仪器(或者说测时仪器)及其时间深度(或时间前景、时间滞留的递减定义等,直至最终消失)有可能被某种光学仪器及其景深和图像的"定义"等所取代或相比拟。这样,可见之物便支配了对时间的一切分析，仿佛在此情形下在场比声音更有保证似的。那么我们是否应当反过来质疑“原初时间场”早已被——尤其是从初级记忆与第二记忆之关系的角度观察时——纳入**器具的客观性**中这一**事实呢**？它是否像照相机镜头那样，在这一非常时刻（im selben Augenblick）“咔嗒”一下就实实在在地把时空“抓住”的可见的时钟呢？

“重视”时间特性的有限场及其有限性——意识有限性——就意味着用“活记忆”连接总是使活记忆成为可能的死记忆，连接某种填补。当活记忆“失灵”时，这种填补不仅起支撑作用，而且也把活记忆建立在其原初可能性之中。于是，“无终结的观念化意识”只能是上帝的意识，被排除的便是（生命的）**终结**（和生命中的生命之终结）。

扩展当即的概念便是改变。但改变的定义来自它的积极性与**可靠性**，不包含（伯格森的）地图绘制术的有限性：

> **初级记忆是印象——而不是其差异——的积极改变**，它与过去图像的再现相对立，而与活的当下共享原初的优先性，尽管这种共享方式是递减的。

这就是为什么它不可能涉及图像表现。第十二节清楚地阐述了滞留**并非**感知却又**属于**感知的事实，同时也通过初级记忆与再现或图像意识的对立而阐明了“我们视为滞留的改变之性质”。

这种论点向来与布伦塔诺的观点背道而驰。若存在着图像的表现，就会存在着想象，也就不可能区分过去与幻想。初级记忆是“过去的给予物”，这也意味着**第二**记忆并非**第三**记忆，因为记得的东西应当在其时间内构成，并且构成于原初**印象**。

如此看来，完全没有必要把第三记忆考虑在内。一般现象学——尤其是时间现象学——把世间全部实在物（当然也包括第三记忆）都悬置起来，以便把握其构成方式。然而在图像意识也是时间意识的情形中，比如在一张尚未成为真正时间物体(它并不流动)的照片前，本来具有时间性的对象**不再能将先验性还原到对象身上**。之所以有**真实的效果**，是因为意向对象本身带有**曾经存在**的确凿性，这种确凿性**产生于**(载体的)对象的**先验性**和**非体验的侵占性**。照相的意向对象之特征是把我**没有经历过**的曾经在此给予我，这就需要把问题像时间物体那样延伸到电影的已经在此的时序性中，同时也延伸到**剪接**即所谓电影地图制作的问题中。

10. 图像意识、记忆丧失及重新开始的自由

所有的时间**印象**中都包含着滞留，而所有的滞留，**无论是初级的还是二级的**，都与原初印象衔接在一起(第十三节)。所以滞留在其可能性中无论如何都不会产生于非体验之后，或产生于作为第三纹迹经验的绝对的非感知性之后。正相反，原初印象应当**像**建立初级滞留那样建立重新记忆(第二记忆)的明证性：我可以重新激活这个记忆。它之所以能被重新激活，是因为它被体验过。**不同于所有图像意识的是**，这个回忆**建立**在原初印象的基础上。

当滞留不属于初级滞留时，过去的意识便享有一定的自由度(第十四节)。这种自由可以是相对于第二记忆的自由，人们可以在第二记忆中重组过去，与其一道“编织”，我们不久就会回到这个至关重要的问题上来；这种自由也可以是相对于真正的图像意识的自由，真正的图像意识即诸如图形、图案、照片、各种纹迹以及世界历史的其他“什么”的超验表象。

然而如何看待**记忆丧失**的问题呢？第三记忆首先是对记忆丧失的填补，也就是胡塞尔声称理论上已消除，但事实上仍存在的滞留有限性。

马尔罗在分析波德莱尔的视觉记忆失误的可能性时就谈到这种滞留有限性。视觉记忆难免出错，人们无法用它来弥补陈列在博物馆的艺

术品系列的全部艺术的缺陷[1]。能让人弥补记忆缺陷的是照相技术。并非要弥补全部艺术的缺陷，而是要在比较各种作品时体验它。

胡塞尔认为第二记忆的可能性先于并独立于第三记忆的可能性，他还认为第二记忆的可能性原则上可以构成，而**不需要**第三记忆构成的可能性，这样他就把“谁”的记忆中的一个重要因素删除了。“谁”的记忆正是其有限性，即消失的特性，**因为它在本质上可以被一个超验的第三者**，一个“什么”**来填补**。丧失记忆的可能性恰恰**构成**记忆本身。记忆被纳入我记得起来的**意向中**，它可以消失；与此同时，这个消失又可被某种固定或记录所终止、恢复或填补。如若不然，我的尚有活力的第二记忆将在何处寻找支点呢？在其**随机过程中**，什么在启动重新记忆链和被称为**流程**的有意或无意的模糊记忆链呢？如果我的活记忆不能与减弱的、有印迹的、重复的和自动的记忆衔接在一起，如果我的活记忆不能也不应被死记忆再激活，那么我对它还会有什么**意向信心**呢？是否还存在着第二性的**意向可能性**呢？如果这种意向可能性不被这些客观记忆**所需要**，那么其真正作用又是什么呢？如果这种意向可能性**能够**且最终**应当**被需要，那是因为客观的填补在它是必须的。莱布尼茨及其普遍几何公式让人想到回忆载体的本质特征是**从停留处重新开始的可能性**，无论第二记忆有限性的后果如何，无论这些后果能够也必然引发的消失会怎样。一般说来，“什么”作为记忆和第三记忆的载体将**自主的可能性给予**“谁”或给予这里所说的意识，**使它们独立于一般的生命流程，独立于再激活和激活的纯粹时间，也独立于受生命反应系统支配的肌**

[1] “直到1900年，其艺术思考给我们启发或具有特别意义的那些人，我们认为与我们谈论同一作品、使用同一参照的那些人，他们看到的是什么？无非是两三个收藏丰富的博物馆和一小部分欧洲杰作的照片、镌刻或复制品。他们的大部分读者看到的就更少了。于是，对艺术的知识中存在着模糊区域，原因是比较卢浮宫的某幅画与佛罗伦萨、罗马或马德里的某幅画其实是比较一幅画和一个记忆。视觉记忆并非准确无误，况且两次研习之间常常隔着几个星期的时间。”马尔罗：《想象中的博物馆》。

肉与神经的时间——正是在此意义上，柏格森的理论不再满足我们的需要了。然而胡塞尔的理论也不再满足我们的需要了。如果说海德格尔似乎把类似的可能性视为**数据性**[①],如果说他把原初时间性植根于存在有限性的自由中,那么现在我们就明白,为什么在步倒退的胡塞尔之后尘时,他自己也倒退了。

第三记忆的“超验性”具有**构成性**:我们不能还原任何时间物体的技术性,也不能还原照相的曾经在此的技术性。先验场因此变成了**非先验场**,即**超越**经验与先验的对立:将二者加以区别但不对立。

11. 重新建构、留声机这种模拟的时间物体的指向和脚[②]

第十四节又回到半途中断的乐曲问题，描述了在第二记忆中**重新建构**准聆听的前摄与滞留初级链的可能性。

> 让我们看一个第二记忆的例子：我们可以记起不久前在某场音乐会上听到的乐曲。很明显,记忆现象的构成整体上与对乐曲的感知之构成完全相同，那就是：需要改变的东西已经改变了(mutatis mutandis)。它们有这么一种优越性:记忆的当下瞬间与感知的当下瞬间相吻合。我们在想象中回顾乐曲,作准聆听,先听到第一声,然后第二声,依此类推。每一个当下的瞬间都有一个声音(或一个声音段),但前面的声音并未被从意识中抹去。通过领会现

① 海德格尔:《现象学的根本问题》，第 314 页以及后面的内容,Gallimard,1985 年版。

② 脚的概念见《爱比米修斯的过失》第一部分的第三章第二节“一切从脚开始”。——译注

在出现的声音，即现在准听到的声音，我们把刚刚准听到之声音的初级记忆与对即将到来的声音的期待（前摄）融为一体。当下瞬间重新为意识产生时间光晕，后者产生在理解记忆的持续中。[……]上述一切都**与**感知和初级记忆**相同**，但它们又不是感知和初级记忆本身。实际上我们什么也没听到。[①]

我们可以谈论重新建构，因为重新记忆

本身是原初构成的、随后又刚刚过去的当下的重新记忆。它本身形成于原初给予和滞留的连续统一体中，因而构成持续的客观性。

此处正是被作为重复来分析的第二记忆的典型可能性。然而正如利科所言，这种分析过于简单化了：

这个例子过于简单，因为记忆的全部目的在于依照所涉及事件的新近特征**重新制造**一个时间物体。胡塞尔或许认为一切与**重新建构**过去有关的复杂性——以及历史的过去，甚至遥远的记忆——都因此被剔除出去了。[②]

如果在分析**第二**记忆时考虑到这个与**不可避免**的**遗忘**可能性相关的复杂性，那就不可能不在初级滞留中给这种复杂性赋予**构成性**意义。在后面的章节中，第二记忆中的重复使记忆的**选择**、**拆卸**与**重组**活动成为可能。我们必须承认，如果滞留所构成的改变不是自动或确定的过

---

① 《内在时间意识的现象学讲座》，第 51 页。

② 《时间与叙事·第三卷》，第 51 页。

程，那么这种选择就**在全部滞留中**进行：假如存在着这么一种确定性，那么对**以客观方式**（确正方式）**录制**在光碟上，并**以客观方式重复的同一乐曲**的两次聆听就会获得完全相同的经验。然而**毋庸置疑**的是，对同一乐曲的聆听**从来都不是**相同的，正如胡塞尔本人所言，任何事物都只能发生一次，这是时间物体的属性。对同一对象的两次重复会带来两种不同的聆听，因为像滞留的滞留一样，每次聆听**都是一个选择的过程**。

我们一旦开始重视这种音乐经验的**复合性**，初级记忆、第二记忆与第三记忆这三种划分就会相互关联，它们之间的界线也就变得模糊了。一段录制在模拟或数字载体上的乐曲先被第一次聆听，**以后**，**同一首**乐曲从**同一**光盘上被再次聆听。第二次聆听时，刚刚**过去**的声音在其**过程**中产生的全部意义都归功于**上一次聆听时似乎已经消失的前面的过程**：声音的**改变**就植根于**对第一次聆听的第二记忆之中**，不仅这种改变指向第二记忆，而且这个**指向**也构成这种改变。这一切均为**孕育**过程。初级滞留**已经**是**根据先前孕育过程中建立的标准所作的选择**。这是绘图意义上的选择，即把**正在发生**之事缩减为**只留住第二记忆**——第二记忆已经寓于初级滞留**过程**中——构成的**标准**允许它留住的**过去**。如若不然，任何事都不会被留住，因为正如费奈斯的寓言与《严谨科学博物馆》告诉我们的那样，任何事物都无法发生，都不会发生。**改变正是**这一过程，它像根据某种**可能的也是超前的**标准作淘汰和留存那样运作。因而我们必须把改变作为走向终结的存在来思考。

而且，**这个与初级记忆不可分割的第二记忆也是第三记忆**，即“图像意识”，比如提供对某种模拟或数字时间物体的经验之可能性的记录载体。正因存在着这些重叠与巧合，初级记忆植根于第二记忆所构成的相关差异中才**在所难免**，**也不可能不被切实体验到**。第三载体是绘图仪。因为**同样的图像意识**——比如电唱机——是初级记忆与第二记忆最终共同植根于其中之物，所以第二次初级记忆植根于变成第二记忆的对第一次初级记忆的记忆便是**不证自明**的道理。这种自明性只能来自记录的(确正的)精确性这一**事实**。然而正因存在着**照相的**显影,这种确正的自明性又是**所有**时间物体结构的照相**显像**。

这又给我们增添了一些有关模拟出离的知识:与拼写文字一样,输入之物与输入的时序相互吻合,通过同一化而释放某种相关差异。但有别于文字综合的是,这里所说的时序完全吻合于聆听的时序,因为乐符在客观时间中展开的方式每次都是相同的(不包括光盘旋转的细微变化)。输入的时序客观上吻合于第一次聆听的时序,而第二次聆听的时序又与第一次相吻合,依此类推。在这种客观的吻合中,"谁"的时间性与模拟或数字的"什么"的时间性比在直线型文字中更为密切地相互交织,因为确正文码的读者不会每次都在相同的客观时序中重读文本,他可以停留在某个句子上,而不失去由语言间歇所构成的流程的同一化运动,倒是流程整体有时可能受到干扰。我们在此可以举出各种各样的例子:诗歌中的格律可以与乐曲如此相近,以至于需要正确的节律与气息。这当然还需要读者的参与,读者的地位类似于演奏某段乐曲的钢琴家。显而易见,上述一切都不排除一次聆听与另一次聆听之间的差异,正如一次阅读与另一次阅读之间存在着差异一样。正因为先有孕育后有差异,情形才会如此。

12. 事件化,滞留切实的出错可能性

重新记忆之所以归属于**第二**记忆,是因为**在此**(第十四节中,乐曲是在对已结束的音乐会之重新记忆中的准聆听)**想象**同本应**自始**就使问题复杂化的选择能力一样切实地起作用:

> 然而这个例子并非绝对简单,因为这次涉及的不是同一个音,而是人们可以按声音的前后顺序**在想象中回顾**的乐曲。

想象引出了“就好像”的虚构：

于是差异便存在于被感知和被准感知的乐曲之间、聆听和准聆听之间。这个差异意味着准时的“当即”于准当下有其对应物。准当下在“就好像”之外具有与滞留和前摄相同的特征，因而具有准时的“当即”和其零乱的滞留间的同一性。选择这个简化的例子——即重新记忆的同一支乐曲——的唯一理由是：它允许我们把印象意识和滞留意识间的连续性及一切有关分析都转移到“就好像”之中。①

现在需要强调的是初级记忆与第二记忆间的连续性，以便把它与第三记忆**绝对的**非连续性相对立。利科发现，这种重复的可能性构成**历史**意识。然而这就必然意味着如下事实：为了让历史学家有可能促成“所有被保留下来的过去”(包括所有可能形式的滞留，特别是客观滞留或客观上完结的滞留，它们是“带有自身回溯与超前的准当下，一部分回溯与超前属于切实的当下的(被留下的)过去”②)之崛起，不仅需要把初级记忆与第二记忆相对立，而且也需要把初级记忆与第三记忆相对立。

对胡塞尔而言，原初性意味着连续性。如果说第二次重新记忆是准聆听，那是因为它能重新构建这种连续性。但这种重建总是局限在某种程度上，原因是第二记忆有出错的可能性，**这正是**它的第二性。这是现象学家没有注意到的素材。无论情愿还是不情愿、有意还是无意，选择总是存在着——**唯有确正的第三记忆能够在某种程度上避免选择，它**

① 《时间与叙事·第三卷》，第 52 页。

② 同上，第 52—53 页。

的正确性只是使"谁"的错误移位:第二滞留性一旦终结,第三滞留性便来填补它,因为这个有限性已经寓于初级记忆之中,否则就不会需要第三记忆来**辅助**第二记忆,而只会有同一事物的单纯重复。而当同一事物因第三记忆的填补而得以保留时,随即产生的已不再是同一个时间物体。有限性是想象的**幻觉**选择,它开启了通达时间物体的**时间性**途径。所以历史科学的构成并不是要排除这一想象,而是要把想象的条件作为主题。

胡塞尔让连续性优先于差异,感知优先于非体验,这正是他与海德格尔的争执所在。但海德格尔并没有在辩论中把此在的弱点视为滞留的特有性(爱比米修斯的遗产),即技术与代具。当然,位于这场辩论之核心的还有在有意识记忆的可能性中显示出来的**先验自由**的问题。

> 重新记忆能以不同的形式实现:要么我们像忽然"冒出"某个记忆那样[……]信手拈来,这不是重复式记忆;要么我们完成一种真正再制造的记忆,一种重复,时间物体再次完全依此构成于再现的连续统一体中。整个过程是由感知过程的再现——包括直至滞留的所有阶段和所有程度——所造成的改变:但一切都具有再造之改变的指数。

然而有意记忆与无意记忆之间的对立不堪一击,因为**之所以需要载体,一方面由于存在着有意记忆的可能性;另一方面由于有意记忆会消失,只能以未完成的方式完成,从来都不是完全可能的,且总是不可能的,因为其本质是健忘的。有意记忆从来不是完全有意的(在其世界历史性中独立于世界)**,在对他人之体验的有意记忆中就更是如此——这便是再激活的情形。但这在自我回忆中已经如此。胡塞尔在第一部《逻辑研究》中把明证性与内在感觉对立起来,从而把出错的可能性放到了各种意识**之间**。出错的可能性一旦被纳入初级滞留甚至第二滞留中,意识本身便显得**脆弱**了。这是胡塞尔绝对不能接受的,因为脆弱的意识就不再是单纯的**意识**了,而属于逝去的当下,属于活的在场的活力中死亡的"在场"和作为体验的生命中死亡的"在场"。

13. 脆弱与回溯,作为"我们"的"谁"的延迟可能性

如果第三记忆的意向只有在其载体、辅助、拐杖、代具的视域中才成其为可能,那么重复的可能性就应是第三记忆的可能性,而且这种可能性本身由时间物体构成,所以会影响思维。

> 在滞留的基础上,我们也可以立刻找到像观看或捕捉这样的简单意向:当处于某个滞留统一体内部的乐曲流淌而过,而我们重新思考(反省)某一段落但又不重新制造这一段落时便是如此。对于所有以连续阶段——即便是像思维那样的自发性阶段——构成之物,这种行为都是可能的。

对于思维来说,第三记忆的可能性就是其自反性的本质可能性。在此自反性中,这种可能性揭示同一,将其视为同一,并通达本质的可变性,进入本质的正题,这便是回溯,它预示了再激活的到来:

> 思维的客观性事实上也是以连续方式构成的。因而我们似乎可以说:客观性原初就建立在时间过程中,被时间分期或分段构成(作为以持续多样的方式相互连贯并组成一个统一体的相关行为),所以客观性能够在**回溯**中把握,仿佛它们是某一时间点上准备就绪的物体一样。但这种自我给予的方式指向另一种"原初"的自我给予方式。(黑体系本书作者加注)

这段引言本应出现在《几何学起源》中,也本应通过有关再激活的文字来描述内在感觉，但这样的话就必须赋予第三记忆某种地位以便建立一种先验的**共同体**,同时也必须使先验之物具有构成性。存在着**回溯**的可能性,它对**内视**是必不可少的,而内视本身对于通达先验意识的可能性又是不可或缺的,因为“思维的客观性实际上也是以连续方式构成的”。思维是**像接替性那样可以客观化的**时间物体,因而也是**可以再激活的**时间物体。正是这一点使诸如滞留有限性的工业化的当代技术之问世成为可能。

《几何学起源》的全部纲领都由此揭示出来,但在此期间已变成“我们”的先验意识必须走出其自我单一性,以便最终在第三记忆中找到像确正的“什么”那样的可靠的(重新)构成性,其中,当下的时间意识与**借助于确正文字，以程序方式固定在时间物体中的**过去的时间意识有可能相互吻合。在确正文字中,事实上“刚刚过去的给予物看上去等同于被重新记忆之物”[①]。

与再激活性和重复性相同，刚刚过去之物与被重新记忆之物客观吻合的可能性是隐匿于后种系生成可能性——它悬置世界时间流程并恢复代具化的时间性流程——之中的观念性可能性。

14. 流程的剪接

将连续性与非连续性相对立就是将制造与再制造、构成与重新构成相对立。而自反性——没有它就不可能有再激活的回溯性探问——是在第二记忆的可能性所构成的**重复中的自由**之果[②],仿佛存在着一种

① 《内在时间意识的现象学讲座》。

② “重新记忆及其自由流动性同自身的概括能力结合在一起，以提供自由反馈的回旋余地。于是再制造就变成了‘自由途径’,它可以给过去的再现提供具有变化的时间性、关联性和明晰性”。《时间与叙事·第三卷》,第 54 页。

重新记忆的剪接和拍摄,即重新记忆的可靠性:

> 在同一个时间的内在延伸中——电影便是依此制作的——我们能够以其流淌方式把重新显现过程中或大或小的片断“随意”安排,从而以更快或更慢的方式浏览。①

然而正因每次聆听相同的东西都会有差异——最显著的是听电唱机的经验,**这种剪接(重新)构成总是正在逝去的活的在场本身,仿佛活的在场仅仅是与另一层面相续的层面(第二滞留),它位于即将到来(第二前摄)的层面之前**。这种剪接在重新记忆中尤为明显,被胡塞尔视为“卓越的”**重叠**现象(其中,“我在持续中的过去被给予我,恰恰作为持续的‘再给予’而给予”②)之物其实不仅是例外,而且根本就不存在。正是这个不可能性

> 困扰胡塞尔[……]:如果说重新记忆带来的过去现今化与滞留中过去的在场截然不同,那么再现如何忠实于其对象呢?这种忠实只能是当下的“现在”与过去的“现在”之间的相应性忠实③。

除非存在着第三记忆,否则重叠是不可能的,而这种不可能性必然使第二记忆进入初级记忆。正因几何能**确保**达到这种重叠(无论存在着积极的阅读与否,因为第三重新记忆使不可理解的重复像回溯性探问那样成为可能,因而也是本质上的**不确凿性**标志),才有先验的“我们”可以构成于其中的观念性知识的**后种系生成**的积累。正因构成发明的活的在场**已经**是逝去的在场,即自身的不在场,这样一种**先验传播**才是

① 《内在时间意识的现象学讲座》,第 66 页。

② 同上,第 60 页。

③ 《时间与叙事·第三卷》,第 55 页。

可能的。几何发明家必须能够终止其发明过程，重新自我阅读，仅仅作为这种重新阅读的连贯后果来自我撰写，来远距离自我传递“其”相关差异同一性，以便在重复中**为自己**(重)建一种观念性。由发明构成的**过渡**必须已经**被**发明过程的已经在此之重复所开启，这个过渡便在任何时候都能被终止或恢复，并在朝向观念的同一性这一**终极目标**的恢复中被重复或分化。正是评论胡塞尔在《几何学起源》中的有关文字时，德里达提出了我们在此引用的滞留有限性之论题：

> 文化共同体世界中传统沉淀的作用在于超越个体意识的滞留有限性。①

然而，只有当这种超越在活的在场**之外**构成几何学家共同体的超大当即并影响几何发明本身的原初环节时，上述论断才有意义。对胡塞尔的整体研究来说，这无疑是根本性问题，因为

> 重新记忆中对过去的自由重复对于过去的构成具有特别的重要性，以至于现象学方法本身就建立在这一重复的能力之上——它具有双重涵义，即召回和重复最原始的滞留经验。②

只有“电影”的原初可能性才允许生活及各个时代的图像中有停顿，从而制造出放慢、加快、省略和**观念化**的特殊效果，先验历史中的新内容就是通过这种效果而产生的。

对观念化的自反式思维的论断也适用于对像时间流那样的所有思维：流程的统一是剪接。每当一个新物体到来之时，重新记忆的重新剪

---

① 《〈几何学起源〉导论》，第45页。

② 《时间与叙事·第三卷》，第55页。

接便与当下物体的“剪接”同时进行,既**让新物体通过**又**造就过去**。

15. 历史、期待的回溯性及延迟的时间

于是,受抑制的期待**作为**重新记忆中的期待——也就是**已经**得到满足的期待——提出了一个特殊的问题。对滞留与前摄链的重复是可能的。对于利科来说,这种重复也使历史的过去之构成成为可能:

> 当下既是我们正在体验之物,也是重新记忆的过去之超前的实现之物。这个实现又反过来进入回忆中;我回忆起曾经期待,现在已经实现的东西。这个实现从此属于重新记忆的期待。(这一特点对分析历史的过去来说自然十分重要:其意义在于历史的过去,并通过构成过去的未来之视域的期待而把历史的过去引入当下。)①

然而,初级记忆、第二记忆与第三记忆的对立在此已变得**完全**不可能了,因而对期待的**等同**重复也成了问题:

> 从这个意义上讲,当下是重新记忆的未来之实现。无论与重新记忆的事件相连的超前能否实现,都会影响记忆本身,且通过回溯而将某种特殊色彩赋予再制造。[……]转向某种记忆的可能性和针对记忆中后来实现(或非实现)的期待的可能性都会把回忆纳入体验的统一流程中。

“体验的统一流程”会导致等同重复的不可能性,**因为**前摄、期待,即前摄与期待中的**选择**都**在此之前实现了**,也因为对这一实现的知识

---

① 《时间与叙事·第三卷》,第57页。

会在成为滞留的前摄之基础上通过**回溯性**而不可避免地立即产生**新的**前摄的选择。**延迟的时间**——即本身来自"什么"的确正可能性的**历史的**时间——正位于此处。滞留有限性强加给人们一种选择,这个选择是超前的核心,而超前又已经是作为遗忘的记忆。

> 这第二部分与回溯密不可分。通过回溯,重新记忆由于其期待在当下得以实现而获得某种崭新的意义。区分重新记忆与滞留意识的鸿沟在消除重新制造与滞留的差异之前就被填平了,从而导致了重新记忆意向与滞留意向之间的混乱。①

这些期待的实现一方面改变了在其内涵中的过去,另一方面改变了与过去相续,被纳入由再激活性构成的期待之新视域中的当下。**然而这种再激活性本应引向对初级滞留本身的分析**。

16. 体验流的初级记忆与第二记忆的统一性和非体验的第三记忆的曾经存在

空间比喻使胡塞尔无法考虑到真正的**连续性**。一切事物都在这种连续性中**绝对**地连成一体,所以也就没有真正的首与尾。这种观点似乎更忠实于原初的现象学意向,比如相对于确实有始有终的空间世界的物体之超验同一性,它是一种解放。胡塞尔一直受到来自绝对始终的对立和绝对始终的问题之困扰(他被迫认为滞留**似乎**可以是无限的),总试图把先验性从"什么"中排除出去,但又因无法从感知给予的时间物体的同一关系中解脱出来,他反而坚定地维持这种关系,于是提出了机

① 《时间与叙事·第三卷》,第57页。

② 同上。

械流程的概念。根据这一概念，任何事件都没有发生，期待从来都只是某种"感知的超前"[2]。使机械流程运作的正是这种感知的优先性，它因排除了第三记忆而限制了当即扩展的范围。第三记忆不属于流程，而初级记忆与第二记忆在流程中统一起来——流程不外乎是这两种记忆的统一：

> 问题不在于像用图像（画像、半身雕像等）表现的意识形象那样用某个类似的物体来再现。与这个图像意识相反，再制造具有再现本身的特征[……]。记忆是过去意义上的再现。当下的记忆是完全等同于感知的现象，它和相应的感知都有对象的显现，只是显现的特征改变了。正因如此，对象不是作为当下而是作为曾经在此的当下而存在。[1]

然而胡塞尔无法把**电唱机**与**电影放映机**归入他的例子中（半身雕像、画像等），因为这两种机器所涉及的**"图像"同时也是超验的时间物体**。而且，由于他把第二记忆与第三记忆间的**本质**差异植根于某个曾经存在的**感知**中，所以不能把照相的曾经存在作为曾经在此来把握。这个**超出所有体验**即**所有**照相**之外**的准感知的**客观性**所带来的确凿性或明证性必然会**阻碍**胡塞尔的研究。

17. 现象学的困境

德里达在《胡塞尔哲学中的生成问题》一书中指出：胡塞尔从其哲学沉思的最早年代起就把生成视为起源；本质的意向性与直觉最初不是"非时间逻辑意义"的意向性与直觉，在意识的体验中一定有这种直

① 《内在时间意识的现象学讲座》，第 78 页。

觉和“具体充实”;他还指出,需要开创一种超越心理主义与逻辑主义的先验生成学。然而胡塞尔不得不一再拖延进入构成原初时间性的起源:一切心理—物理因果论所必需的中立化不可避免地把所有生成分析转变成一种倡导**更原初的新综合的静态构成**。所以胡塞尔现象学的历史是个困境的历史,其中有五个连续阶段,它们分别对应着下列著作:1、《逻辑研究》,2、《内在时间意识的现象学讲座》,3、《现象学基本概念》,4、《经验与判断》和《笛卡尔式的沉思》,5、《欧洲科学危机》和《几何学起源》。但《几何学起源》**没有被单独放在这个第五阶段**,因为它似乎通过引用某种“**技术生成**”或通过在技术生成中起作用的**文献**而使经验与先验的划分陷入了危机。胡塞尔现象学的每个“时代”都以其特有的方式**推迟**解决困境的问题,这期间他作了最终变成某个“我们”的先验历史的先验范畴的**扩展**。在此扩展过程中,**还原**变成了**再激活**。被动综合的问题便是上述思维活动的关键所在。

在《内在时间意识的现象学讲座》的时代,从时间物体的现象学分析而来的困境问题使(客观时间的)还原与意向性处于矛盾之中,这使胡塞尔重新考虑现象还原本身的问题,其中生成问题“既未被否认又未被排除,而是被放在了括弧中”[①]。此后便进入了《现象学基本概念》阶段,即从本质还原过渡到先验还原的阶段。

然而《现象学基本概念》只是把困境推迟了,因为“还原之后还剩下尚未触及的本体论范畴”,即意识范畴。这样,“生成问题不再被中立化,而是像经验的实际性范畴那样被排除了。在此问题上,我们的态度低于现象学立场”[②]。然而此结果只是向“原初范畴”的过渡,只有通过回溯——我们在回溯中实际上看到构成《几何学起源》中回溯性探问与再激活之意义的事后主题的出现——才能通达原初范畴。

---

① 雅克·德里达:《胡塞尔哲学中的生成问题》,第 130 页,PUF,1990 年版。

② 同上,第 137 页。

必须首先还原意识范畴，然后再恢复其构成性。但正如《内在时间意识的现象学讲座》一书中指出的那样，各种原则的原则（“原初给予直觉”的内在性）与“应当使（‘我’）以原初方式脱离其纯粹内在性的”意向性之间出现了不相容性。胡塞尔在第五十七节中把“我”定义为“内在性中的先验性”。德里达评论道：

> 然而，如果不是描述一种困境的话，他在这里做什么呢？这是调和与统一某个纯体验的先验之物与某种**非体验的先验起源**的困难吗？纯体验的先验之物有可能仅仅是体验复合，因而有可能把我们引向“经验主义”；非体验的先验起源则使我们避开纯粹的经验主义，但有可能因脱离体验的明证性而只是徒有其形的空洞产物，只是某种客观统一体或构成的先验性。①

这个“内在性中的先验性”又面临着《内在时间意识的现象学讲座》中的主要困难。第八十一节中重新出现了“**无始亦无终**”的流程主题（“如同纯粹的‘我’，整体流程与无限流程[……]不是构成于内在性之中的先验性，而是不与所有的体验相混淆，同时又与观念性截然不同的体验”②）。“我”就是同单子一样的“时间本身”“以原初方式接纳他者”，即接纳一个**先验的他者**。从这种说法中，我们似乎看到先验主体间性概念的出现。

于是接下来需要探索的是一个崭新的范畴，即“至关重要的综合”。在这此范畴中，经验与先验的区分此时**确实**进入了危机，因为

> 在这些“基本的”思索之后，人们看到的是相反的局面：[……]时间

① 《〈几何学起源〉导论》，第150页。

② 《现象学基本概念》，第165页。

> **质料**的被动综合以及由此而来的所有一般**质料**似乎让我们重新考察实在与实项体验的区分。[……]看来不仅有必要把先验生成主题化，而且也有必要由此寻求新的基础，以便区分先验生成与实在生成。**严格区分经验与先验似乎并非易事**[①]。

18.《几何学起源》之几何的爱比米修斯原则

在《经验与判断》中，“自生的先验主体不再是一种理论意识，而是一种存在”[②]；来自判断之前的现实的谓项生成遇到了同样的困境，因为范畴判断的同一性涉及到判断之前的给予物，谓项的范畴性应当是“超时间性”的。胡塞尔试图解决这个困难，他从逻辑出发提出了判断之前的要素与生活世界的**事后**沉淀和再激活的论题。《笛卡尔式的沉思》也相应地引入了目的论与被动综合的论题。主体间的时间性在滞留与前摄之间的偏差中构成。

> 人们了解到，在偏差中本质时期先前就由某种生成构成，因而属于第二性，所以人们像接近以现象学方式显示的生成之绝对开端那样接近本相时期。[③]

于是主动生成变得越来越“肤浅和次要，它自然需要建立在被动综合的基础之上”。现在我们必须通过认识的客观性所假设的“先验主体间性的原初性”来把握“时间与感性**质料**的被动综合”[④]，而且“大当即”

① 《〈几何学起源〉导论》，第 172 页。

② 同上，第 179 页。

③ 同上，第 226 页。

④ 同上，第 239 页。

似乎引发一种超出自我逻辑即超出体验的扩展。存在着一种“不具备由自我主动性产生的意向意义”的被动生成，必须“靠某种意向性赋予其活力，并靠意向性将其转化为[……]纯理论意义上的前意识和前主动的计划”。然而这只是上述困境的新的表现形式而已，因为目的论“在驳斥现象学的同时”也挽救了现象学。

> 从本质上讲，目的论不可能在原初明证性中被给予某个具体的主体。为了忠实其使命，目的论应当先于所有的主动构成，也应当先于所有主体的意识。[……]把意向性变为超主观的主动性——即超时间性或者说无所不在的时间性之主动性——不正是否定现象学之前的所有成果吗？①

在《欧洲科学危机》中，本质与存在层面（即欧洲本质观念）的混同，涉及到科学历史的开启与定位论题的发明问题以及先验的“我们”之问题又制造了主动性与被动性“辩证法”的所有疑难，同时也把这些疑难转移到最起始观念的生成问题上来，其原因是：要么从未有过这种启动，从未有过任何开端，也从未有过真正的欧洲（只有历史被造作的欧洲）；要么并没有经验与先验的分水岭。然而，这个主题又把现象学引到有限性问题上来，于是该问题变得像“技术生成”的假设那样不可还原。《几何学起源》探讨的正是这一问题。胡塞尔使用的仍是“先验还原的方法，这种还原不再有单纯的自我意义，而是被运用于先验的共同体”②；而且这种还原无法还原的——即不属于实际性的——正是技术性，同时也是真正的传统的沉淀，二者都涉及到事后的疑难结构：

---

① 《〈几何学起源〉导论》，第248页。

② 同上，第261页。

传统的沉淀应当能被还原，以便使我们回归到原初的基础上；然而与此同时，正因存在着沉淀和传统，这种回归才成其为可能，

仿佛现象的现象性只能在根本上与**普罗米修斯原则**一致的**爱比米修斯原则**中（作为已经在此，也是对普罗米修斯原则之重复的事后的爱比米修斯原则）自我给予，这是因为

真正的“传统性”一贯被胡塞尔定义为经验现象，比如掌握使观念的传播与继承变得越来越容易的技术。即便胡塞尔不告诉我们这个技术生成是如何实现的，我们也知道它是建立在所有构成的时间连续性之上。意义产生的任何原初时刻都需要有一种“传统”，即已在实际性中构成的存在。

所以我们必须描述观念化过程，也

必须从“生存环境的前科学素材”出发，再回到前科学状态和原初观念性的生成[①]。

19. 技术的相关差异

德里达于1953年提出了对《几何学起源》的解读[②]，而到了1961年，他又提出一种截然相反的解读，从而开启了真正的德里达哲学。胡塞尔的这一著作似乎抛弃了现象学自始就想方设法保留的东西：

① 《〈几何学起源〉导论》，第267页。

② 德里达于1990年针对这些句子声明：“我后来写道：不对，需要斟酌！”

③ 同注解①。

> 于是，对意向的先验分析似乎堕落为一种令人诧异的解释。这种解释内容贫乏，以近乎荒唐的方式集中了来自混乱的概率主义和前哲学的经验主义的武断的解释假设中的所有不足。③

令人诧异的是，德里达在结束其现象学研究之后，又引用了《几何学起源》中的这一段话[……]：

> 早期的几何学家刚开始以口述方式合作时，就自然而然地感到需要**精确定义**对原初的和前科学的材料的描述，于是最初的几何观念性与最初的几何“公理”的方法便应运而生。

这种解释“把我们禁锢在恰恰需要‘悬置’的纯经验的实际性范畴中”。这是一种**技术意义上的**解释，“精确定义描述”的可能性**被**这个生成的**技术性**所开启。由于胡塞尔在引用磨光技术时把一般技术纳入先验生成中，所以他在**确正的演变**中看到几何的观念可能性之起点，这就把事情完全颠倒了，他对此也心知肚明：

> 需要把历史的解释与认识理论观点的解释[……]，把认识理论范畴的起源与生成范畴的起源从原则上区分开来。然而，由于我们没有界定通常意义上的历史、历史的解释和生成的概念，主导上述区分的宗旨被彻底颠倒了。①

此问题后来在德里达那里变成了通常意义上的文字问题，它使德里达的思想踏上了超文字之路。然而，《几何学起源》中提出的**技术**问题并不局限于通常意义上的文字问题。我们必须搞清这对超文字概念，对有关纹迹和相关差异的思考来说究竟意味着什么，因为原初观念性的

① 《〈几何学起源〉导论》，第201页。

生成学意味着有一种“产生于时空事物世界的［……］严格的‘公度性’”，而且

> 它的起源在人类活动中纯属技术性。正是“磨光技术”给予我们表面的纯粹观念，几何的点与线来自“或多或少纯粹”的点与线。同理，经验、技术和心理上的“比较”行为促生了同一性。这种超常分析的所有细节都描述了一种纯技术的生成。①

由于排除了连续性问题和作为（几何学时间构成于其中的）延迟的历史问题，源点和绝对开端的观念都被抛弃了，

> 事实上要想进行还原，几何的历史必须已经存在，我必须对几何已有简单的了解而不必从头开始②。

否则就必须断言：几何的观念性——即其统一性——是一个当即，一个从古希腊时期发展而来的，独一无二的大当即。但这样一来，基本上以文献为特征的科学结构在这个大当即中，在这个对当下的扩展中就变成了**构成性**因素，因而必须将此结构扩展到**所有**对时间连续性的理解中。**原初**更改——即在场——是从已经在此（作为磨光技术和获得一般精确性的文本化的第二记忆）发展而来的。存在着过去滞留的循环，它可以被再激活，从而进入**所有**的时间化。我们必须从《几何学起源》的**事后**和作为事后思考的**起源**（原初**缺陷**）出发，回溯性地重新考查《内在时间意识的现象学讲座》中谈到的所有遗产之结构。

具有时间特性的**有限**场在当下被**第三种**记忆扩展开来。这个第三记忆把过去向未完成任务的未来敞开，而自我范畴的“滞留有限性”像

① 《〈几何学起源〉导论》，第270页。

② 同上，第20页。

几何可能性那样扩展到“我”的先验共同体的无限性之上。同样,这个扩展以文献性即以唯一能使再激活成为可能的**技术**沉淀性为前提,它一方面向沉淀物**解构**的内在可能性敞开,另一方面受其总是可能的不确实性的影响。科学和哲学的传播过程因此变成了

> 类似于(如果不等同于的话)内在时间意识的过程[……]。当下的呈现既不像断裂也不像过去的结果,而是像过去之当下的滞留,也就是说像滞留的滞留等。活意识的滞留能力已经消失,但它以习惯和沉淀的形式把过去的意义、价值和行为保留下来。[1]

这就导致了超前的优先地位:历史的当下“总是几乎立即指向寓于其中且总以计划的一般形式呈现的全部过去”[2]。这个超前就是迟到:“迟到的原初意识只能具有纯粹的超前形式”[3]。如果意义的呈现条件存在于其重复的技术可能性中,那么直觉与意义的扩展[4]则**来自**本身是技术构成的当即的扩展。文献性是原初的。言语属于“文献性”,但前提是

> 语言的观念性是观念物体——也是沉淀物或人们的存储物——的栖身处。但这里的原初寄存(dokumentierung)并非记录某个私有物,而是制造某个公有物,即不再属于原初物主之物[5]。

不可能有无终结的**自我**意识。与此同时,

> 在生动且短暂的明证性之后,在有限且被动的滞留消失之后,意义

① 《〈几何学起源〉导论》,第 45 页。

② 同上。

③ 同上,第 171 页。

④ 这里的意义来自让—吕克·玛里昂的《还原与给予》一书(第10—63 页)。

⑤ 《〈几何学起源〉导论》,第 72 页。

可以在重新记忆行为中以"等同"的形式再制造;它并没有回到虚无中[①]。

重新记忆变成了**构成**超大当即、**历史的**当即以及维持拼写的第三滞留的可能性。然而,在目的论—先验自我意识之真理——在由几何的"我"组成的共同体中——的事后实现之前,第三构成性就已存在于自我意识的**内在性**中:

> 对于其他主体来说,意义在成为相同客体的观念性之前就已相对于同一主体的其他时刻,它以这种方式构成观念性。于是,主体间性在某种程度上首先是非经验的我与我之间的关系,我目前的当下与其他真正的当下——即作为其他也作为当下的当下——之间的关系[……]

从第三记忆出发追溯超自我流程并克服自我流程的事实中断之可能性悬置了印象意识的法则。滞留有限性既可被视为真正的滞留有限性,又可被视为准"替换"的(没有被剔除的)滞留有限性。缺陷已变得**不可或缺**,它开启了没有主体的先验中断:

> 依波利特在谈到中断的一般意义时,提出了"没有主体的先验场"之可能性。在这种可能性中"出现了主观性条件,而且主体的构成来自先验场"。可以断定,文字作为绝对恒定的、观念的对象性场所——因而也作为绝对的客观性场所——构成了这样一个先验场,正是从这个先验场或其可能性出发,先验的主观性才能预示和呈现。[②]

① 《〈几何学起源〉导论》,第 82 页。

② 同上,第 84 页。

中断的**可能性**是**爱比米修斯式的**重复，也是无意识或下意识开启性的**普罗米修斯原则**的延迟的重复。相关差异**属于**技术范畴。

自由处于文献和更广义的作为记录载体的"什么"给予的恢复与重复之可能性中，这就是重复**爱比米修斯原则**之差异的**普罗米修斯原则**。在此，从习惯中解脱出来就是把纹迹置于外面，置于自身之外，并把自己与纹迹一道置于自身之外，同时保留回归自身的可能性。这种**重新构成**——也意味着**综合**——的可能性对构成来说是不可或缺的。

然而在滞留有限性的工业综合时代，重新构成和由此而来的二次中断重复又处于什么状况呢?

20. 程序工业的时间物体

我们的时代确实是程序工业与工业化记忆的时代，其后果是**工业化记忆的产品成了流程，出现在这个流程中的是一种完全特殊的时间物体**(它的流程特性与受其影响的意识流程相吻合)。

程序工业[①]——尤其是**广播电视信息的媒体工业**——制造大量的时间物体。这些时间物体的特征是**被上百万，有时上千万、上亿甚至数十亿的"意识"同时收听或收看**[②]。这种**规模宏大的同时性**促生了与群体

---

① 在世界贸易组织的谈判过程中，法国曾提出把程序工业作为"文化例外"来处理。这种提法不无道理，但很难说此方案是否真能解决问题。我们在下一卷中还会重新讨论这个问题。

② 有人会反驳道：电讯高网(信息高速公路)将会通过让人们接收种类更加繁多的视听节目而改变这种局面。这种说法在某种程度上是有道理的，但我们在此必须指出：一方面，世界范围的媒体系统把事件制约在主要集中于控制文字与视听信息的几家国际通讯社的工业经济内部。这种事件的结构不应受其破坏，反而会从中得到强化。显而易见，这并不排除事件的结构也会因此而向各种新的可能性敞开；另一方面，来自所谓"多媒体"的极其丰富且尚未开发的可能性本身还只是可能性而已：纯经济的逻辑很可能导致多媒体最贫乏的表现形式。

意识和群体下意识相符的，形态新颖的新型事件结构。

胡塞尔的卓越贡献在于提出了初级滞留和纵向意向性的概念。如果说他未能考虑到**工业时间物体**，那是因为他在意识流的构成中排除了客观综合的记忆。我们若不借助于对工业化记忆诸领域的研究，就很难对工业时代作出认真的思考。在工业记忆的各个领域中，无论涉及到“鼠标的事件”，即电脑使用者（电脑即时钟）激活中央系统的图像界面，还是涉及到把非生物体的规则引入生物体——从而引入作为胡塞尔对时间的思考之出发点的活的在场——的分子测序与基因治疗所导致的新生物体的出现这一事件，序列性都与事件化相互交联。

工业时间物体**以其接收的同时性和世界性**趋于悬置**所有的**背景化。记忆的工业化使**背景解体全面普及**。文字的背景解体促生了越来越多的解释，拼写文字在特殊此在的已经在此中**重新背景化**，而已经在此在**当地**节律的环境中重建其特性。相反，工业时间物体使节律几乎完全离开原位，它（通过卫星电讯网络）来自一个不具名称也不具此时此地的它处：相关差异的遮蔽就是无场所的非相关差异（“无未来”意味着“任何事情都不会再发生”）。

我们在第三章看到，直播的时事是即刻的过去，它**使**当下**过渡**，从而构成一个已经在此。如果说在时间物体的当即中，初级滞留的选择标准在滞留有限性的工业综合中事先被变成第二记忆的、先前的时间化所影响，那么这种选择性就会被**第三滞留**的**即刻性**短路。由于模拟与数字综合特有的时间出离之形态，第三滞留与**初级滞留和第二滞留相吻合**，所以凯诺说电视“是冷冻在历史中的时事”。既然发生之事**通过**图像意识即刻发生了，那么如何在时事这个时间物体中切实区分**初级记忆**（即“刚刚过去”之事）与**图像意识**呢？对这种时事的**体验**就是时间物体，**也必然是图像意识**，而当下则**趋于不再仅仅表现为时间物体**（听广播、看电视）。

当下是图像意识，因为它是世界的**表象**，是操纵和“导演”“直接”剪接的对象,也是把(我没体验过,但被同样没体验过它们的"解说员""解说"的)事件搬上银幕的"导演""制作"的对象。

当下又不是图像意识,因为它是**"我们"的意识**的**集体当下**,其中,这个"刚刚过去之事"——也就是这个即刻变成**过去**的即刻**过渡**——**已作为**已经在此并以已经在此的全部**力量**而真实地构成了。它一方面构成我虽未体验过但又在某种程度上作为补余而被体验过的**我的**已经在此,另一方面也构成"**我们这些人**"的但又不是**真正意义上的**"我们"的已经在此。如果说初级记忆与第三记忆之间的区分还有可能成立甚至不可或缺(并非对立)的话,那么这种区分在此却变的完全流于形式且内容空洞了。

前一章谈到事件化——作为所有发生之事的时间物体演变——遮蔽时间的相关差异时,我们本可以借用利科评述**重新勾画时间形态的不可能性**时所持的论点[1]。然而利科揭示的胡塞尔无法理解"宇宙关联物"[2]的事实又敦促我们去分析**技术关联物**,它们勾画并不停地(重新)勾画宇宙形态;在我们所说的二次**中断重复**的**第二击**过程中,它们也是重新勾画或需要被重新勾画的主体。

这个第二击的概念就是**特有文本**,即记忆流程,它的构成一贯来自其滞留有限性所强加的重新构成性。

特有文本尝试着思考场所、场所的(重新)构建和真正的生成问题,即事件的时间发生中空间性的开启问题。这种尝试"发生"在被我们描述为背景解体的"上下文"中。我们在本书中试图提出有关迷失方向的——我们认为是当代"特有"的,但也是从起源缺陷以来就已预示的——生成学和系谱学因素。我们在第三章的结尾处询问:共同体(在共同体的缺陷和缺陷的共同体中)的(重新)构建是否可能?如何在背景解体中成为可能?

① 《时间与叙事·第三卷》,第259—265页。

② 同上,第154—183页。

特有文本的这个尝试欲通过有活力、有动力的方式，即通过重温胡塞尔、伯格森和海德格尔的理论来深究此问题，同时作出新的努力来体会我们读胡塞尔的著作时提出的问题，那就是：**本质在哪里**？

胡塞尔通过我们前面评论过的图表来勾画时间物体的流程意识。

伯格森则运用锥形体来描绘感知与记忆的关联性。

时间物体是流程中的**漩涡**，即螺旋式漩涡。

所有"意识"本身都具有时间性，因而都是漩涡式的，形成事件的漩涡呈现在"意识"的涡流中。这正是特有文本的结构，因为此结构是产生漩涡的涡流。然而它本身又被卷入已经在此的涡流中，被以代具方式承载和综合；更广义地说，这个涡流不应被称为"主体间性"，而应借用西蒙栋后来教给我们的术语：**相间个体化**（transindividuation）[①]。

---

① 这个词是本书作者创造的，它衍生于西蒙栋的相间个体（transindividus）一词，意为个体与个体之间在参与集体行为时的个体化过程，所以也可称之为预个体（pré-individus）或共同个体（co-individus）。本书作者认为，相间个体化是个既稳定又不断变化的结构：个体在参与集体活动的同时，又有可能发展自己的个性，因而既有个体的同一性又有群体、社会、国家和种族的认同。然而，这种相间个体化如今受到程序工业化的严重冲击。这便回到了本书的主题：技术是人的属性，但又有将人类推向消亡的趋势。——译注

中法概念性词汇对照表

爱比米修斯原则 épiméthéia
爱弗拉依密特人 Ephraïmites
背景化 contextualisation
背景解体 arrachement au contexte, décontextualisation
本质,艾多斯 eidos
必然性 apodicticité
变更 modifiance
变异性 altérité
不确定性 indétermination
不确实性 improbabilité
补余 supplément
曾经在此 ça-a-été
超前 anticipation
超文字 archi-écriture
持续维新 innovation permanente
持续在场 présence perdurante
充实 remplissement
出错可能性 faillibilité
传播 dissémination
创造性 performativité
此在 Dasein
代具性 prothéticité
单子 monade
东非人 Zinjanthrope
繁忙 préoccupation
非地球化 déterrianisation
非决定性 indéterminité
非领土化 déterritorialisation
非实现 déréalisation
分光图谱 spectrum
共同个体化 co-individuation
共同体化 communautisation
构成性 constitutivité
关联性 complicité
关联 articulation

观念化 idéalisation,idealiter
观念物体 objet idéal
规定性 régularité
过失性存在 être-en-faute
后生成的 épigénétique
后种系生成的 épiphylogénétique
回溯性 rétroactivité
回溯性探问 Rückfrage[德文]
回忆过去 anamnèse
记载记忆 hypomnèse
接替性 succession
解构 déconstruction
精确性 exactitude
具体化 concrétisation
聚合 convergence
开启性 inauguralité
可变性 altérabilité
可传递性 transportabilité
可理解性 intelligibilité
可释性 interprétabilité
理念实在论 réalisme des Idées
连续统一体 continuum
连续性 enchaînement
联觉变异 altération synesthésique
逻格斯中心论 logocentrisme
马格德林时期 Magdalénien
美索不达米亚人 Mésopotamien
绵延 Erstreckung[德文]
内在感觉 intropathie
内在性 intériorité
能指 signification
尼安德特人 Neanderthanl
普罗米修斯原则 prométhéia
器具性 instrumentalité
前摄 protention
嵌入 emboîtement
切实性 effectivité
去蔽 a-létheia,dévoilement
去沉淀 dé-sédimentation
去远 é-loignement,Entfernung [德文]
权利平等 isonomia
诠释 hermeneia
缺陷性存在 être-en-défaut
确定性 probalilité
确正 orthothèse
确凿性 certitude
人种中心论 ethnocentrisme
日常性 quotidienneté
日历性 databilité
闪米特人 Sémites
尚未在此 pas-encore-là
社会群体 politeia,polis
时间出离 extase dutemps
时间化 temporalisation
时间物体演变 devenir-objet-

temporel
实际性 facticité
实项 reel
实在 real
实在性 positivité
实证性 constativité
世界历史性 mondo-historialité
事件化 événementialisation
手下 sous-la-main
瞬间性 instantanéité
苏美尔人 Sumériens
它生的 allopoïétiques
特劳波曼事件 l'affaire Troppman
特有性 idiomaticité
特有语言 idiome
体验复合 complexion des véçus
同一性 identification
统一性 unité
图像意识 conscience d'image
现今化 présentifier
相关差异 différance
相应性 adéquation
想象变异 variation imaginaire
信息网络 télématique
外延 extériorisation
外在性 extériorité
为其自身 le pour-soi
文本性 textualité
文码 gramme
无人称属性 impersonnalité
无思 impensé
序列性 séquentialité
延迟 différé
已经在此 déjà-là
以其自身 en-soi
意向对象 noème
意向性 intentionnalité
意象 imago
音位学文字 écriture phonoloqique
幼态持续 néoténie
与未来的关系 rapport à l'avenir
宇宙关联物 connecteur cosmique
语音化 phonétisation
语音中心论 phonocentrisme
原本 comme tel
原始理性 protorationalité
原型 éidétique
源点 point source
在世存在 être-au-monde
在世性 intramondain
在时性 intratemporalité
在手 portée-de-la-main
证实性 constativité
知性 entendement
直觉实体性 corporéité
intuitionnante

直线型文字 écriture linéaire
质料和形式构成事物论 hylémorphisme
智人 homo sapiens
滞留有限性 finitude rétentionnelle
中断重复 redoublement épokhal
主体间性 intersubjectivité
转导关系 relation transductive
自身 le soi
自生的 autopoïétiques
自我格 mienneté
自我回忆 automnésie
自我助产术 maïeutique du soi
走向终结的存在 être–pour–la–fin
组合环境 milieu associé

中法人名对照表

阿多尔诺 Adorno
阿尔托 Artaud
阿特朗,亨利 Atlan,Henri
阿维兰热,韦罗 Havelange,Véronique
埃尔索,让 Erceau,Jean
埃克贝格,安妮塔 Ekberg,Anita
安德勒,丹尼尔 Andler,Daniel
奥古斯丁 Augustin
奥斯丁 Austin
巴比奇 Babbage
巴希蒙,布鲁诺 Bachimont,Bruno
本雅明 Benjamin
丹尼特 Dennett
波德莱尔 Baudelaire
波米安 Pomian
博泰罗,让 Bottéro,Jean
柏格森 Bergson
博尔赫斯,J. L. Borges,Jorge Luis
布朗肖,莫里斯 Blanchot,Maurice
布伦塔诺 Brentano
策兰 Celan
道麦斯 Daumas
德雷福斯 Dreyfus
德罗兹,吉尔 Deleuze,Gilles
德曼,保罗 De Man,Paul
德斯坦,瓦莱里·吉斯卡尔 D'Estaing,Valéry Giscard
德蒂恩内,马塞尔 Detienne,Marcel
瑟尔 Searle
费尔贝,雅克 Ferber,Jacques
费伏里耶 Février
费罗,马克 Ferro,Marc
费里尼,费德里科 Fellini,Federico
费奈斯 Funès
弗莱斯诺,多米尼克 Fresneau,Dominique
弗洛雷斯,费尔南多 Flores,

Fernando
福西永 Focillon
福多尔,杰里 Fodor,Jerry
福莱尔 Frère
伽德纳，亚里山大 Gardner, Alexander
伽尔 Gall
格拉内尔,热拉尔 Granel,Gérard
凯诺 Queneau
格雷科 Greco
古第 Goody
哈贝马斯 Habermas
海森堡 Heisenberg
海于格兰 Haugeland
荷尔德林 Hölderlin
赫尔密特 Hermitte
霍夫斯塔特,道格拉斯 Hofstadter, Douglas
吉尔 Gille
吉尼恩,哈罗德 Geneen,Harold
杰夫塔 Jephta
卡尔维诺 Calvino
卡斯比,威廉 Casby,William
克里克 Crick
拉德利尔,让 Ladrière,Jean
拉伽代克，帕特里克 Lagadec, Patrick
拉绍，让—皮埃尔 Lachaud,Jean-Pierre
莱昂纳多 Leonardo
莱斯泰尔，多米尼克 Lestel, Dominique
勒鲁瓦—古兰 Leroi-Gourhan
利奥塔，让—弗朗索瓦 Lyotard, Jean-François
利科,保尔 Ricœur,Paul
卢里亚 Luria
罗雅尔,波特 Royal,Port
洛罗,巴特里斯 Loraux,Patrice
马尔罗 Malraux
马蒂南,克劳德 Martinand,Claude
玛里昂，让—吕克 Marion,Jean-Luc
马卢 Marrou
马斯楚安尼，马塞罗 Mastroianni, Marcello
马图拉纳 Maturana
梅耶尔斯，杰拉尔德 Mayers, Gerald C.
孟克,阿兰 Minc,Alain
明斯基,马文 Minsky,Marvin
纳坦斯 Nathans
南希,让—吕克 Nancy,Jean-Luc
纽厄尔 Newell
诺拉,皮埃尔 Nora,Pierre
诺拉,西蒙 Nora,Simon
帕尔默,迈克尔 Palmer,Michaël
佩恩,刘易斯 Payne,Lewis
皮兰德娄 Pirandello
皮内罗 Pineiro

普鲁斯特，若埃勒 Proust, Joëlle
乔姆斯基，诺曼 Chomsky, Noam
乔伊斯 Joyce
萨兰斯基，让—米歇尔 Salanskis, Jean-Michel
塞尔维叶，米歇尔 Servière, Michel
尚热，让—皮埃尔 Changeux, Jean-Pierre
史密斯 Smith
斯特拉瑞克 Stelarc
西蒙栋 Simondon
希罗多德 Hérodote
陶德 Todds
图灵 Turing
瓦雷拉，弗朗西斯科 Varela, Francisco
韦尔拜，雅克 Virbel, Jacques
韦尔内 Werner
维果茨基 Vygotsky
维里略，保尔 Virilio, Paul
维诺格拉德，特里 Winograd, Terry
维特福格尔 Wittfogel
维特根斯坦 Wittgenstein
温尼科特 Winnicott
沃尔夫 Wolff
沃森 Watson
雅各布，弗朗索瓦 Jacob, François
雅尼科，多米尼克 Janicaud, Dominique
依波利特 Hyppolite
扎拉德尔，马莱纳 Zarader, Marlène

译后记

上世纪中叶，法国出现了一批以保罗·萨特、阿尔贝·加缪、西蒙娜·德·波伏娃为代表的存在主义哲学家，他们既以精深的理论、卓绝的著作闻名天下，又因投身政治生活及社会生活而妇孺皆知。今天的法国哲学界仍然活跃着这么一批知识分子，贝尔纳·斯蒂格勒就是其中之一。他现任巴黎蓬皮杜文化中心文化发展部主任，兼任官片涅理工大学的哲学教授。他的哲学研究起步于现象学，但并不局限于纯哲学思辨，常常对社会现实提出独到的见解。

本书《迷失方向》系《技术与时间》丛书的第二卷。作者沿着第一卷《爱比米修斯的过失》之思路，深入探讨了人与技术，即“谁”与“什么”的关系问题以及这种关系所涉及的时间性、政治性及社会性。那么究竟是人创造了技术，还是技术造就了人？作者详细阐述了两者之间的不解之缘：离开了技术，人就不能称其为人；若没有人，技术也无从谈起。这里说的是广义的技术，既包括劳动工具，又包括居住环境、服饰、语言符号、交际手段，以及现在四处普及的广播、电视、电影、电脑等。这些技术都是人的发明，而人在发明它们的同时，也发明了自己、改变了自己。

作者分析道，最早的技术是简单的石器，它标志着史前到历史的过渡。石器表面凿出的纹路对应着人类大脑皮层的分化，人类从此开始了外延过程，其中最主要的是记忆的外延。人的记忆是有限的、健忘的，但通过技术,人能把个体的经验刻印在各种载体上,使之以生命之外的形式延续。文字的发明是人类记忆也是人类历史的第一次重大革命,它在几千年内改变了整个世界。而近百年来的模拟技术,尤其是当今的数字技术又构成了第二次划时代的革命,因为日益膨胀的记忆和日新月异的信息处理、储存手段使记忆的工业化成为必然。于是作者断言,我们这个时代正在面临人类历史上的第二次过渡。然而作者担忧的是,在这个新的过渡中,人的属性逐渐被技术的属性淹没,“谁”逐渐被“什么”代管,人类原有的特定记忆、种族记忆及个体记忆都在被新生的机器记忆所取代,“谁”因而迷失了方向——这便引出了本书的主题。

作者独具匠心地归纳了近代与现代技术的特征:工业革命带来的公路网、铁路网、电网把城市、国家连接起来,而当今的信息革命则通过互联网使全球一体化。追求速度、赢得时间似乎成了现代生活的宗旨。从电报、电话到电台,从摄影、电影到电视,直至今日的“实时”报道,事件的输入、传播、输出和接收这些原本相互独立的过程如今已合而为一,于是人类固有的时空概念被打乱了。面对如火如荼的技术发展,作者冷静地提出了一系列严峻的问题:在传统的程序与节律都渐行渐远之时,失却了种族、地域乃至国家之标志的人类如何走出当前的迷津?大量信息的储存也意味着对它们的筛选与删除,那么经济利益是否应当成为唯一的选择标准?“实时”是当代技术的基本特征,是否也是技术的毁灭乃至人类文明的“悬置”?在突飞猛进的中国,这些问题值得我们深思。

此外,作者以他的“后种系生成”理论为基础,对海德格尔的现代技术概念、胡塞尔的时间物体分析及德里达的文字学都作出了评论。

本书的翻译承蒙同学兼好友、本丛书第一卷的译者裴程的大力支持与帮助,他还阅读了译文中重要的章节并提出了宝贵意见。法国友人让—路易·马尔索(Jean-Louis Marçot)以其渊博的学识为我们精确地解释了一些语言难点,如暗指、隐喻、作者自造词以及文中出现的希腊语、拉丁语词汇等。另外,北大哲学系的杜小真教授也在翻译期间给予了极大的关怀与鼓励,在此深表谢意。

由于译者的哲学知识有限,译文中的不妥之处在所难免,诚请业界专家和广大读者不吝赐教。

人文与社会译丛

第一批书目

1.《政治自由主义》(增订版),[美]J.罗尔斯著,万俊人译 118.00元
2.《文化的解释》,[美]C.格尔茨著,韩莉译 89.00元
3.《技术与时间:1.爱比米修斯的过失》,[法]B.斯蒂格勒著,裴程译 62.00元
4.《依附性积累与不发达》,[德]A.G.弗兰克著,高铦等译 13.60元
5.《身处欧美的波兰农民》,[美]F.兹纳涅茨基、W.I.托马斯著,张友云译 9.20元
6.《现代性的后果》,[英]A.吉登斯著,田禾译 45.00元
7.《消费文化与后现代主义》,[英]M.费瑟斯通著,刘精明译 14.20元
8.《英国工人阶级的形成》(上、下册),[英]E.P.汤普森著,钱乘旦等译 168.00元
9.《知识人的社会角色》,[美]F.兹纳涅茨基著,郏斌祥译 49.00元

第二批书目

10.《文化生产:媒体与都市艺术》,[美]D.克兰著,赵国新译 49.00元
11.《现代社会中的法律》,[美]R.M.昂格尔著,吴玉章等译 39.00元
12.《后形而上学思想》,[德]J.哈贝马斯著,曹卫东等译 58.00元
13.《自由主义与正义的局限》,[美]M.桑德尔著,万俊人等译 30.00元

14.《临床医学的诞生》,[法]M. 福柯著,刘北成译　55.00 元
15.《农民的道义经济学》,[美]J. C. 斯科特著,程立显等译　42.00 元
16.《俄国思想家》,[英]I. 伯林著,彭淮栋译　35.00 元
17.《自我的根源:现代认同的形成》,[加]C. 泰勒著,韩震等译　128.00 元
18.《霍布斯的政治哲学》,[美]L. 施特劳斯著,申彤译　49.00 元
19.《现代性与大屠杀》,[英]Z. 鲍曼著,杨渝东等译　59.00 元

第三批书目

20.《新功能主义及其后》,[美]J. C. 亚历山大著,彭牧等译　15.80 元
21.《自由史论》,[英]J. 阿克顿著,胡传胜等译　89.00 元
22.《伯林谈话录》,[伊朗]R. 贾汉贝格鲁等著,杨祯钦译　48.00 元
23.《阶级斗争》,[法]R. 阿隆著,周以光译　13.50 元
24.《正义诸领域:为多元主义与平等一辩》,[美]M. 沃尔泽著,褚松燕等译　24.80 元
25.《大萧条的孩子们》,[美]G. H. 埃尔德著,田禾等译　27.30 元
26.《黑格尔》,[加]C. 泰勒著,张国清等译　135.00 元
27.《反潮流》,[英]I. 伯林著,冯克利译　48.00 元
28.《统治阶级》,[意]G. 莫斯卡著,贾鹤鹏译　98.00 元
29.《现代性的哲学话语》,[德]J. 哈贝马斯著,曹卫东等译　78.00 元

第四批书目

30.《自由论》(修订版),[英]I. 伯林著,胡传胜译　69.00 元
31.《保守主义》,[德]K. 曼海姆著,李朝晖、牟建君译　58.00 元
32.《科学的反革命》(修订版),[英]F. 哈耶克著,冯克利译　58.00 元

33.《实践感》,[法]P. 布迪厄著,蒋梓骅译 75.00 元
34.《风险社会:新的现代性之路》,[德]U. 贝克著,张文杰等译 58.00 元
35.《社会行动的结构》,[美]T. 帕森斯著,彭刚等译 80.00 元
36.《个体的社会》,[德]N. 埃利亚斯著,翟三江、陆兴华译 15.30 元
37.《传统的发明》,[英]E. 霍布斯鲍姆等著,顾杭、庞冠群译 68.00 元
38.《关于马基雅维里的思考》,[美]L. 施特劳斯著,申彤译 78.00 元
39.《追寻美德》,[美]A. 麦金太尔著,宋继杰译 68.00 元

第五批书目

40.《现实感》,[英]I. 伯林著,潘荣荣、林茂、魏钊凌译 78.00 元
41.《启蒙的时代》,[英]I. 伯林著,孙尚扬、杨深译 35.00 元
42.《元史学》,[美]H. 怀特著,陈新译 89.00 元
43.《意识形态与现代文化》,[英]J. B. 汤普森著,高铦等译 68.00 元
44.《美国大城市的死与生》,[加]J. 雅各布斯著,金衡山译 78.00 元
45.《社会理论和社会结构》,[美]R. K. 默顿著,唐少杰等译 128.00 元
46.《黑皮肤,白面具》,[法]F. 法农著,万冰译 58.00 元
47.《德国的历史观》,[美]G. 伊格尔斯著,彭刚、顾杭译 58.00 元
48.《全世界受苦的人》,[法]F. 法农著,万冰译 17.80 元
49.《知识分子的鸦片》,[法]R. 阿隆著,吕一民、顾杭译 59.00 元

第六批书目

50.《驯化君主》,[美]H. C. 曼斯菲尔德著,冯克利译 68.00 元
51.《黑格尔导读》,[法]A. 科耶夫著,姜志辉译 98.00 元
52.《象征交换与死亡》,[法]J. 波德里亚著,车槿山译 68.00 元
53.《自由及其背叛》,[英]I. 伯林著,赵国新译 48.00 元

54.《启蒙的三个批评者》,[英]I. 伯林著,马寅卯、郑想译　48.00 元
55.《运动中的力量》,[美]S. 塔罗著,吴庆宏译　23.50 元
56.《斗争的动力》,[美]D. 麦克亚当、S. 塔罗、C. 蒂利著,李义中等译　31.50 元
57.《善的脆弱性》,[美]M. 纳斯鲍姆著,徐向东、陆萌译　55.00 元
58.《弱者的武器》,[美]J. C. 斯科特著,郑广怀等译　82.00 元
59.《图绘》,[美]S. 弗里德曼著,陈丽译　49.00 元

第七批书目

60.《现代悲剧》,[英]R. 威廉斯著,丁尔苏译　45.00 元
61.《论革命》,[美]H. 阿伦特著,陈周旺译　59.00 元
62.《美国精神的封闭》,[美]A. 布卢姆著,战旭英译,冯克利校　68.00 元
63.《浪漫主义的根源》,[英]I. 伯林著,吕梁等译　49.00 元
64.《扭曲的人性之材》,[英]I. 伯林著,岳秀坤译　22.00 元
65.《民族主义思想与殖民地世界》,[美]P. 查特吉著,范慕尤、杨曦译　18.00 元
66.《现代性社会学》,[法]D. 马尔图切利著,姜志辉译　32.00 元
67.《社会政治理论的重构》,[美]R. J. 伯恩斯坦著,黄瑞祺译　72.00 元
68.《以色列与启示》,[美]E. 沃格林著,霍伟岸、叶颖译　128.00 元
69.《城邦的世界》,[美]E. 沃格林著,陈周旺译　85.00 元
70.《历史主义的兴起》,[德]F. 梅尼克著,陆月宏译　48.00 元

第八批书目

71.《环境与历史》,[英]W. 贝纳特、P. 科茨著,包茂红译　25.00 元
72.《人类与自然世界》,[英]K. 托马斯著,宋丽丽译　35.00 元

73.《卢梭问题》,[德]E. 卡西勒著,王春华译　39.00 元
74.《男性气概》,[美]H. C. 曼斯菲尔德著,刘玮译　28.00 元
75.《战争与和平的权利》,[美]R. 塔克著,罗炯等译　25.00 元
76.《谁统治美国》,[美]W. 多姆霍夫著,吕鹏、闻翔译　35.00 元
77.《健康与社会》,[法]M. 德吕勒著,王鲲译　35.00 元
78.《读柏拉图》,[德]T. A. 斯勒扎克著,程炜译　68.00 元
79.《苏联的心灵》,[英]I. 伯林著,潘永强、刘北成译　59.00 元
80.《个人印象》,[英]I. 伯林著,覃学岚译　88.00 元

第九批书目

81.《技术与时间:2. 迷失方向》,[法]B. 斯蒂格勒著,
赵和平、印螺译　59.00 元
82.《抗争政治》,[美]C. 蒂利、S. 塔罗著,李义中译　28.00 元
83.《亚当·斯密的政治学》,[英]D. 温奇著,褚平译　21.00 元
84.《怀旧的未来》,[美]S. 博伊姆著,杨德友译　85.00 元
85.《妇女在经济发展中的角色》,[丹]E. 博斯拉普著,陈慧平译 30.00 元
86.《风景与认同》,[美]W. J. 达比著,张箭飞、赵红英译　68.00 元
87.《过去与未来之间》,[美]H. 阿伦特著,王寅丽、张立立译　58.00 元
88.《大西洋的跨越》,[美]D. T. 罗杰斯著,吴万伟译　108.00 元
89.《资本主义的新精神》,[法]L. 博尔坦斯基、E. 希亚佩洛著,
高铦译　58.00 元
90.《比较的幽灵》,[美]B. 安德森著,甘会斌译　79.00 元

第十批书目

91.《灾异手记》,[美]E. 科尔伯特著,何恬译　25.00 元

92.《技术与时间:3. 电影的时间与存在之痛的问题》,
[法]B. 斯蒂格勒著,方尔平译 65.00 元
93.《马克思主义与历史学》,[英]S. H. 里格比著,吴英译 78.00 元
94.《学做工》,[英]P. 威利斯著,秘舒、凌旻华译 68.00 元
95.《哲学与治术:1572—1651》,[美]R. 塔克著,韩潮译 45.00 元
96.《认同伦理学》,[美]K. A. 阿皮亚著,张容南译 45.00 元
97.《风景与记忆》,[英]S. 沙玛著,胡淑陈、冯樨译 78.00 元
98.《马基雅维里时刻》,[英]J. G. A. 波考克著,冯克利、傅乾译 108.00 元
99.《未完的对话》,[英]I. 伯林、[波]B. P.-塞古尔斯卡著,
杨德友译 65.00 元
100.《后殖民理性批判》,[印]G. C. 斯皮瓦克著,严蓓雯译 79.00 元

第十一批书目

101.《现代社会想象》,[加]C. 泰勒著,林曼红译 45.00 元
102.《柏拉图与亚里士多德》,[美]E. 沃格林著,刘曙辉译 78.00 元
103.《论个体主义》,[法]L. 迪蒙著,桂裕芳译 30.00 元
104.《根本恶》,[美]R. J. 伯恩斯坦著,王钦、朱康译 78.00 元
105.《这受难的国度》,[美]D. G. 福斯特著,孙宏哲、张聚国译 39.00 元
106.《公民的激情》,[美]S. 克劳斯著,谭安奎译 49.00 元
107.《美国生活中的同化》,[美]M. M. 戈登著,马戎译 58.00 元
108.《风景与权力》,[美]W. J. T. 米切尔著,杨丽、万信琼译 78.00 元
109.《第二人称观点》,[美]S. 达沃尔著,章晟译 69.00 元
110.《性的起源》,[英] F. 达伯霍瓦拉著,杨朗译 85.00 元

第十二批书目

111.《希腊民主的问题》,[法]J. 罗米伊著,高煜译 48.00 元
112.《论人权》,[英]J. 格里芬著,徐向东、刘明译 75.00 元
113.《柏拉图的伦理学》,[英]T. 埃尔文著,陈玮、刘玮译 118.00 元
114.《自由主义与荣誉》,[美]S. 克劳斯著,林垚译 62.00 元
115.《法国大革命的文化起源》,[法]R. 夏蒂埃著,洪庆明译 38.00 元
116.《对知识的恐惧》,[美]P. 博格西昂著,刘鹏博译 38.00 元
117.《修辞术的诞生》,[英]R. 沃迪著,何博超译 48.00 元
118.《历史表现中的真理、意义和指称》,[荷]F. 安克斯密特著,周建漳译 58.00 元
119.《天下时代》,[美]E. 沃格林著,叶颖译 78.00 元
120.《求索秩序》,[美]E. 沃格林著,徐志跃译 48.00 元

第十三批书目

121.《美德伦理学》,[新西兰]R. 赫斯特豪斯著,李义天译 68.00 元
122.《同情的启蒙》,[美]M. 弗雷泽著,胡靖译 48.00 元
123.《图绘暹罗》,[美]T. 威尼差恭著,袁剑译 58.00 元
124.《道德的演化》,[新西兰]R. 乔伊斯著,刘鹏博、黄素珍译 65.00 元
125.《大屠杀与集体记忆》,[美]P. 诺维克著,王志华译 78.00 元
126.《帝国之眼》,[美]M. L. 普拉特著,方杰、方宸译 68.00 元
127.《帝国之河》,[美]D. 沃斯特著,侯深译 76.00 元
128.《从道德到美德》,[美]M. 斯洛特著,周亮译 58.00 元
129.《源自动机的道德》,[美]M. 斯洛特著,韩辰锴译 58.00 元
130.《理解海德格尔:范式的转变》,[美]T. 希恩著,邓定译 89.00 元

第十四批书目

131.《城邦与灵魂:费拉里〈理想国〉论集》,[美]G. R. F. 费拉里著,刘玮编译 58.00 元
132.《人民主权与德国宪法危机》,[美]P. C. 考威尔著,曹晗蓉、虞维华译 58.00 元
133.《16 和 17 世纪英格兰大众信仰研究》,[英]K. 托马斯著,芮传明、梅剑华译 168.00 元
134.《民族认同》,[英]A. D. 史密斯著,王娟译 55.00 元
135.《世俗主义之乐:我们当下如何生活》,[英]G. 莱文编,赵元译 58.00 元
136.《国王或人民》,[美]R. 本迪克斯著,褚平译(即出)
137.《自由意志、能动性与生命的意义》,[美] D. 佩里布姆著,张可译 68.00 元
138.《自由与多元论:以赛亚·伯林思想研究》,[英]G. 克劳德著,应奇等译 58.00 元
139.《暴力:思无所限》,[美]R. J. 伯恩斯坦著,李元来译 59.00 元
140.《中心与边缘:宏观社会学论集》,[美]E. 希尔斯著,甘会斌、余昕译 88.00 元

第十五批书目

141.《自足的世俗社会》,[美]P. 朱克曼著,杨靖译 58.00 元
142.《历史与记忆》,[英]G. 丘比特著,王晨凤译 59.00 元
143.《媒体、国家与民族》,[英]P. 施莱辛格著,林玮译 68.00 元
144.《道德错误论:历史、批判、辩护》,

[瑞典]J. 奥尔松著,周奕李译　　58.00 元

145.《废墟上的未来:联合国教科文组织、世界遗产与和平之梦》,[澳]L. 梅斯克尔著,王丹阳、胡牧译　　88.00 元

146.《为历史而战》,[法]L. 费弗尔著,高煜译　　98.00 元

147.《语言动物:人类语言能力概览》,[加]C. 泰勒著,赵清丽译(即出)

148.《我们中的我:承认理论研究》,[德]A. 霍耐特著,张曦、孙逸凡译　　62.00 元

149.《人文学科与公共生活》,[美]P. 布鲁克斯、H. 杰维特编,余婉卉译　　52.00 元

150.《美国生活中的反智主义》,[美]R. 霍夫施塔特著,何博超译　　68.00 元

第十六批书目

151.《关怀伦理与移情》,[美]M. 斯洛特著,韩玉胜译　　48.00 元

152.《形象与象征》,[罗]M. 伊利亚德著,沈珂译　　48.00 元

153.《艾希曼审判》,[美]D. 利普斯塔特著,刘颖洁译　　49.00 元

154.《现代主义观念论:黑格尔式变奏》,[美]R. B. 皮平著,郭东辉译(即出)

155.《文化绝望的政治:日耳曼意识形态崛起研究》,[美]F. R. 斯特恩著,杨靖译　　98.00 元

156.《作为文化现实的未来:全球现状论集》,[印]A. 阿帕杜拉伊著,周云水、马建福译(即出)

157.《一种思想及其时代:以赛亚·伯林政治思想的发展》,[美]J. L. 彻尼斯著,寿天艺、宋文佳译(即出)

158.《人类的领土性:理论与历史》,[美]R. B. 萨克著,袁剑译(即出)

159.《理想的暴政：多元社会中的正义》，[美]G. 高斯著，范震亚译（即出）
160.《荒原：一部历史》，[美]V. D. 帕尔马著，梅雪芹译（即出）

有关"人文与社会译丛"及本社其他资讯，欢迎点击 www. yilin. com 浏览，对本丛书的意见和建议请反馈至新浪微博@译林人文社科。